감미로운 영어 맛보기!

술술 다 되는
반가운 영어 ④

반가운 지음

머 리 말

> 인스턴트
> 꿀 영어

    이 책은 꿀이다. 진짜 꿀이다. 수저는 꿀통에 담가놓아도 꿀맛을 모른다. 그러나 혀는 꿀 한 방울만 떨어뜨려도 꿀맛을 안다. 당신은 수저가 되려는가, 아니면 혀가 되고 싶은가?

    우리들은 하루가 다르게 지식이 폭발적으로 불어나는 세상에 살고 있다. 불어나는 그 방대한 양의 지식을 도저히 맛 볼 수조차 없다. 우리가 만일 어느 분야의 학문을 fast food나 인스턴트커피처럼 그렇게 쉽게 즐겨 먹고 소화할 수 있도록 fast food화(化)하거나 인스턴트화할 수 있다면 얼마나 좋을까! 말하자면 철학, 수학, 화학, 물리학, 천문학, 경영학, 영어, 일본어, 중국어 등등 이 모든 학문을 fast food나 인스턴트 커피처럼 먹기 쉽고 맛있게 가공 처리할 수는 없을까? 꿈같은 공상과학 이야기다. 그런데 공상에서 시작한 꿈이 현실이 되는 사례(事例)는 비일비재(非一非再)하다. 그 일례(一例)가 비행기다. 새처럼 날 수 없을까? 누군가의 공상이었다. 그런데 우리는 지금 날고 있지 않은가! 그래서 영어를 fast food처럼 손쉽게 먹을 수 있도록 인스턴트영어 개발(開發)에 내 평생 대부분을 바쳤다. 그대는 지금 꿀처럼 달디 단 인스턴트영어를 만지작거리고 있다.

    먹어보시라. 꿀맛이다. 진짜 꿀맛이다. 이 꿀단지 덕분에 나의 큰아들은 서울대학교 의과대학을 거쳐 성형외과 원장이 되었고 작은아들은 한양대학교 의과대학을 거쳐 피부과 의사가 되었고 조카는 서울대 법대를 거쳐 금융계의 유망주가 되었고, 또 하나의 조카는 서강대 영문과를 거쳐 일약(一躍) 경위로 시작하여 경감이 되었다.

2016년 1월 2일 반가운

저자의 반성

죄인

우리들은 부지불식간(不知不識間)에 실수를 하거나 죄인이 되는 경우가 허다한 게 아닐까? 대화하다가 "그런 뜻이 아닌데"라고 해명하는 경우가 있다. 자기도 모르는 사이에 실수했거나 감정을 건드린 것이다.

열의에 불타던 약관(弱冠)의 교사 시절에 나는 나도 모르게 죄에 얼룩진 교사였다. 열의와 사랑만 있으면 되는 줄 알았다. 교사에게 열의와 사랑은 기본 요건인데 말이다. 아는 것도 없었지만 안다고 가르칠 수 있을까? To know is one thing; to teach another. 라 하지 않는가?

영미에서는 교사를 '가르치다(teach) + 행위자(er)'로 표기한다. 즉 teacher(가르치는 자)라고 표기한다. 우리네는 가르치는(敎) 스승(師)이라 하여 격이 높다. 또 가르치는 채찍(鞭)이 주어졌다 하여 교편을 잡았다라고도 한다. 과연 내가 스승(師)의 역할을 제대로 했고 주어진 채찍을 제대로 사용했는지 자문(自問)해 보면 그렇다고 대답할 용기도 배짱도 없다. 그래서 나는 죄인이다. 최초의 10년은 채찍을 마구 휘두른 가르치는 자(teacher)에 불과했고 스승은 아니었다. 본의는 아니었지만 그들은 내 가르침의 실험 대상이었고 그래서 희생자(martyr)이기도 했다.

연금술(鍊金術)은 미신과 실험과 철학의 결합(combination)이라는데 그 연금술이 화학을 낳았으니 악(惡)이 선(善)을 생산할 수도 있다는 것이 한 가닥 위안이 되어 자책(自責)의 아픔이 감소되는 기분이다. 최초 10년 동안 내가 가르친 방법이 연금술이었다면 온갖 방법으로 실험(experiment)을 거쳐 나온 본서의 내용은 화학에 해당한다고 말한다면 지나친 과장일지도 모른다.

어지럽게 돌아가는 세상! 잠시만 이 책에 눈길을 주어 보시라. 속죄하는 심정으로 내놓은 이 책에는 무언가 다른 것이 많이 있다는 것을 발견할 것이다. 이 책은 인스턴트 화(化)한 영어다. 인스턴트는 먹기 쉽고 간편하다.

2016년 1월 2일 반가운

CONTENTS

머리말 |006|
저자의 반성 |007|
목차 |008|

I have been here all day

01. 「have+과거분사」는 계속되는 상태를 나타낸다 |014|
02. 또 현재완료는 다음의 뜻을 가진 경우도 있다 |020|
03. 「have+과거분사」는 경험을 나타낸다 |022|
04. 행동의 결과에 중점을 두는 「have+과거분사」 |023|
05. 불규칙 동사 |029|
06. have been ~ing (현재완료진행) |034|
07. had + 과거분사 (과거완료) |040|
08. will have + 과거분사 |042|
09. must have + 과거분사 |045|
10. 시제와 조동사 일람표 |046|

The boy who likes you studies hard

01. who의 용법	|057|
02. which의 용법	|060|
03. 목적격 관계대명사	|064|
04. whose (소유격 관계대명사)	|068|
05. where, when, why, how (관계부사)	|071|
06. what의 용법	|077|
07. that를 사용하는 경우	|080|
08. 비 제한적 용법 (계속적 용법)	|084|

-ing, -ed, -en (분사와 분사구문)

01. 「-ing + 명사」와 「-ed/-en + 명사」	|092|
02. 명사 + -ing / 명사 + -ed, -en	|093|
03. 동사 + -ing	|094|
04. 동사 + 목적어 + 분사	|097|
05. 분사구문	|100|

LESSON 4

If I were you (가정법)

01. 가정법 과거	|111|
02. 가정법 현재	|113|
03. 가정법 과거완료	|118|
04. were to ~, should ~ (가정법 미래)	|123|
05. I wish + 가정법	|124|
06. as if	|127|
07. It is time + 주어 + 동사의 과거	|129|
08. If it were not for ~	|130|
09. 가정법의 혼합	|131|
10. If의 생략	|132|
11. 조건절을 생략하는 것들	|133|
12. 가정법이 아니라 조건인 예문	|134|

LESSON 5

Tom said, "I am tired."

01. 화법이란 무엇이가?	|143|
02. 평서문의 전환법	|145|
03. 시간과 장소의 변화	|152|
04. this, these, that의 변화	|154|
05. 의문문을 전환하기	|156|
06. 명령문을 전환하기	|159|
07. 결론	|160|

We sailed around the world (전치사 I)

- 01. 전치사 한눈에 알아보기 |171|
- 02. above |173|
- 03. about |174|
- 04. across |175|
- 05. after |176|
- 06. against |177|
- 07. along |178|
- 08. among |179|
- 09. around와 round |180|
- 10. as |185|
- 11. at |185|
- 12. in |188|
- 13. on과 upon |192|
- 14. of |194|
- 15. except, except for |199|

LESSON 7

He walked before me
(전치사 2)

01. before	|207|
02. behind	|208|
03. between	|209|
04. beyond	|211|
05. by	|212|
06. for	|216|
07. from	|224|
08. over	|226|
09. through	|227|
10. to	|228|
11. under	|230|
12. with	|232|
13. without	|234|

해답 및 풀이 \|243\|

LESSON 1

LESSON 1

I have been here all day

「have + 과거분사」는 계속되는 상태를 나타낸다 01

아래 문장 중 (1-ㄷ)을 영어로는 어떻게 말할까?

(1-ㄱ)	톰은	지금	도서관에	있다.	(현재)
(1-ㄴ)	톰은	한 시간 전에	도서관에	있었다.	(한 시간 전은 과거임)
(1-ㄷ)	톰은	온 종일	도서관에	있다.	(온 종일 계속)

(1-ㄱ)=	Tom	is	in the library	(now).
(1-ㄴ)=	Tom	was	in the library	an hour ago.
(1-ㄷ)=	Tom	has been	in the library	all day.

- 「have (or has) + 과거분사」를 현재완료라 부른다.

- 계속되고 있는 상대나 행동은 현재완료로 나타낸다. **has been**은 도서관에 있는 상태가 온 종일 계속되고 있다는 것을 나타낸다. (**been**은 is, am, are의 과거분사이다)

(2-ㄷ)을 어떻게 말할까?

(2-ㄱ)	톰은	(지금)	너 보기를	원한다. (want)
(2-ㄴ)	톰은	지난 일요일	너 보기를	원했다. (wanted)
(2-ㄷ)	톰은	지난 일요일부터	너 보기를	원하고 있다. (has +과거분사)

(2-ㄱ)=	Tom	wants	to see you.	
(2-ㄴ)=	Tom	wanted	to see you	last Sunday.
(2-ㄷ)=	Tom	has wanted	to see you	since last Sunday.

• has wanted는 원한다는 정신적 상태가 계속되고 있음을 나타낸다.

※ wanted는 want의 과거이자 과거분사이다.

다음 문장을 영어로 어떻게 나타내는지 눈여겨보아라.

(3-ㄱ)	나는	지금은	영미를	사랑한다.	(love)
(3-ㄴ)	나는	오래전에는	지미를	사랑했다.	(loved)
(3-ㄷ)	나는	오래 동안	영미를	사랑하고 있다.	(have +과거분사)

(3-ㄱ)=	I	love	Young-me	now.
(3-ㄴ)=	I	loved	Ji-me	long ago.
(3-ㄷ)=	I	have loved	Young-me	for a long time.

다음의 우리말을 영어로 어떻게 나타내는지 눈여겨보아라.

(4-ㄱ)   우리들은   지금   지독한 감기에   걸려있다.   (have a bad cold)
(4-ㄴ)   우리들은   일주일 전에   지독한 감기를   앓았다.   (had a bad cold)
(4-ㄷ)   우리들은   3일 동안   지독한 감기로   고생하고 있다.   (have + 과거분사)

(4-ㄱ)=   We   have   a bad cold   (now).
(4-ㄴ)=   We   had   a bad cold   a week ago.
(4-ㄷ)=   We   have   had   a bad cold   for three days.

※ had는 have와 has의 과거이자 과거분사이다.
※ bad cold = heavy cold = nasty cold

아래의 말은 현재완료와 함께 사용될 수 있다.

for	a day (long)	하루 (오래) 동안
for	an hour (two years)	한 시간 (2년) 동안
since	1990	1990년 이래
since	childhood	어린 시절부터
since	before the war	그 전쟁이 일어나기 전부터
since	he died	그가 죽은 이래
these	five months	지금에 이르기까지 5달 동안
these	ten years	지금에 이르기까지 10년 동안
all	day, all my life	온 종일, 내 평생 동안
how	long?, how many days?	얼마 동안?, 며칠 동안?

연·습·문·제 1

다음의 우리말을 영어로 말하시오.

(1-a) 그녀는 신의 존재를 믿고 있다.　　　　　　　　　※ believe in God
(1-b) 그녀는 과거에는 신의 존재를 믿었다.　　　　　　※ in the past
(1-c) 그녀는 어린 시절부터 신의 존재를 믿고 있다.　　※ since her childhood

(2-a) 나의 어머니는 채마밭에 계신다.　　　　　　　　※ in the kitchen garden
(2-b) 나의 어머니는 방금 채마밭에 계셨다.　　　　　　※ just now
(2-c) 나의 어머니는 온 종일 채마밭에 계신다.　　　　　※ all day / has been
(2-d) 나의 어머니는 채마밭에 계실 리가 없다.　　　　　※ cannot
(2-e) 나의 어머니는 채마밭에 계시는 게 틀림없다.　　　※ must

(3-a) 그녀는 그이를 위하여 노예처럼 일한다.　　　　　※ like a slave 노예처럼
(3-b) 그녀는 그이를 위하여 평생 노예처럼 일했다. (all her life)　※ 그녀가 고인이 된 경우
(3-c) 그녀는 그이를 위하여 평생 동안 노예처럼 일해 왔다.　※ 현재도 그렇게 하고 있다

(4-a) 나는 서울에 삽니다.
(4-b) 나는 10년 전에는 부산에서 살았습니다. (ten years ago)　※ in Busan
(4-c) 나는 어린 시절부터 서울에 살고 있습니다.　　　　※ since my childhood

(5-a) 그 오두막은 산자락에 위치해 있습니다. (cottage)　※ stand　※ under the hill
(5-b) 그 오두막은 산자락에 있었습니다.
(5-c) 그 오두막은 나의 어린 시절부터 그 산자락에 있습니다.　※ has stood

(6-a) 우리들은 서로 잘 압니다.　　　　　　　　　　　※ each other　※ well
(6-b) 우리들은 과거에는 서로 잘 알았습니다. (each other 서로)　※ in the past
(6-c) 우리들은 여러 해 동안 서로를 잘 알고 지냅니다.　※ (for) many years

(7-a) 나는 쥐와 뱀을 싫어한다.　　　　　　　　　　　※ hate　※ mice and snakes
(7-b) 나는 소녀 시절에는 쥐와 뱀을 싫어했다.　　　　　※ when a girl
(7-c) 나는 소녀 시절부터 쥐와 뱀을 싫어하고 있다.　　※ since my girlhood

연·습·문·제 2

다음의 문장을 해석하시오.

(1-a)	Mother		pours	out her love into our heart.
(1-b)	Mother		poured	out her love into our heart.
(1-c)	Mother	has	poured	out her love into our heart.

(2-a)	He		is	in great need.
(2-b)	He		was	in great need last year.
(2-c)	He	has	been	in great need these two years.

* pour [pɔ:r] 쏟다, (차, 커피 따위를) 따르다, 붓다, (빛, 열 따위를) 쏟다, (탄환 따위를) 퍼붓다
  pour out her love 그녀의 사랑을 쏟아내다
  pour her love into our heart 그녀의 사랑을 우리들의 가슴속에 부어 넣다
* be in great need 매우 어려운 처지에 있다

(3-a)	I		smoke	heavily.
(3-b)	I		smoked	heavily when young.
(3-c)	I	have	smoked	since I graduated from college.

(4-a)	There		is	no rain here.
(4-b)	There		was	no rain here for long.
(4-c)	There	has	been	no rain here for long.

* heavily 심하게   * graduate from A = A를 졸업하다   * college 대학
* there is no rain. 비가 안 온다.

(5-a)	Please		keep	the child from swimming in the sea.
(5-b)	They		kept	the child from swimming in the sea.
(5-c)	They	have	kept	the child from swimming in the sea.

다음의 표현법을 익혀 둘 것 : A 때문에 B는 C를 하지 못한다.

	A	keep	B	from	C (-ing)	
(a)	The rain	kept	me	from	going	to school.
(b)	The storm	kept	the plane	from	taking	off.
(c)	Her sickness	kept	us	from	leaving	Korea.
(d)	Who	can keep	us	from	getting	married?

(a)= 그 비 때문에 나는 학교에 못 갔다.
(b)= 그 폭풍우 때문에 그 비행기는 이륙하지 못했다.
(c)= 그녀가 병이 나서 우리들은 한국을 떠나지 못했다.
(d)= 누가 우리들의 결혼을 막을 수 있겠는가? (아무도 못 막는다)

※ keep 대신에 prevent를 사용해도 된다.　　　* prevent 방해하다, 예방하다

(6-a)	What		prevents	him from coming here?
(6-b)	What		prevented	him from coming here?
(6-c)	What	has	prevented	him from coming here?

(7-a)			Follow	my teaching sincerely.
(7-b)	You		followed	my teaching sincerely.
(7-c)	You	have	followed	my teaching sincerely.

* follow ~의 뒤에(다음에) 오다, 뒤따르다, 눈으로 좇다　　　* sincerely 성의를 다 해

또 현재완료는 다음의 뜻을 가진 경우도 있다 02

① 어떤 일을 방금 끝냈다는 뜻 ② 어떤 일을 최근에 끝냈다는 뜻
③ 어떤 일이나 행동이 방금 있었다는 뜻 ④ 어떤 일이나 행동이 최근에 있었다는 뜻

아래의 우리말 중에서 (5-ㄷ)은 현재완료시제를 이용해야한다.

(5-ㄱ) 나는 저녁식사 후에 숙제를 한다. (do) <습관적 행위>
(5-ㄴ) 나는 어제는 저녁식사 전에 숙제를 했다. (did)
(5-ㄷ) 나는 숙제를 방금 다 했다. (have + 과거분사)

(5-ㄱ)=	I	do	my homework after supper.
(5-ㄴ)=	I	did	my homework before supper yesterday.
(5-ㄷ)=	I	have just done	my homework.

(6-ㄱ) 우리들은 일주일 전에 그 배를 완성했다. ⎫
(6-ㄴ) 우리들은 이달에 그 배를 완성했다. ⎬ 의 비교

(6-ㄱ)=	We		completed	the ship a week ago. <일주일 전은 과거>
(6-ㄴ)=	We	have	completed	the ship this month. <이달은 현재>

(7-ㄱ) 나의 어머니는 자주 외출한다. <습관>
(7-ㄴ) 나의 어머니는 5분전에 외출했다. <5분전은 과거임>
(7-ㄷ) 나의 어머니는 방금 외출했다. <방금 있었던 일>

(7-ㄱ)=	My mother		goes	out very often.
(7-ㄴ)=	My mother		went	out five minutes ago.
(7-ㄷ)=	My mother	has just	gone	out.

주의 ~ago는 현재완료와 함께 사용될 수 없다. a minute ago, two minutes ago 등은 방금에 해당하지만 ago가 있기 때문에 현재완료와 함께 사용될 수 없다.

다음의 우리말을 영어로 어떻게 나타내는지 눈여겨보아라.

(8-ㄱ) 나의 고모는 조만간 아들을 낳을 것이다. (곧 있게 될 일)
(8-ㄴ) 나의 고모는 한 시간 전에 아들을 낳았다. (한 시간 전에 있었던 일)
(8-ㄷ) 나의 고모는 방금 아들을 낳았다. (방금 있었던 일)

(8-ㄱ)=	My aunt	will		birth to a son sooner or later.
(8-ㄴ)=	My aunt		gave	birth to a son an hour ago.
(8-ㄷ)=	My aunt	has just	given	birth to a son.

* give birth to ~ = ~를 낳다   * birth 탄생   * sooner or later 조만간

주의 <방금, 전에, 최근에>등은 「have + 과거분사」와 함께 사용될 수 있으나 구체적으로 명시(明示)된 과거, 예를 들면 <어제, 2분전에, 한 시간 전에, 2013년에, 지난밤에>등은 「have + 과거분사」와 함께 사용될 수 없다.

(가) He breathed his last breath ten minutes ago. (과거)
(나) He has just breathed his last breath. (현재완료)
(가)= 그는 10분 전에 숨을 거두었다.   (나)= 그는 방금 숨을 거두었다.
(다) She got down from the bus five minutes ago. (과거)
(라) She has just got down from the bus. (현재완료)
(다)= 그녀는 5분 전에 버스에서 내렸다.   (라)= 그녀는 방금 버스에서 내렸다.

have + 과거분사와 함께 사용될 수 있는 말

this year	금년에	recently	최근에
this month	이 달에	just	방금
before	전에	now	지금

have + 과거분사와 사용될 수 없는 말

yesterday	어제	last week (night)	지난주 (밤)에
yesterday morning	어제 아침에	last Sunday (month)	지난일요일(달)에
when	언제 ~?	in 20th century	20세기에
in 1997	1997년에	long (a year) ago	오래(일 년)전에
in the past	과거에	during World War II	세계 2차 대전 중에

「have + 과거분사」는 경험을 나타낸다   03

『have + 과거분사』를 <~한 적이 있다>라고 해석하는 경우가 있다. <~한 적이 없다>라고 하려면 『have never + 과거분사』를 사용해야한다. 다음의 말이 『have + 과거분사』와 사용되면 일반적으로 경험을 나타낸다.

| once | 전에, 한번 | ever | 이제까지 | before | 전에 |
| so far | 지금까지 | never | 결코 ~하지 않다 | often | 자주 |

다음의 문장을 비교해보자.

(9-ㄱ)	I		see	him	very often.
(9-ㄴ)	I		saw	him	yesterday.
(9-ㄷ)	I	have	seen	him	before.
(9-ㄹ)	I	have never	seen	him	so far.
(9-ㅁ)		Have you	ever seen	him	so far.

(9-ㄱ)= 나는 그이를 자주 본다.   (9-ㄴ)= 나는 그이를 어제 보았다.
(9-ㄷ)= 나는 전에 그이를 본 적이 있다. <경험>
(9-ㄹ)= 나는 이제까지 그이를 본 적이 없다. <무경험>
(9-ㅁ)= 너 이제까지 그이를 본 적이 있냐?

have been to ~ 와 have gone to ~

have gone to ~	~에 가고 이곳에는 없다.
have been to ~	(1) ~에 가본 경험이 있다 (2) ~에 방금 다녀오는 길이다 (3) ~에 방금 다녀왔다
have been in ~	(1) ~에 있어 본 적이 있다 (2) ~에 계속해서 있다.

(10-ㄱ)	My father has gone to America.	나의 아버지는 미국에 가서 안 계신다.
(10-ㄴ)	Have you ever been to London ?	너 런던에 가본 적 있냐?
(10-ㄷ)	I have never been to London.	나 런던에 가본 적 없다.
(10-ㄹ)	Where have you been ?	너 지금까지 어디에 가있었느냐 ?
(10-ㅁ)	I have been to the station to see Jane off.	제인을 전송하러 역에 갔다 오는 길이다.
(10-ㅂ)	I have been in London recently.	나 최근에 런던에 있어 본 적이 있다.
(10-ㅅ)	I have been in London since May.	나는 5월부터 쭉 런던에 있다.

행동의 결과에 중점을 두는 「have + 과거분사」 04

① 과거의 행동이나 ② 과거에 있었던 일이나 ③ 최근의 행동이나 ④ 최근에 있었던 일의 결과에 정보가치를 두려면 「have + 과거분사」를 사용한다. 여기서 말하는 과거란 머나먼 과거일 수도 있고 가까운 과거일 수도 있다.

겉보기에는 동일한 문장이라도 상황(狀況)에 따라 뜻이 달라진다. 예를 들면 Tom의 대답과 John의 두 번째 대답은 둘 다 My father (= He) has been out of work for a year 이지만 뜻이 다르다.

상황 1 오랫동안 수업료를 못 내고있는 어느 학생과 선생님과의 대화이다.

Teacher : Well, you have not paid your school fees for six months.
Tom   : My father has been out of work for a year. (결과 중시)
Teacher : 응, 저~, 너 6개월 동안 수업료를 안 내고 있는데. (수업료를 낸 적이 없는데)
Tom   : 아버지가 실직한지 일 년 되었어요. (실직한지 일 년이 되어서 그 결과 생활이 궁핍하다는 것이 정보의 핵심이다)

Mr Brown : I hear that your father is out of work.   <너의 아버지 실직 중이라던데.>
John   : So he is.   <예, 그렇습니다.>
Mr Brown : How long has he been out of work ?   <실직한지 얼마 되었지?>
John   : He has been out of work for a year.   <일 년 되었어요.>(계속)

• He has been out of work for a year. 라는 John의 대답에는 생활이 궁핍하다는 뜻은 없다. 실직상태가 일 년 동안 계속되고 있음을 나타내는 말이다. 다시 말하면 실직으로 인한 결과에 정보의 가치를 둔 것이 아니고 얼마동안 무직생활을 하는가에 정보가치가 있다.

상황 3 Don은 근시(近視)다. 선생님이 Don에게 칠판에 쓴 글씨를 읽어보라고 말한다. Don은 다음과 같이 대답할 수 있다.

(ㄱ) I have left my glasses at home.   < 집에 안경을 두고 왔습니다.>
(ㄴ) I have come to school without my glasses.   <안경 없이 등교했습니다.>

※ 집에 안경을 놓고 와서 그 결과 지금 사물이 제대로 안 보인다는 것임. 이 경우 I cannot read it. 라고 대답하면 꾸중을 들을 수도 있다.

다음의 문장을 비교해 보자.

(11-ㄱ) In the beginning God **created** the universe.
(11-ㄴ) They worship what God **has created** instead of God himself.
(11-ㄱ)= 태초에 하나님이 우주를 창조하셨다.
(11-ㄴ)= 그들은 하나님을 경배하지 않고 하나님이 창조해 놓은 것을 경배한다.

* **what God has created** 하나님이 창조해 놓은 것   * **instead of** ~대신에

¦ 하나님이 창조해 놓은 것 중에서 사람들이 경배하는 것은 무엇인가. 황금, 다이아몬드, 사파이어 등 자연에서 발견되는 보석이다. 돈은 인간이 만든 것이지 하나님이 만든 것이 아니므로 사람들이 경배하는 것이기는 하지만 **what God has created**에 해당하지 않는다. 그런데 이러한 보석은 하나님이 아득한 태초에 만든 것들이다. 아득한 옛날에 행한 일이니까 **created**라고 해야지 왜 **has created**라고 했을까. 창조된 것이 현재 남아있지 않으면 **has + 과거분사** 를 사용할 수 없다. 아득한 옛날에 창조된 보석들이 현재에도 존재하고 있기 때문에 **has + 과거분사** 를 사용한 것이다 ¦

다음 문장들의 뜻을 눈여겨보아라.

(12-ㄱ)	The news	turned	her pale.
(12-ㄴ)	The news	has turned	her pale.

(12-ㄱ)= 그녀는 그 소식을 듣고 창백해졌다. (과거에 있었던 일)
(12-ㄴ)= 그녀는 그 소식을 듣고 (지금) 얼굴이 새파랗게 되어있다. (결과)

(13-ㄱ)	His illness	left	him weak.
(13-ㄴ)	His illness	has left	him weak.

(13-ㄱ)= 그는 병을 앓고 난 후에 허약해졌다. (과거에 있었던 일)
(13-ㄴ)= 그는 병을 앓고 나더니 허약해져있다. (현재 허약함) (병을 앓고 난 결과)

(14-ㄱ)	The gangster	beat	him black and blue.
(14-ㄴ)	The gangster	has beaten	him black and blue.

(14-ㄱ)= 그는 깡패한테 시퍼렇게 두들겨 맞았다. (과거에 있었던 일)
(14-ㄴ)= 그는 깡패한테 두들겨 맞아서 지금 시퍼렇게 멍이 들어있다. (맞은 결과)

(15-ㄱ)	He	came	here to help you yesterday.
(15-ㄴ)	He	has come	here to help you.

(15-ㄱ)= 어제 그는 너를 돕기 위하여 이곳에 왔었다.
(15-ㄴ)= 그이는 너를 돕기 위하여 지금 이곳에 와있다.

(16-ㄱ)	He	lost	his key.
(16-ㄴ)	He	has lost	his key.

(16-ㄱ)= 그는 열쇠를 잃었다. (잃었었다) (과거에 있었던 일)
(16-ㄴ)= 그는 열쇠를 잃어버려서 지금 열쇠가 없다.

- He lost his key.에는 그가 열쇠를 잃어버렸다는 정보 밖에 없다. 그 뒤 그가 그 열쇠를 찾았는지 못 찾았는지 그러한 정보가 포함되어있지 않다. 그러나 He has lost his key.에는 열쇠를 잃었다는 정보와 그 결과 열쇠가 없어서 집(차, 금고)문을 열 수 없다는 언외(言外)의 뜻이 숨어있다.

(17-ㄱ)	I	bought	the car two years ago.
(17-ㄴ)	I	have bought	the car this month.

(17-ㄱ)= 나는 그 차를 2년 전에 샀다 (2년 전에 있었던 일, 지금은 그 차를 가지고 있지 않을 수 있다.)
(17-ㄴ)= 나는 그 차를 이달에 샀다. <따라서 나는 현재 그 차를 가지고 있다>

(18-ㄱ)	I	opened	the door for you to go out.
(18-ㄴ)	I	have opened	the door for you to go out.

(18-ㄱ)= 나는 네가 나가도록 문을 열었다. (과거에 있었던 일)
(18-ㄴ)= 나는 네가 나가도록 문을 열어놓았다. (현재 문은 열려있다)

(19-ㄱ)	He	overate	himself sick.
(19-ㄴ)	He	has overeaten	himself sick.

(19-ㄱ)= 그는 과식하여 탈이 났었다. (과거에 있었던 일)
(19-ㄴ)= 그는 과식하여 현재 탈이나 있다. (과식한 결과임)

연·습·문·제 3

다음 문장을 해석하시오.

(1) Have you ever been in love ? * be in love 사랑의 감정에 젖다
(2) Have you ever borrowed money ? * borrow (돈 따위를) 빌리다
(3) He has rubbed his hands sore. * sore (피부가) 헌, 까진 * rub 비비다, 긁다. 문지르다
(4) I have just remembered his name. * remember 생각나다, 기억하다
(5) I have written the letter but I haven't posted it yet. * post 우체통에 넣다 * yet 아직
(6) Don't touch the door. I have just painted it. * touch 만지다
(7) I have lost all hope, so what if God kills me ? * what if ~한들 무슨 상관인가?
(8) He has set a trap to catch me. (욥 19:6) * set a trap 덫을 놓다
(9) He has filled my life with bitterness. (욥 9:18) * bitterness 고통   * fill 채우다
(10) I have always walked in your way and have never strayed from it
      * stray from ~에서 이탈하다, 빗나가다
(11) I have come in order that you might have life. * life 생명, 일생, 생활
(12) I have worked for you like a slave. (누가복음 15:29) * like ~처럼   * slave 노예
(13) He has been buried four days. (요한복음 11:39) * bury [béri] (땅에) 묻다
(14) I will always thank you for what you have done. * thank 감사를 표시하다
(15) He has taken away all my wealth and destroyed my reputation. (욥 19:9)
      * take away 빼앗아가다 * reputation 명성, 평판
(16) I have had a long life and I have had much time for thought.
      * have a long life 장수하다   * time for thought 생각할 시간
(17) She has never driven a car before. It is the first time she has driven a car.
      ※ It is the first time + 주어 + have + 과거분사에 유의할 것
(18) I have never seen a house as beautiful as this.
(19) Think about what God has done. How can   * straighten out 곧게 펴다
      anyone straighten out what God has made crooked ?   * crooked 구부러진, 일그러진
(20) So what have I gained from being so wise ? (전2:15) * gain (일해서, 이겨서) 얻다
(21) Would you like something to eat ?
      No, I have just had lunch.   ※ would you like ~?는 음식을 권하는 말이다.
(22) My aunt is back home from her holiday now.   * be back home 귀국하다
      She has been to China.   * China 중국

(23) I have made a solemn promise never to look at a woman with lust.
(24) I have had day after day of suffering.
(25) My skin has turned dark; I am burning with fever.
(26) I have always acted justly and fairly.
(27) Their fathers have always been very worthless.
(28) God has made me weak and helpless.
(29) I have never been glad when my enemies suffered.
(30) I have never been pleased when they meet with disaster.
(31) I swear I have never tried to deceive them.
(32) The fever has left me weak.
(33) I have never trusted in riches or taken pride in my wealth.
(34) I have never worshiped other god than you.
(35) I have not been led astray to honor them.
(36) I have never refused to help the poor.
(37) All my life I have taken care of them.
(38) Have I ever let widows live in despair or let orphans go hungry ?
(39) They have turned away from the right path.
(40) Hunger has made us burn with anger.
(41) I have noticed that in this world a serious injustice is done.
(42) The best thing we can do is (to) enjoy what we have worked for during the short life that God has given us. (전도서 5:18)

(23) solemn 엄숙한, 진지한 * lust 욕망, 갈망 / with lust 욕망의 눈빛으로   (24) day after day = day in day out 날마다 * suffering 괴로움, 고통 * have day after day of suffering 괴로운 나날을 보내다   (25) fever (병으로 인한) 열, 발열 / have a fever 열이 나다, burn with fever 열로 몸이 불같다   (26) justly 바르게, 공정하게 * fairly 공평하게   (27) worthless 가치 없는   (28) helpless 무력한, 의지가지없는, 속수무책의   (29) suffer (고통, 변화 따위를) 경험하다 / suffer from ~으로 고통 받다, suffer a loss 손해를 입다, suffer defeat 패배하다   (30) meet with disaster = have a disaster 재난을 당하다 * disaster 재난, 참사, 큰 불행   (31) swear 맹세하다, ~라고 단언하다   (33) trust (in) 신뢰하다 * take pride in ~ = be proud of ~ 를 자랑으로 여기다   (34) worship 숭배하다 * other god than you 당신 이외의 신   (35) go astray 길을 잃다, 타락하다, 빗나가다   (37) take care of ~을 보살피다   (38) despair 절망, 자포자기 / in despair 절망하여 * orphan 고아 * go hungry 굶주리며 살다, 헐벗고 살다   (39) turn away 외면하다, 떠나다 * right path 의로운 길, 올바른 길   (40) hunger 굶주림 <hungry의 명사임>   (41) notice ~을 알아채다, 통지하다 * serious 엄숙한, (상처, 병세가) 심한, 위독한 * injustice 불의(不義)   (42) we can do는 the best thing을 수식한다. the best thing we can do 우리가 할 수 있는 것 중에서 가장 좋은 것 * what we have worked for 우리가 무언가를 위하여 오늘날 까지 일해 온 것이 있는데 바로 그것 * the short life that God has given us 하나님이 우리들에게 주신 덧없는 일생(인생)

연·습·문·제 4

아래의 문장을 영작하시오.

(1) 그녀는 날마다 성경을 읽는다. ※ the Bible
(2) 그녀는 지금 성경을 읽고 있다. ※ is reading
(3) 너 성경 읽어본 적 있나? ※ Have you ever ~?
(4) 그녀는 가능한 한 자주 성경을 읽겠다고 방금 약속했다. ※ promise to
(5) 그녀는 매일 성경을 읽겠다고 결심이 되어있다. ※ decide to
(6) 톰은 어제 결석했다. ※ be absent/ absent oneself ※ from school
(7) 톰은 오늘도 결석중이다.
(8) 톰은 월요일부터 결석하고 있다. ※ since Monday
(9) 톰은 내일 결석할지도 모른다. ※ probably
(10) 너 결석한 적 있나? ※ Have you ever ~
(11) 너 차를 운전한 적 있냐? 아니, 운전해본 적 없어. ※ this is the third~
(12) 너 말 타 본 적 있느냐? 그래, 이번이 세 번째야. ※ ride a horse
(13) 톰은 제인에게 전화를 걸고 있다. 저것이 오늘 아침 세 번째야. ※ (tele)phone (to) Jane
(14) 나는 5월1일 앤을 보았다. 그러나 그 후로는 본적이 없다. ※ May 1st
(15) 지난 겨울에는 눈이 많이 내렸다. 그러나 금년 겨울에는 아직 눈이 내리지 않았다. ※ It snows a lot.
(16) 작년에 그 회사(company)는 많은 이익을 냈다. 그러나 금년에는 아직 이익을 내지 못했다. 손해만 보았다. ※ make a profit ※ make a loss
(17) 수잔아, 커피한잔 줄까? ※ Would you like ~?
  고맙지만 그만 마실거야. 오늘 이미 세잔을 마셨거든. ※ three cups of coffee
(18) 나는 고모부터 일년 전에 소식을 들었다. 그러나 나는 그 후로는 소식을 들은 적이 없다. ※ hear from
(19) 그녀는 병으로 누워있다. 그녀는 과로하여 병난기야. ※ be sick in bed
(20) 나는 배고파 죽을 지경이야. 나는 어제부터 아무것도 먹은 게 없어. ※ as hungry as a hawk
(21) 너 어디 갔다 오는 거냐? 톰을 전송하러 역에 다녀오는 길이야. ※ to see Tom off
(22) 너 미국에 가본 적 있니? 응, 세 번 가본 적 있어. ※ three times
(23) 너 숙제 다 끝내 놓았니? 아니, 아직은 못 끝냈어. ※ finish/ do/ as yet
(24) 그는 두들겨 맞아 시퍼렇게 멍이 들어있다. ※ black and blue ※ be beaten
(25) 나는 네가 나가도록 문을 열어 놓았다. (문이 지금 열려있음) ※ for you to
(26) 그녀는 병을 앓고 나서 허약해져있다. ※ her sickness ※ left her weak
(27) 어머니가 나의 신발을 깨끗하게 빨아 놓으셨다. (지금 깨끗함) ※ wash A clean

불규칙 동사   05

(A) 과거와 과거분사의 끝 글자가 t나 d인 것   예외: go, do

원형	뜻	과거 / 과거분사	원형	뜻	과거 / 과거분사
keep	유지하다, 지키다	kept	hurt	상처를 주다	hurt
weep	울다	wept	cut	자르다, 베다	cut
sleep	잠자다	slept	cost	(비용으로서) 들다	cost
sweep	청소하다, 쓸다	swept	set	맞추다, 놓다	set
send	보내다	sent	let	허락하다	let
lend	빌려주다	lent	shut	닫다	shut
spend	소비하다	spent	put	놓다, 두다	put
bend	구부리다	bent	hit	치다, 적중하다	hit
feel	느끼다, 만지다	felt	read	읽다	read
kneel	[ni:l] 무릎 꿇다	knelt	find	발견하다, 깨닫다	found
lose	[lu:z] 잃다, 지다	lost	lead	인도하다, 선도하다	led
catch	잡다	caught [kɔ:t]	pay	지불하다	paid
teach	가르치다	taught [tɔ:t]	say	말하다	said
bring	가져오다	brought [brɔ:t]	lay	놓다, (알을) 낳다	laid
think	생각하다	thought [θɔ:t]	shed	(눈물을) 흘리다	shed
fight	싸우다	fought [fɔ:t]	stand	서다, 참다	stood
buy	사다	bought [bɔ:t]	bleed	(피를) 흘리다	bled
shoot	쏘다, 발사하다	shot	hold	잡다, 개최하다	held
dwell	거주하다	dwelt	spread	퍼지다	spread
sit	앉다	sat	feed	(음식을) 먹이다	fed
forget	잊다, 망각하다	forgot	bind	결박하다, 묶다	bound
leave	떠나다, 남기다	left	sell	팔다	sold
build	건설하다, 짓다	built	hear	듣다, 들어서 알다	heard
creep	기다, 기어가다	crept	tell	말하다	told

(B) 「원형 + n」 또는 「원형 + en」이 과거분사인 것

원형	과거	과거분사	뜻
give	gave	given [gívən]	주다
forgive	forgave	forgiven [fəgívən]	용서하다
rise	rose	risen [rízən]	(해가) 뜨다, (값이) 오르다
drive	drove	driven [drívən]	운전하다, 몰아대다
take	took	taken [téikən]	잡다, 체포하다, 점령하다, 획득하다
shake	shook	shaken [ʃéikən]	흔들이다, 흔들다, 진동하다
blow	blew	blown [bloun]	(바람이) 불다, (피리, 나팔 등을) 불다
throw	threw	thrown [θroun]	던지다
grow	grew	grown [groun]	자라다, 성장하다, 되다. 기르다
draw	drew	drawn [drɔ:n]	당기다, 그리다, (제비를) 뽑다
see	saw	seen [si:n]	보다, 이해하다, 깨닫다, ~이 보이다
eat	ate	eaten [í:tən]	먹다
fall	fell	fallen [fɔ:lən]	떨어지다, 넘어지다
be	was	been [bi:n]	~다, ~이 되다, 존재하다, 있다
write	wrote	written [rítən]	(글씨나 문장을) 쓰다
ride	rode	ridden [rídən]	(말, 자전거 등을) 타다
forbid	forbade	forbidden [fəbídən]	금하다
beat	beat	beaten [bí:tən]	때리다, (북을) 치다, (심장이) 두근거리다

(C) 「과거 + n」이 과거분사인 것. 단, -ore는 e를 버리고 n을 붙인다.

steal	stole	stolen	도둑질하다, 훔치다
speak	spoke	spoken	말하다
break	broke	broken	부수다, 깨뜨리다, (약속 따위를) 어기다
choose	chose	chosen	선택하다, 선출하다
freeze	froze	frozen	얼다, 얼리다, 굳어지다
bite	bit	bitten	물다, 깨물다
hide	hid	hidden	숨다, 숨기다, 감추다
wear	wore	worn	입다, 닳아지게 하다, 지치게 하다
tear [tɛə]	tore	torn	찢다
bear	bore	born	낳다, 참다, (열매를) 맺다, 견디다
swear	swore	sworn	맹세하다, 서약하다, 욕하다

(D) -ed를 붙이지 않는 동사 중에 원형의 끝 부분이 -in, -im, -ink, ing이면 i가 다음과 같이 변한다.
 ※ bring, think는 예외

원형	과거	과거분사
i이면	⇒ a나 u	⇒ u

원형	과거	과거분사	뜻
begin	began	begun	시작하다
spin	span	spun	(실을) 잣다, (팽이를) 돌리다
swim	swam	swum	수영하다, 현기증이 나다
sing	sang	sung	노래하다
spring	sprang	sprung	뛰어 오르다, 튀다
swing	swang	swung	빙 돌다, 휘두르다, 그네 타다
sink	sank	sunk	침몰하다, 가라앉다
drink	drank	drunk	마시다
fling	flung	flung	내던지다, 팽개치다
sting	stung	stung	찌르다, 자극하다
dig	dug	dug	파다
stick	stuck	stuck	찌르다, (풀로) 붙이다

(E) 기타

make	made	made	만들다
go	went	gone	가다, 되다
do	did	done	하다
lie	lay	lain	눕다, 있다
fly	flew	flown	날다, 날리다
show	showed	shown	보여주다
shine	shone	shone	빛나다, 비추다
come	came	come	오다, 가다
run	ran	run	달리다
become	became	become	되다
win	won	won	이기다, 얻다, 획득하다
strike	struck	struck	때리다, 부딪치다

연·습·문·제 5

다음 동사의 뜻, 과거, 과거분사를 쓰시오.

	과거	과거분사	뜻
(1) take			
(2) hold			
(3) sing			
(4) weep			
(5) catch			
(6) fly			
(7) dig			
(8) grow			
(9) break			
(10) ride			
(11) forbid			
(12) bring			
(13) kneel			
(14) lose			
(15) steal			
(16) shake			
(17) fling			
(18) sweep			
(19) leave			
(20) forget			
(21) spend			
(22) freeze			
(23) draw			
(24) fight			

연·습·문·제 6

다음 문장을 해석하시오.

(1-a) He played an important part in the industrial world.
(1-b) He has playd an important part in the industrial world .

(2-a) The elevator broke down the day before yesterday.
(2-b) The elevator has broken down now.

(3-a) I washed the car clean by myself a week ago .
(3-b) I have just washed the car clean by myself.

(4-a) I saw wolves in the forest a few days ago.
(4-b) I have seen wolves in the forest many times.

(5-a) The people of those days lost their sense of morality .
(5-b) People have lost their sense of morality.

(6-a) The story reached the most interesting part when you entered.
(6-b) The story has reached the most interesting part.

(7-a) My father has gone to America.
(7-b) My father has been to America.

(8-a) I ran out of money completely last year.
(8-b) I have run out of money completely.

(9-a) You got much thinner when I saw you last year.
(9-b) You have got much thinner than you were.

(10-a) Ki-su Kim was in army for two years.
(10-b) Ki-su Kim has been in army for two years.

(11-a) I missed you very badly when you were away from me.
(11-b) I have missed you very badly since you left.

have been -ing (현재완료진행)   06

(A) 「~동안 ~하고 있다, ~부터 ~하고있다」를 영어로는 have been -ing로 나타낸다.
이 경우 그 행동은 아직도 계속하고 있음을 나타낸다. 기간을 나타내는 말이 있는 경우도 있고 없을 수도 있다. 다음 문장을 비교해 보자.

| (20-ㄱ) | Jane | is | playing | the piano | now. |
| (20-ㄴ) | Jane | has been | playing | the piano | for two hours. |

(20-ㄱ)= 제인은 지금 피아노를 치고있다.
(20-ㄴ)= 제인은 두 시간 동안 피아노를 치고있다.

(21-ㄱ) 비가 지금 오고 있다. 우산을 지니고 가라. ⎫
(21-ㄴ) 비가 온종일 오고 있다. 그래서 강물이 불어났구나. ⎬ 의 비교
⎭

| (21-ㄱ)= | It | | is | raining | now. | Take an umbrella with you. |
| (21-ㄴ)= | It | has | been | raining | all day, | and the river has risen. |

(B) 일정기간 동안 계속되다가 최근, 또는 방금 끝난 행동을 나타내는 경우에도 have been -ing을 사용한다. 예를 들면 톰은 20분 동안 달리다가 방금 달리기를 멈추었다. 그래서 지금 숨을 헐떡거린다. 지금 달리고 있지는 않지만 방금까지 달리고 있었다는 뜻이므로 have been -ing을 사용한다.

다음의 대화를 보자.

(22-ㄱ) Jane : 너 왜 숨을 헐떡거리니? = Why are you out of breath ?
Tom : 달리기 했어. = I have been running.

(22-ㄴ) Jane : 너 녹초가 된 것 같구나. = You look quite exhausted.
Tom : 뼈 빠지게 일했거든. = I have been working my fingers to the bone.

(C) 「얼마동안 ~하고 있는 거냐?」라고 하려면 「How long have + 주어 + been -ing ?」를 이용한다. 이것에 대하여 have been -ing으로 대답한다.

   (23-ㄱ) How long have you been painting this picture ?
          I've been painting it for five hours.
          <너 얼마동안 이 그림 그리고 있는 거냐? = 언제부터 이 그림 그리고 있는 거냐?>
          <나는 5시간 동안 그리고 있다. = 다섯 시간 째 그리고 있는 거야>

   (23-ㄴ) Maria has been watching television all day.
          <마리아는 온종일 텔레비전을 보고 있다> (지금도 보고 있음)

   (23-ㄷ) Jane : Where have you been ? <너 어디 있다 오는 거냐?>
          Tom : I have been looking for you for the last half hour.
                <반시간 동안 너를 찾고 있었다>
          (지금은 찾고 있지 않다. look for하는 행위는 제인을 find (발견)한 순간 끝난다)

(D) have been -ing 는 아직도 행동이 진행 중임을 나타내고 「have + 과거분사」는 행동이 끝났음을 나타낸다. 다음의 문장을 비교해보자.

(24-ㄱ)	Paul	has		painted	the wall.
(24-ㄴ)	Paul	has	been	painting	the wall.

(24-ㄱ)= 폴은 그 벽에 페인트칠하기를 방금 다 마쳤다.
         <아직 마르지 않았으니 손대지 말라는 뜻을 가지고 있을 수도 있다)
(24-ㄴ)= 폴은 그 벽에 칠하는 작업을 장시간 진행 중이다. (지금은 담배 피우기 위하여 일손을 잠시 멈추고 있어도 have been painting이라고 표현할 수 있다)

(24-ㄴ)=	Paul	is		painting	the wall.	(이 2문장의 속뜻을 아래에 밝혀 놓았음)
(24-ㄷ)=	Paul	has	been	painting	the wall.

(24-ㄴ)은 현재 무엇을 하고 있는가에 정보가치가 있다. 따라서 (24-ㄴ)에는 for an hour 나 since morning등을 사용할 수 없다. 구체적으로 말하면 폴은 지금 페인트칠 하고 있으니까 방해하지 말라든가 전화를 받을 수 없다든가 기타 딴 일을 맡길 수 없다는 뜻이 숨어있다.

(24-ㄷ)에는 겉으로는 나타나 있지 않지만 일정시간 동안 페인트칠하고 있다는 뜻이 숨어있다. 폴의 옷이 페인트로 범벅이 되어있다. 그렇게 된 정보를 담고 있을 수도 있다. 또 for an hour나 since morning 등을 문장의 끝에 사용할 수 있다.

다음 문장을 비교해 보자.

(25-ㄱ)	My hands are very dirty.	I	have been fixing	the car.
(25-ㄴ)	The car is OK again now.	I	have fixed	it.

(25-ㄱ)= 나의 손은 매우 지저분하다. 나는 차를 수리중이거든. (일정기간 진행 중)
(25-ㄴ)= 그 차는 이제는 정상이다. 내가 수리를 해놓았거든. (완료)

※ I have fixed it.를 I have finished fixing it.라고 해도 된다.

상황을 설정하고 그 상황에서 어떻게 말을 할 수 있는가를 살펴보기로 하자.

상황1 마리아는 두 시간 전에 책을 읽기 시작했다. 그녀는 지금 그것을 읽고 있다. 그리고 60쪽에 가있다.
Maria started reading a book two hours ago. She is still reading it and she is on page 60.

(26-ㄱ) She has been reading for two hours.　(진행 중이며 계속하고 있음)
(26-ㄴ) She has   read   60 pages so far. (60쪽까지는 완료되었음)
(26-ㄱ) = 그녀는 2시간동안 독서하고 있는 중이다.
(26-ㄴ) = 그녀는 지금 60쪽 까지 읽었다.

상황2 ⓐ 김민수는 한국출신이다.　ⓑ 그는 지금 이 순간은 유럽을 여행하고 있다.
ⓒ 그는 6개월 전에 여행을 시작했다.　ⓓ 그는 현재 6개월 동안 여행 중이며
ⓔ 7개국의 구석구석을 돌아다녔다. 이것을 다음과 같이 영작한다.

(27) ⓐ Min-su Kim is from Korea.　ⓑ He is traveling over Europe at the moment.
ⓒ He began to travel six months ago.　ⓓ He has been traveling for six months.
ⓔ He has traveled every part of seven countries in Europe.

상황3 ⓐ 예윤은 유명한 피아니스트이다.　ⓑ 그녀는 7살 때 피아노치기 시작했다.
ⓒ 그녀는 지금 47세 접어들었다.　ⓓ 그녀는 40년 동안 피아노를 치고 있다.
ⓔ 그녀는 지금까지 여러 번 피아노 개인 리사이틀을 가졌다. 이것을 다음과 같이 영작한다.

(28) ⓐ Ye-yun is a famous pianist.
ⓑ She began to play the piano when she was seven years old.
ⓒ She has just turned forty-seven.　ⓓ She has been playing the piano these forty years.
ⓔ She has held (or given) many piano solo recitals.

(E) have been -ing로 할 수 없는 동사가 있다. is -ing로 할 수 없는 동사는 have been -ing로도 할 수 없다. 다음의 동사는 일반적으로 is -ing로 할 수 없으며 따라서 have been -ing로도 할 수 없다.

like, love, hate, want, need, prefer (~쪽을 더 좋아하다), know, realize (깨닫다), suppose, mean (~을 의미하다), understand, believe, remember, belong(~에 속하다), contain (포함하다, 함유하다), consist (구성되다), depend (~에 의존하다), seem

(29) 「나는 젊은 시절부터 그렇게 믿고 있다」에 맞는 영문은 (29-ㄱ)이다.

(29-ㄱ)	I	have		believed	so since I was young.	○
(29-ㄴ)	I	~~have~~	~~been~~	~~believing~~	so since I was young.	×

(30) 「너는 언제부터 그녀를 사랑하니?」에 맞는 영문을 (30-ㄱ)이다.

(30-ㄱ)	How long	have	you		loved	her?	○
(30-ㄴ)	How long	~~have~~	you	~~been~~	~~loving~~	her?	×

(31) 「나는 어린 시절부터 우표를 수집해오고 있다」의 영문은 (31-ㄱ) (31-ㄴ) 둘 다 옳다. 오래 동안 반복된 행동은 (ㄱ) (ㄴ) 둘 다 가능하다.

(31-ㄱ)	I	have		collected	stamps	since I was a child.
(31-ㄴ)	I	have	been	collecting	stamps	since I was a child.

(32) 「나는 오래 동안 영어를 배우고 있다」의 영문은 둘 다 옳지만 (32-ㄴ)을 선호한다.
　　※ how long, for ~, since ~등이 있는 문장에서는 have been —ing를 선호한다.

(32-ㄱ)	I	have		learned	English	for a long time.
(32-ㄴ)	I	have	been	learning	English	for a long time.

(33) 「나는 오래 동안 서울에서 일하고 있다」의 영문은 (33-ㄱ) (33-ㄴ) 둘 다 옳다.
　　※ work는 다음 (33-ㄱ) (33-ㄴ) 중 어느 것을 사용하거나 뜻이 동일하다.

(33-ㄱ)	I	have		worked	in Seoul	for a long time.
(33-ㄴ)	I	have	been	working	in Seoul	for a long time.

연·습·문·제 7

밑줄 친 곳을 바르게 고치시오.

(1) Tom <u>is playing</u> the piano for two hours. (지금도 치고 있음)
(2) This house <u>is containing</u> four rooms.
(3) I <u>have been knowing</u> Jane since I was a child.
(4) Tom is standing in front of my house. ☞ 이 문장은 옳은 문장이다.
(5) The church <u>is standing</u> at the foot of a hill.
(6) Water <u>is consisting</u> of hydrogen and oxygen.
(7) Bacteria <u>are belonging</u> to the vegetable kingdom.
(8) I <u>have been loving</u> Jane since I was a freshman.
(9) She <u>is working</u> here since May. (지금도 이곳에서 일하고 있음)
(10) I <u>am living</u> here all my life.

* contain [kəntéin] 포함하다, 내포하다   * at the foot of ~의 밑에   * consist of ~으로 구성되다
* hydrogen 수소   * oxygen 산소   * bacteria 박테리아   * vegetable 야채, 식물
* kingdom 왕국, ~계   * the vegetable kingdom 식물계   * freshman 대학 1학년 학생
* all my life 내 평생 동안

연·습·문·제 8

아래의 문장을 영작하시오.

(1-a) 지금 비가오고 있다.　　　　　　　　(1-b) 정오에 (at noon) 비가 오기 시작했다.
(1-c) 정오부터 비가오고 있다.

(2-a) 톰과 나는 친구다.　　　　　　　　　(2-b) 나는 대학 1학년 때 톰을 처음으로 만났다.
(2-c) 나는 대학 1학년 때부터 톰을 알고 지낸다.

(3-a) 제인은 몸이 아프다.　　　　　　　　(3-b) 제인은 며칠 전에 병에 걸렸다.
(3-c) 제인은 며칠 째 병으로 누워있다.

(4-a) 톰은 백화점에서 일하고 있다 (work in a department store)
(4-b) 톰은 백화점에서 7월에 일하기 시작했다.　　(4-c) 톰은 백화점에서 7월부터 일하고 있다.

연·습·문·제 9

아래 문장을 해석하시오.

(1) My father began looking for a job three months ago. He is still looking for a job now. He has been looking for a job for three months.

(2) We started waiting for Jane 30 minutes ago. We are still waiting for her now. We have been waiting for her for 30 minutes.

(3) My uncle started working in Seoul on May 20th. He is still working there now. He has been working there since May 20th.

(4) Where have you been ? Have you been playing tennis?

(5) I have been playing tennis since 1990. Have you ever played tennis?

(6) How long have you been reading the book?

(7) How many pages of the book have you read?

(8) He has been smoking too much recently. He should smoke less.

(9) Oil industry has faced huge challenges.

(10) Ann got injured in a car accident on June 10th. She is still in hospital. She has been in hospital since June 10th.

(11) Tom fell in love with Jane when he was a freshman. He has loved her since he was a freshman.

(12) Do you often take a holiday? No, I haven't had a holiday for a year.

(13) Do you often eat out? No, I haven't eaten out for ages.

(14) A: How long have you been working in the shop?
   B: I have been working in it (for) ten months. I started working in it in March last year.

(15) A: I am having a driving lesson.
   B: How long have you been having driving lessons ?

(16) The light was off. Now it is on. Somebody has turned on the light.

(17) A: My father is a writer.
   B: How many books has your father written so far ?
   A: He has written five books so far. He has been writing since 1990.

* recently 최근에   * face 직면하다   * huge challenge 거대한 과제(도전)
* less 덜, 더 적은   * get injured 다치다   * a car accident 차사고
* fall in love with ~에게 반하다, ~와 사랑에 빠지다   * eat out 외식하다   * for ages 오랫동안
* shop 가게   * driving lesson 운전교습   * light 전등, 빛   * is off 꺼져있다
* turn on 켜다, 틀다 <turn off 끄다, 잠그다>

had + 과거분사 (과거완료)   07

(A) 과거의 2가지 사건이나 행동 중에서 먼저 일어난 사건이나 행동을 「had + 과거분사」로 나타낸다. 아래 문장의 사건 A_2와 B_2 중에서 (34-ㄷ)에 있는 「떠나고 없었다」는 도착한 것보다 분명히 먼저 있었던 행동이므로 「had + 과거분사」로 나타내야한다.

		사건 A_2		사건 B_2
(34-ㄱ)	내가 정거장에	도착했을 때	기차는	떠나고 있는 중이었다.
(34-ㄴ)	내가 정거장에	도착했을 때	기차는 막	떠나려고 하고 있었다.
(34-ㄷ)	내가 정거장에	도착했을 때	기차는	떠나고 없었다.

		사건 A_2		사건 B_2
(34-ㄱ)	When I	arrived	at the station, the train	was leaving.
(34-ㄴ)	When I	arrived	at the station, the train	was about to leave.
(34-ㄷ)	When I	arrived	at the station, the train	had already left.

(34-ㄷ)을 더 자세히 말하면 다음과 같다.

When I arrived at the station, the train was not there. It had already left.
<내가 역에 도착했을 때 그 기차는 없었다. 그것은 이미 떠났었다.>

상황 4 어제 저녁 나의 집에 10시에 도둑이 들었다. 나는 12시에 귀가하여 그 사실을 알았다. 이 경우 아래의 논술(論述)이 가능하다.

(35) 도둑이 침입한 것은 내가 집에 와서 그 사실을 깨달은 것보다 먼저 있었던 일이다.

When I got home last night, I found that thieves had broken in.
<어제 밤 집에 왔을 때 나는 도둑이 들었었다는 것을 깨달았다>

다음의 문장에서도 말한 것(said)보다 만난 것(had met)이 먼저이다.

Tom said that he had met Jane a few days before. (before 대신에 ago를 쓸 수 없음)
<톰은 2,3일 전에 제인을 만났다고 말했다> (말한 날로부터 2,3일 전이라는 뜻임)

40 • LESSON 1

(B) 「had + 과거분사」가 「have + 과거분사」와 다른 점

	have + 과거분사 (현재완료)	had + 과거분사 (과거분사)
(ㄱ)	어떤 일이 최근에 또는 방금 끝났거나 있었음을 나타낸다. I have just finished my homework.	어떤 일이 과거 어느 시점에 끝났거나 있었음을 나타낸다. I had finished my homework by the time Mother got home.
(ㄴ)	현재까지의 경험이나 무경험을 나타낸다. A: Who is that woman? B: I have never seen her before.	과거 어느 시점까지의 경험이나 무경험을 나타낸다. I didn't know who she was. I had never seen her before.
(ㄷ)	어떤 일이 현재까지 계속되고 있다는 뜻을 나타낸다. Tom has been sick for a week.	어떤 일이 과거 어느 시점까지 계속되었다는 뜻을 나타낸다. I visited Tom last Sunday. He had been sick for a week.

위 문장의 뜻은 이러하다.

(ㄱ) 나는 나의 숙제를 방금 끝마쳤다.
　　나는 어머니가 집에 도착한 시간까지 숙제를 끝내놓았다.
(ㄴ) A : 저 여인은 누구입니까?
　　B : 저는 그녀를 전에 (지금까지) 본적이 없습니다.
　　　나는 그녀가 누구인지 몰랐다. 나는 전에 그녀를 본적이 없었으니까.
(ㄷ) 톰은 일주일 동안 병을 앓고 있다. (현재도 병을 앓고 있다.)
　　나는 지난 일요일 톰을 방문했다. 톰은 그때 일주일 째 병을 앓고 있었다.
　　(지난 일요일 까지 병을 앓고 있었다. 지금은 앓고 있지 않거나 모른다는 뜻임)

(C) have been -ing과 had been -ing의 차이점

	have been -ing (현재완료진행)	had been -ing (과거완료진행)
(ㄱ)	현재까지 행동이 계속되고 있다. 따라서 현재도 진행중이다 I have been waiting for an hour.	과거 어느 시점까지 행동이 계속되고 있었다. At last the bus came. I had been waiting for an hour.
(ㄴ)	현재의 어떤 결과에 대한 설명이다. 현재 그렇게 되어있는 것은 방금 전 까지 계속 ~했기 때문이라는 것이다. He is out of breath. He has been running.	과거 어느 때의 결과에 대한 설명으로서 그렇게 된 것은 그전까지 계속 ~해왔기 때문이라는 뜻을 나타낸다. He was out of breath. He had been running.

앞 문장의 뜻은 이러하다.

(ㄱ) 나는 지금 한 시간 동안 기다리고 있는 중이다.
　　마침내 버스가 왔다. 나는 (그때까지) 한 시간 동안 기다리고 있는 중이었다.
(ㄴ) 그는 숨이 차있다. 그는 방금 한참 달리기를 했다.
　　그는 숨이 찼었다. 그는 한참 달리기를 했었다.

 will have + 과거분사　　　　　　　　　　　　　08

상황 5　Ted는 1시에 강의실에서 경제학에 대하여 강의를 시작했다. 그는 3시간 강의할 예정이다. 제인은 30분 지각했다. 지금은 2시다. 앤은 3시에 Ted를 만나러 올 것이다. 이러한 경우 Ted에 대하여 다음의 논술이 가능하다.

(35-ㄱ)	Ted		began to		lecture	on economics	at one.	
(35-ㄴ)	Ted		has	been	lecturing	on economics	for an hour	so far.
(35-ㄷ)	Ted		had	been	lecturing	on economics	for 30 minutes	when Jane came in.
(35-ㄹ)	Ted	will	have	been	lecturing	on economics	for 2 hours	by the time Ann comes to see him.

(35-ㄱ)= 테드는 1시에 경제학에 대하여 강의를 시작했다.
(35-ㄴ)= 테드는 현재 1시간동안 경제학에 대하여 강의를 하고있다.
(35-ㄷ)= 제인이 들어왔을 때 테드는 이미 30분 동안 강의를 하고 있는 중이었다.
(35-ㄹ)= 앤이 테드를 만나러 올 그 시간이 되면 테드는 경제학에 대하여 2시간동안 강의하고 있는 셈이 된다.

상황 6　Ted는 5월 1일 교통사고를 당했다. Ted는 6월 초에 퇴원할 수 있다고 한다. 오늘은 5월 15일이다. 나는 5월 5일에 그이를 문병 갔다. Tom은 5월 20일 경에 Ted를 문병가게 될 것이다. Ted가 입원하고 있는 사실에 대하여 다음의 논술이 가능하다.

(36-ㄱ)	Ted		have	been	in hospital	for 15 days	now.
(36-ㄴ)	Ted		had	been	in hospital	for 5 days	when I visited him.
(36-ㄷ)	Ted	will	have	been	in hospital	for 20 days	when Tom visits him.

(36-ㄱ)= 테드는 15일 동안 입원중이다. (현재까지 입원생활이 15일간 계속)
(36-ㄴ)= 내가 문병 갔을 때 테드는 입원한지 5일째였다.
(36-ㄷ)= 톰이 문병하러 갈 때는 테드는 입원한지 20일이 될 것이다. (그때가 되면 20일이 계속될 것임)

상황 7 나는 2시에 공부하기 시작했다. 나는 지금도 공부하고 있다. 4시에 제인으로부터 전화가 왔다. 어머니는 6시에 돌아올 것이다. 나는 7시까지는 공부하려고 한다. 나는 5시에 다음과 같이 말할 수 있다.

위의 상황에 대하여 다음의 논술이 가능하다.

(37-ㄱ)	I			am	studying		now.
(37-ㄴ)	I		have	been	studying	3 hours	now.
(38-ㄱ)	I			was	studying		when Jane phoned me.
(38-ㄴ)	I		had	been	studying	2 hours	when Jane phoned me.
(39-ㄱ)	I	will		be	studying		when Mother comes back.
(39-ㄴ)	I	will	have	been	studying	4 hours	by the time Mother comes back.

(37-ㄱ)= 나는 지금 공부하고 있다. <현재진행>
(37-ㄴ)= 나는 지금 3시간 동안 공부하고 있는 중이다. <현재완료진행>
(38-ㄱ)= 나는 제인으로부터 전화 왔을 때 공부하고 있는 중이었다. <과거진행>
(38-ㄴ)= 제인한테서 전화 왔을 때 나는 2시간 동안 공부하고 있는 중이었다. <과거완료진행>
(39-ㄱ)= 어머니가 귀가하시는 때 나는 공부하고 있을 것이다. (미래진행>
(39-ㄴ)= 나는 어머니가 귀가하시는 그 시간이면 4시간 동안 공부하고 있을 것이다. <미래완료진행>

상황 8 나는 지금 나의 일을 끝냈다. 톰은 내가 일을 시작했을 때 이미 자기의 일을 끝내놓았었다. 테드는 5시가 되어야 일을 끝내게 될 것이다. 지금은 4시다.

이 사실을 영어로는 다음과 같이 말한다.

(40-ㄱ)	I		have	finished	my work	now.
(40-ㄴ)	Tom		had	finished	his work	when I started to do my work.
(40-ㄷ)	Ted	will	have	finished	his work	by five o'clock.

(40-ㄱ)= 나는 지금 나의 일을 끝냈다. <현재완료>
(40-ㄴ)= 내가 나의 일을 시작했을 때 톰은 벌써 자기의 일을 끝내놓았었다. <과거완료>
(40-ㄷ)= 테드는 5시까지는 자기의 일을 끝내놓을 것이다. <미래완료>

상황 9 나는 1990년에 처음으로 시편을 읽었다. 그 후 매년 한 번씩 어김없이 시편을 읽었다. 지금은 1998년 말이다.   ※ Psalm [sɑːm] (구약성경의) 시편

이 경우 내가 시편을 읽는 사실에 대하여 이렇게 말할 수 있다.

(41-ㄱ)	I		have	read	Psalm	nine times	so far.
(41-ㄴ)	I		had	read	Psalm	five times	by 1994.
(41-ㄷ)	I	will	have	read	Psalm	ten times	if I read it next year.

(41-ㄱ)= 나는 지금까지 시편을 9번 읽었다.
(41-ㄱ)= 나는 1994년까지는 시편을 5번 읽었다.
(41-ㄱ)= 내가 내년에 시편을 읽는다면 나는 그것을 10번 읽게 된다.

상황 10 그 기차는 5시에 떠난다. 지금은 4시 40분이다. 역에 가려면 보통 40분 걸린다. 이 상황에서 다음과 같이 말할 수 있다.

(42) The train will have left by the time you arrive at the station.
<네가 역에 도착하고 보면 그 기차는 떠나고 없을 것이다>

상황 11 나는 그 파티에 5시에 도착했다. 제인은 그 파티에 4시에 왔다가 4시 50분에 집에 돌아갔다. 그러니까 내가 그 파티에 도착했을 때는 제인은 집에 가고 없었다. 이것을 다음과 같이 말한다.

(43) When I arrived at the party, Jane had gone back home.
<내가 그 파티에 도착했을 때 제인은 집에 돌아가고 없었다>

상황 12 나는 역으로 달려갔다. 알고 보니 그 기차는 5시에 출발이고 나는 5시 5분에 역에 도착한 것이다. 나는 그 사실을 모르고 역무원에게 내가 타고 갈 기차가 어디에 있는지 묻는다.

그 역무원은 이렇게 대답할 것이다.

| (44-ㄱ) | The train | has | just | left. | | <방금 떠났습니다> |
| (44-ㄴ) | The train | | | left. | five minutes ago. | <5분 전에 떠났습니다> |

must have + 과거분사

다음의 것들은 모두 과거의 일에 대하여 기술하는 말이다.

(가)	may		have	p.p	~했는지도 모른다
(나)	must		have	p.p	~했음에 틀림없다, 틀림없이 ~했다
(다)	can	not	have	p.p	~했을 리가 없다, 틀림없이 ~하지 않았다
(라)	need	not	have	p.p	~할 필요가 없었는데(그런데도 ~했다)
(마)	should		have	p.p	~해야 할 일이었다 (그런데 안 했다)
(바)	should	not	have	p.p	~하지 말았어야할 일이었다 (그런데 ~했다)
(사)	ought to		have	p.p	~해야 할 일이었다 (그런데 ~하지 않았다)

- p.p는 past participle의 첫 글자를 따온 말이다. past의 뜻은 <과거>이고 participle의 뜻은 <분사> 이다.

예문은 아래와 같다.

(45-ㄱ)	Tom			is	asleep.	톰은 잠들어있다.
(45-ㄴ)	Tom	may	have	been	asleep.	톰은 아마 잠들어있었을 지도 모른다.
(45-ㄷ)	Tom	may not	have	been	asleep.	톰은 아마 잠들어있지 않았을 지도 모른다.
(45-ㄹ)	Tom	must	have	been	asleep.	톰은 잠들어있었음에 틀림없다.
(45-ㅁ)	Tom	cannot	have	been	asleep.	톰은 잠들어 있었을 리가 없다.
(45-ㅂ)	Tom	needn't	have	come	early.	톰은 일찍 올 필요가 없었는데.
(45-ㅅ)	Tom	should	have	come	early.	톰은 일찍 왔어야 할 일이었다.
(45-ㅇ)	Tom	shouldn't	have	come	early.	톰은 일찍 오지 않았어야 할 일이었다.
(45-ㅈ)	Tom	ought to	have	come	early.	톰은 일찍 왔어야할 일이었다.

- Tom may have been asleep. = Perhaps Tom was asleep.
  Tom may not have been asleep. = Perhaps Tom was not asleep.

※ may have p.p 대신에 might have p.p를 사용할 수 있다.

(45-ㅊ) I may (or might) have left the umbrella in the shop.
<그 우산을 아마 가게에 두고 온 것 같다>

시제와 조동사 일람표

	때	동사	조동사	have	be 동사	본동사
1.	날마다	~을 만든다				make(s)
2.	어제	~을 만들었다				made
3.	내일	~을 만들 것이다	will			make
4.	지금	~을 만들고 있다			is(are)	making
5.	어제 이때	~을 만들고 있었다			was	making
6.	내일 이때	~을 만들고 있을 것이다	will		be	making
7.	날마다	~을 만들지는 않는다	do(es) not			make
8.	어제	~을 만들지 않았다	did not			make
9.	내일은	~을 만들지 않을 것이다	will not			make
10.		~을 만들 수 있다	can			make
11.		~을 만들지도 모른다	may			make
12.		~을 만들어야한다	must			make
13.		~을 만들어야한다	have to			make
14.		~을 만들어야한다	should			make
15.		~을 만들어야한다	ought to			make
16.		~을 만드는게 낫다	had better			make
17.		~을 만들곤 했다	used to			make
18.		~을 만들지 않을 수 없다	cannot help			making
19.		~을 만들지 않을 수 없다	cannot but			make
20.		~을 만들 필요가 없다	need not			make
21.		~을 만들었을지도 모른다	may	have		made
22.		~을 만들었음에 틀림없다	must	have		made
23.		~을 만들었을 리가 없다	cannot	have		made
24.		~을 만들었어야 할 일이었다	should	have		made
25.		~을 만들었어야 할 일이었다	ought to	have		made
26.		~을 만들 필요가 없었는데	need not	have		made
27.	방금 다	~을 만들었다 (만들어 놓았다)		have		made
28	온종일	~을 만들고 있다		have	been	making
29.	이미 다	~을 만들어 놓았었다		had		made
30.	내일까지는	~을 만들어 놓을 것이다	will	have		made
31.		~을 만드는데 익숙하다	is(are) used to			making
32.		~을 만들 예정이다	is going to			make
33.		~을 만들면 안 된다	must not			make
34.		~을 만들어도 된다	may			make
35.		~을 만들고 싶은 기분이다	feel like			making

연·습·문·제 10

다음의 우리말을 영어로 말하라. (46쪽 안 보고)

	때를 나타내는 말	동사	조동사	have	be 동사	본동사
1.	날마다	~을 만든다				
2.	어제	~을 만들었다				
3.	내일	~을 만들 것이다				
4.	지금	~을 만들고 있다				
5.	어제 이때	~을 만들고 있었다				
6.	내일 이때	~을 만들고 있을것이다				
7.	날마다	~을 만들지는 않는다				
8.	어제	~을 만들지 않았다				
9.	내일은	~을 만들지 않을 것이다				
10.		~을 만들 수 있다				
11.		~을 만들지도 모른다				
12.		~을 만들어야한다				
13.		~을 만들어야한다				
14.		~을 만들어야한다				
15.		~을 만들어야한다				
16.		~을 만드는 게 낫다				
17.		~을 만들곤 했다				
18.		~을 만들지 않을 수 없다				
19.		~을 만들지 않을 수 없다				
20.		~을 만들 필요가 없다				
21.		~을 만들었을지도 모른다				
22.		~을 만들었음에 틀림없다				
23.		~을 만들었을 리가 없다				
24.		~을 만들었어야 할 일이었다				
25.		~을 만들었어야 할 일이었다				
26.		~을 만들 필요가 없었는데				
27.	방금 다	~을 만들었다 (만들어 놓았다)				
28.	온종일	~을 만들고있다				
29.	이미 다	~을 만들어 놓았었다				
30.	내일까지는	~을 만들어 놓을 것이다				
31.		~을 만드는데 익숙하다				
32.		~을 만들 예정이다				
33.		~을 만들면 안 된다				
34.		~을 만들어도 된다				
35.		~을 만들고 싶은 기분이다				

연·습·문·제 11

다음의 우리말을 영어로 말하라.

(1)	날마다	~을 고친다 (fix, repair)	
(2)	어제	~을 고쳤다	
(3)	내일	~을 고칠 것이다	
(4)	지금	~을 고치고 있다	
(5)	어제 이때	~을 고치고 있었다	
(6)	내일 이때	~을 고치고 있을 것이다	
(7)	날마다	~고치지 않는다	
(8)	어제는	~고치지 않았다	
(9)	내일은	~고치지 않을 것이다	
(10)		~을 고칠 수 있다	
(11)		~을 고칠지도 모른다	
(12)		~을 고쳐야한다	
(13)		~을 고쳐야한다	
(14)		~을 고쳐야한다	
(15)		~을 고쳐야한다	
(16)		~을 고치는 게 낫다	
(17)		~을 고치곤 했다	
(18)		~을 고치지 않을 수 없다	
(19)		~을 고치지 않을 수 없다	
(20)		~을 고칠 필요 없다	
(21)		~을 고쳤을 지도 모른다	
(22)		~을 고쳤음에 틀림없다	
(23)		~을 고쳤을 리가 없다	
(24)		~을 고쳤어야 할 일이었다	
(25)		~을 고쳤어야 할 일이었다	
(26)		~을 고칠 필요가 없었는데	
(27)	방금 다	~을 고쳐 놓았다	
(28)	온종일	~을 고치고 있다	
(29)	이미 다	~을 고쳐 놓았었다	
(30)	내일까지는 다	~을 고쳐 놓을 것이다	
(31)		~을 고치는 데 익숙하다	
(32)		~을 고칠 예정이다	
(33)		~을 고치면 안 된다	
(34)		~을 고쳐도 된다	
(35)		~을 고치고 싶은 기분이다	

연·습·문·제 12

다음 문장을 해석하시오.

(1) I went to Tom's house but he wasn't there. He had already gone out.

(2) I went to the cinema last night. I arrived there late. The film had already begun.

(3) I was very pleased to see Tom again after a long separation. I had not seen him for many years.

(4) She didn't want to come to the cinema with us because she had already seen the film.

(5) The man sitting next to me on the plane told me that he had never flown before.

(6) I offered Jane something to eat. She said that she wasn't hungry. She had just had breakfast.

(7) I recognized the man at once, for I had seen him before.

(8) When she arrived, I had been waiting for two hours.

(9) My car was broken down again. I had had it since 2005.

(10) Everything went on as I had expected.

(11) He thanked me for what I had done.

(12) She told me that she had bought a car three months before.

(13) She said that she had loved Tom.

(14) She said that she loved Tom.

(15) At first I thought I had done the right thing, but soon I realized that I had made a serious mistake.

(16) Who is that woman ? I have never seen her before.

(17) I didn't know who she was. I had never seen her before.

(18) We were very good friends. We had known each other for a long time.

(19) Tom was sitting on the ground. He was out of breath. He had been running.

(20) When I arrived, Jane was waiting for me. She was rather annoyed with me because I was late and she had been waiting for a very long time.

* cinema 영화(관)   * film 영화   * separation 이별   * offer 제공하다, 내놓다, 제의하다
* recognize 깨닫다, 생각해내다, 알아보다   * realize 깨닫다   * serious 심각한, 위독한, 진지한
* ground 지면, 대지, 땅, ~장   * annoy 짜증나게 하다, 괴롭히다   * annoyed 짜증이 난

(21) The sun is setting now. It will have set by the time you get home.
(22) The flowers are dying now. They will have died by Christmas.
(23) Don't phone me between 6 and 7. We will be having dinner then.
(24) Phone me after 7 o'clock. We will have finished dinner by then.
(25) Tom is away on holiday. He is spending his money very extravagantly. If he spends his money extravagantly, he will have spent all his money by the end of his holiday.
(26) Tom came to Korea from U.S.A. three years ago. Next Monday it will be exactly three years since he came to Korea. That is to say, next Monday he will have been in Korea for exactly three years.
(27) Jane is from U.S.A. She is travelling around Europe at the moment. So far she has travelled 5,000 miles. By the end of the trip, she will have travelled more than 9,000 miles.
(28) Jane always leaves for work at 8 in the morning, therefore she won't be at home at 9 o'clock. She will have gone to work.
(29) We are late. The film will already have started by the time we get to the cinema.
(30) Tom : Is it all right if I come at about 7?
     Ted : No, I will be watching football game then.
     Tom : Well, what about 9 ?
     Ted : Fine. The game will have finished by then.
(31) I'll come as soon as I have finished.
(32) I can't find my umbrella. I must have left it in the shop last night.
(33) Jane walked past by me without speaking. She can't have seen me.
(34) I can't find Jane anywhere. She may have gone shopping.
(35) It didn't rain, so you needn't have taken an umbrella.
(36) It was a great party. You should have come. Why didn't you?

* by ~까지, by then 그때까지   * phone 전화 걸다   * quickly 신속하게, 빠르게
* extravagantly 물 쓰듯이   * exactly 정확하게   * travel 여행하다
* trip 여행   * work 일터, 직장   * match 시합   * without ~ing ~하지 않고
* without speaking 말없이   * anywhere 어느 곳에서도   * disappear 사라지다

연·습·문·제 13

다음의 우리말을 영어로 말하시오.

(1) 나는 지갑(wallet)을 잃어버렸다. 나는 그것을 택시 안에 놓고 내렸는지도 모른다.
(2) 그녀는 나에게는 생면부지다(complete stranger). 나는 그녀를 전에 본적이 없다.
(3) 그녀는 그 책을 세 번 읽었다고 말했다.
(4) 그녀는 그 책을 세 시간동안 읽고 있는 중이라고 말했다.
(5) 그녀는 그 책을 읽고 있는 중이라고 말했다.
(6) 네가 도착했을 때 제인은 파티에 있었느냐? 아니, 그녀는 이미 집에 가고 없었어.
(7) 내가 도착했을 때 제인은 한 시간을 기다리고 있었다. 그녀는 좀 짜증이 나있었다.(annoyed)
(8) 그는 지금 몸이 편하지 않다(be sick). 그는 월요일부터 병을 앓고 있다.
(9) 그는 죽기 전에 오래 동안 병석에 있었다.
(10) 그는 내일이면 1주일 동안 병석에 있는 셈이다.
(11) 그녀는 톰이 열심히 공부한다고 말했다.
(12) 그녀는 자기의 아버지가 젊은 시절 열심히 공부했다고 말했다.
(13) 그녀는 톰이 공부하고 있다고 말했다.
(14) 그녀는 자기가 도서관에 도착했을 때 톰이 2시간동안 공부하고 있는 중이었다고 말했다.
(15) 네가 도서관에 도착할 때는 톰은 3시간동안 공부하고 있을 것이다.
(16) 나는 1990년에 서울로 이사했다(mover to Seoul). 나는 현재 8년 동안 서울에 살고 있다. 우리가 처음으로 만났을 때 나는 서울에 3년 동안 살고 있는 중이었다.
(17) 지금 비가 오고 있다. 정오부터 비가 계속 내리고 있다.
(18) 우리가 나갈 때는 비가 내리고 있지 않았다. 태양이 빛나고 있었다.
(19) 우리가 나갈 때는 비가 한 시간 동안 내리고 있는 중이었다.
(20) 땅(the ground)이 젖어있다. 한참동안 비가 왔던 것이다.
(21) 톰은 3시에 나의 차를 수리하기 시작했다. 그는 지금도 수리하고 있다.
(22) 어제 이때 톰은 너의 차를 수리하고 있었다.
(23) 내일 이때 (this time tomorrow) 톰은 무엇을 하고 있을까?
(24) 테드는 그 차를 2시부터 수리하고 있다.
(25) 네가 테드에게 전화했을 때 테드는 그 차를 한 시간 동안 수리하고 있는 중이었다.

(26) 테드는 5시까지는 그 차의 수리를 끝내놓을 것이다(finish fixing).

(27) 버스가 곧 왔으면 좋겠다. 나는 30분을 기다리고 있다. (I hope ~)

(28) 마침내 버스가 왔었다. 나는 40분 동안 버스를 기다리고 있었다.

(29) 그 버스는 3시에 올 것이다. 그 버스가 올 때까지 네가 계속 기다린다면 너는 2시간을 기다리게 될 것이다.

(30) 그 소년이 집에 들어왔을 때 손이 더러웠다. 그는 내내 모래 위에서 놀았다.

(31) 나는 7년 전에 담배를 끊었다. 나는 (끊기 전) 30년간 담배를 피웠다.

(32) 내가 집에 왔을(get home) 때 어머니는 영어를 공부하고 있었다.

(33) 내가 집에 왔을 때 어머니는 2시간 동안 영어를 공부하고 있는 중이었다.

(34) 그 식당(restaurant)은 매우 좋을 리가 없다. 그곳은 사람이 꽉 차있는 일이 거의 없다.

(35) 그 식당은 틀림없이 매우 좋다. 항상 사람들로 만원이다. (be full of)

(36) 톰은 열심히 공부를 하지 않고도 그 시험에 합격했다. 그 시험은 어려웠을 리가 없다.

(37) 전화벨이 울렸으나 나는 듣지 못했다. 나는 틀림없이 잠들어있었다(be asleep).

(38) 그녀는 우리들의 계획(plan)에 대하여 모든 것을 알고 있다. 그녀는 우리들의 대화를 엿들었음에 (overhear our conversation) 틀림없다.

(39) 왜 제인이 나에게 인사(say hello)를 안 했을까(I wonder)? 나를 못 보았는지도 모른다.

(40) A : 너는 제인이 너를 보았다고 생각하느냐?
     B : 아니, 그녀는 너무 멀리 떨어져 있었다. 그녀가 나를 보았을 리가 없다.

(41) 우리들은 충분한 시간(plenty of time)을 가지고 있다. 우리들은 서둘 필요가 없다.

(42) 왜 너 서둘렀느냐? 너는 충분한 시간이 있었다. 너는 서둘 필요가 없었거든.

(43) 나는 몸이 안 좋은 느낌이다(feel sick). 나는 너무 많이 먹었거든. 그렇게 많이 먹지 (eat so much) 않았어야 하는데.

(44) 우리가 그 식당에 도착했을 때 빈자리(free table)가 없었다. 우리들은 예약하지 않았었다. 우리들은 예약했어야하는데(reserve a table).

(45) 톰과 제인은 3년 전에 결혼했다 (get married). 그들은 이혼하려고 (are going to divorce) 한다. 그들은 결혼하지 않았어야한다.

(46) 나는 현재 2시간 동안 초상화를 그리고 있는 중이다(paint a portrait). 내가 초상화를 그리기 시작했을 때 제인은 이미 2시간 동안을 그리고 있는 중이었다.

연·습·문·제 14

ⓐ와 ⓑ중에서 어느 것이 옳은가?

(1) He (ⓐ is ⓑ has been) absent from school since Monday.

(2) I (ⓐ know ⓑ have known) her from boyhood.

(3) By the time you are my age, you (ⓐ will see ⓑ will have seen) much of the world.

(4) Next month I (ⓐ shall live ⓑ shall have lived) here for a year.

(5) I found my camera where I (ⓐ left ⓑ had left) it.

(6) When (ⓐ did you return ⓑ have you returned) home ?

(7) The river rose. It (ⓐ was raining ⓑ had been raining) heavily all day.

(8) When I woke up, it (ⓐ was raining ⓑ had been raining).

(9) I (ⓐ finished ⓑ have finished) my work just now.

(10) He said that Columbus (ⓐ discovered ⓑ had discovered) America.

(11) It (ⓐ is raining ⓑ has been raining) since I came here.

(12) I (ⓐ have been ⓑ have gone) to the station to see Jane off.

(13) Let us start as soon as she (ⓐ comes ⓑ will come) back.

(14) I (ⓐ did not go ⓑ had not gone) a mile when I got tired

(15) She (ⓐ was doing ⓑ had been doing) her homework when I entered.

(16) I (ⓐ was doing ⓑ had been doing) my homework for two hours when you phoned me.

(17) A : Where is your key?

　　 B : I don`t know. I (ⓐ lost ⓑ have lost) it.

(18) What do you think of my English? Do you think I (ⓐ improved ⓑ have improved ?)

(19) It (ⓐ didn`t rain ⓑ hasn`t rained) this week.

(20) It (ⓐ didn`t rain ⓑ hasn`t rained) yesterday.

(21) The house is dirty. We (ⓐ haven`t cleaned ⓑ didn`t clean) it for weeks.

(22) The house was dirty. We (ⓐ didn`t clean ⓑ hadn`t cleaned it for weeks).

(23) I (ⓐ am waiting ⓑ have been waiting) for the bus for an hour.

(24) As last he came. I (ⓐ was waiting ⓑ had been waiting) for an hour.

(25) We are late. The film (ⓐ will start ⓑ will already have started) by the time we get to the cinema.

연·습·문·제 15

아래 문장을 해석하시오.

(1) I have long known that this is a fault of mine and have in vain tried to correct it.
* in vain 헛되이   * correct 바로잡다

• a fault <하나의 과오> + my fault <나의 과오> = a fault of mine <나의 과오 하나>
this friend <이 친구> + my friend <나의 친구> = this friend of mine <나의 이 친구>

(2) Gold has always been a cause for war and crime, but at the same time it has helped to spread civilization.
* cause 원인   * war 전쟁   * crime 죄   * at the same time 동시에   * spread 퍼뜨리다

(3) You cannot have felt the earthquake the other day, for it was a slight one.
* civilization 문명   * earthquake 지진   * slight 경미한

(4) My parents moved to Missouri in the early thirties. It was a long journey in those days, and must have been a rough and tiring one.
* Missouri 미주리주   * in the early thirties 30년대 초반   * rough 거친   * tiring 힘드는

(5) He needn't have worried about being seasick, for the ocean was as calm as a lake.
* be seasick 배 멀미 하다   * calm 잔잔한   * ocean 대양

(6) You ought to have sent the letter by special delivery. You should have taken into account recent delay in mail delivery.
* delivery 배달   * take ~ into account = ~을 고려하다   * delay 지체   * recent 최근의

(7) We shall have had supper, and Susan will have cleared the table by seven, so you can do an hour's work before your bedtime.
* clear the table 식탁에 있는 것을 치우다   * by seven 7시까지   * bedtime 취침시간

(8) Switzerland is one of the most prosperous countries in the world. The Swiss have avoided wars for more than one hundred years and have kept their country a land of freedom.
* Switzerland 스위스   * prosperous 번영하고있는
* The Swiss 스위스 사람들   * avoid 피하다   * freedom 자유

(9) It was very still in the woods. The trees looked very big and black. He whistled as he walked. He had never been in the woods after dark.
* still 고요한   * whistle 휘파람불다   * wood(s) 숲   *after dark 어두워진 뒤에

(10) Recently the progress in scientific technology has enabled us to tell to a certain degree what will happen in the near future. Such progress has also made life much easier.
* technology 과학기술   * enable 가능하게 하다   * to a certain degree 어느 정도

(11) Your care has made me great, and your power has kept me safe. You have kept me from being captured, and I have never fallen.
* care 보호, 주의   * power 힘, 능력   * capture 점령하다   * keep me safe 나를 안전하게 지키다

(12) That is why God, your God, has chosen you and has poured out more happiness on you than on any other king. -시편 45:7-
* pour [pɔːr] 쏟다, 붓다   * pour out ~ on you 너에게 ~을 듬뿍 주다

(13) You have changed my sadness into a joyful dance; you have taken away my sorrow and surrounded me with joy.   ※ change A into B = A를 B로 변화시키다
* sadness 슬픔   * joyful 기쁨에 넘치는   * surround 둘러싸다   * take away 빼앗아가다

(14) All this has happened to us, even though we have not forgotten you or broken the covenant you made with us. We have not been disloyal to you; we have not disobeyed your command.
* even though 비록 ~이지만   * covenant 맹약(盟約), 성약(聖約)
* disloyal 불성실한   * disobey 거역하다   * command 명령(하다)

(15) I have obeyed the law of the Lord; I have not turned away from my God. I have observed all his laws: I have not disobeyed his commands. He knows that I am faultless, that I have kept myself from doing wrong.
※ do wrong 못된 짓을 하다   * obey 순종하다   * law 법률   * turn away from ~로부터 돌아서다
* observe 준수하다   * faultless 흠이 없는   * keep myself from ~ing 스스로 ~을 삼가다

LESSON 2

LESSON 2

The boy who likes you studies hard

01. who의 용법

(1-ㄱ)을 영어로 말할 수 있게 되면 (1-ㄴ)은 손바닥 뒤집기다.

(1-ㄱ) 그 농부는 이 집에 살았다.
(1-ㄴ) 이 집에 살았던 농부 } 의 비교

(1-ㄱ)=	The	farmer		lived in this house.
(1-ㄴ)=	the	farmer	who	lived in this house

(1-ㄴ) 이 집에 살았던 농부
(1-ㄷ) 이 집에 살았던 농부는 나의 삼촌이다. } 의 비교

(1-ㄴ)=	the farmer who lived in this house	
(1-ㄷ)=	The farmer who lived in this house (1-ㄴ)	is my uncle.

(1-ㄴ)을 영어로 말할 수 있으면 (1-ㄷ)을 말하기는 땅 짚고 헤엄치기라는 것을 알 수 있다. 또 (1-ㄴ)을 말할 수 있으면 다음의 문장을 쉽게 말할 수 있다.

(2-ㄱ) 너는 이 집에 살았던 그 농부를 본적이 있냐?
(2-ㄴ)   이 집에 살았던 그 농부는 개를 좋아했다.

		(1-ㄴ)	
(2-ㄱ)=	Have you ever seen	the farmer who lived in this house	?
(2-ㄴ)=		The farmer who lived in this house	liked dogs.

(3-ㄱ)을 영어로 말할 수 있으면 (3-ㄴ)은 손바닥 뒤집기다.

(3-ㄱ) 그 소녀가 전화를 받았다.
(3-ㄴ) 전화를 받은 소녀
  의 비교

| (3-ㄱ)= | The girl | | answered the phone. |
| (3-ㄴ)= | the girl | who | answered the phone |

다음 문장을 비교해 보자.

		(3-ㄴ)	
(3-ㄷ)		The girl who answered the phone	is kind.
(3-ㄹ)	Do you know	the girl who answered the phone	?

(3-ㄷ)= 전화를 받은 소녀는 친절하다.
(3-ㄹ)= 너는 전화를 받은 소녀를 아느냐?

(4-ㄱ) 그 소녀가 이 그림을 그렸다.
(4-ㄴ) 이 그림을 그린 소녀
  의 비교

| (4-ㄱ)= | The girl | | painted this picture. |
| (4-ㄴ)= | the girl | who | painted this picture |

다음 문장을 비교해 보자.

		(4-ㄴ)	
(4-ㄷ)		The girl who painted this picture	studies very hard.
(4=ㄹ)	Where is	the girl who painted this picture	?

(4-ㄷ)= 이 그림을 그린 소녀는 매우 열심히 공부한다.
(4-ㄹ)= 이 그림을 그린 소녀는 어디에 있느냐?

「이 그림을 그린 소녀는 15살이다」를 영어로는 다음과 같이 말한다.

<u>The girl who painted this picture</u> is 15 years old.
　　　　　(4-ㄴ)

연·습·문·제 16

다음의 우리말을 영어로 말하시오.

(1-a) 그 여인(woman)은 나의 이웃에 거주하고 있다. (live) ※ next door to me
(1-b) 나의 이웃에 거주하는 그 여인 ※ be good at ~에 능숙하다
(1-c) 나의 이웃에 거주하는 그 여인은 영어를 능숙하게 말한다. ※ speak English
(1-d) 너는 나의 이웃에 사는 그 여인을 본 적 있느냐? ※ have you ever + p.p ?

(2-a) 그 소년은 교통사고에서 부상을 입었다. ※ get injured
(2-b) 교통사고에서 부상을 입은 그 소년 ※ a traffic accident 교통사고
(2-c) 교통사고에서 부상을 입은 그 소년은 지금 입원중이다. ※ be in hospital
(2-d) 우리들은 교통사고에서 부상당한 그 소년을 도와야한다. ※ should help

(3-a) 그 여인은 나에게 정거장으로 가는 길을 물었다. ※ ask me the way to ~
(3-b) 나에게 정거장으로 가는 길을 물은 그 여인
(3-c) 나에게 정거장으로 가는 길을 물은 여인은 하얀 옷차림이었다. ※ be dressed in white
(3-d) 너는 나에게 정거장으로 가는 길을 물은 그 여인을 곧 만나게 될 것이다.
　　　　　　　　　　　　　　　　　　　　※ in no time 곧　　※ be to meet 만나게 되다

(4-a) 그 사람은 나의 차를 세차하고 있다. ※ wash my car
(4-b) 나의 차를 세차하고 있는 그 사람
(4-c) 나의 차를 세차하고 있는 그 사람은 미국으로 이민가기를 원하고 있다. ※ emigrate to ~
(4-d) 나의 차를 세차하고 있는 사람을 전적으로 신뢰하세요. ※ have perfect trust in ~

(5-a) 그 사람은 얼마 전에 실직했다. ※ some time ago
(5-b) 얼마 전에 실직(失職)한 그 사람 ※ lose one's job
(5-c) 얼마 전에 실직한 그 사람은 그 후 계속 직장을 구하고 있다. ※ look for
(5-d) 얼마 전에 실직한 그 사람은 풀이 죽어있다. ※ is low-spirited

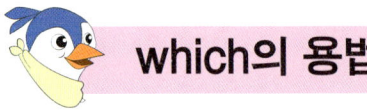

which의 용법 02

『그 개는 나를 좋아한다. = The dog likes me.』이다. 이 말을 가지고『나를 좋아하는 그 개』라는 말로 바꾸려면 the dog뒤에 which를 사용해야한다. 개는 사람이 아니므로「누구」라는 뜻을 가지고 있는 who를 사용하면 안 된다. 어느 개인가를 밝히는 말이기 때문에「어느」라는 뜻을 가지고 있는 which를 사용해야한다. 아래의 보기에서 the girl who와 the dog which를 눈여겨보아라.

	선행사	관계대명사		
(5-ㄱ)	The girl		likes me.	그 소녀는 나를 좋아한다.
(5-ㄴ)	the girl	who	likes me	나를 좋아하는 그 소녀
(6-ㄱ)	The dog		likes me.	그 개는 나를 좋아한다.
(6-ㄴ)	the dog	which	likes me	나를 좋아하는 그 개

주의 위의 보기에서 who와 which를 **관계대명사**라 부른다. 그리고 관계대명사 앞에 있는 명사를 선행사라 부른다. (5-ㄴ)에서는 the girl이 **선행사**이다. (6-ㄴ)에서는 the dog가 선행사이다. 선행사가 사람이면 who를 사용하고 선행사가 사물이면 which를 사용해야한다. who나 which대신에 that를 사용해도 된다.

다음 문장을 비교해 보자.

		(6-ㄴ)	
(6-ㄷ)		The dog which likes me	is very clever.
(6-ㄹ)	The girl is afraid of	the dog which likes me	.

(6-ㄷ)=　　　　나를 좋아하는 그 개는 매우 영리하다.
(6-ㄹ)=　그 소녀는 나를 좋아하는 그 개를 무서워한다.

(7-ㄱ) 그 차가 톰을 치었다.
(7-ㄴ) 톰을 친 차　　　의 비교

| (7-ㄱ)= | The car | | ran over Tom. |
| (7-ㄴ)= | the car | which | ran over Tom |

* run over (차가 ~를) 치다

다음의 문장을 비교해보자.

		(7-ㄴ)	
(7-ㄷ)		The car which ran over Tom	is under repair.
(7-ㄹ)	Where is	the car which ran over Tom	?

(7-ㄷ)= 톰을 친 그 차는 지금 수리중이다.
(7-ㄹ)= 톰을 친 그 차는 어디에 있습니까? (be under repair 수리중이다)

(8-ㄱ) 그 연설은 열심히 공부하도록 나를 감동시켰다. ⎫
(8-ㄴ) 열심히 공부하도록 나를 감동시킨 그 연설   ⎬ 의 비교
                                                  ⎭

| (8-ㄱ)= | The speech | | moved me to study hard. |
| (8-ㄴ)= | the speech | which | moved me to study hard |

(8-ㄴ)을 이용하여 다음과 같이 문장을 만들 수 있다.

    (8-ㄷ) <u>열심히 공부하도록 나를 감동시킨 그 연설</u>을 너는 들었어야 할 일이었다.
    (8-ㄹ) <u>열심히 공부하도록 나를 감동시킨 그 연설</u>은 매우 인상적이었다.
                  (8-ㄴ)

주의 (8-ㄷ)은 You should have heard + (8-ㄴ)으로 하면 되고, (8-ㄹ)은 (8-ㄴ) + was very impressive로 하면 된다. 그러므로

  (8-ㄷ)= You should have heard <u>the speech which moved me to study hard</u>.
                                                  (8-ㄴ)

  (8-ㄹ)= <u>The speech which moved me to study hard</u> was very impressive.
                        (8-ㄴ)

move <감동시키다>를 가지고 아래와 같은 문장을 만들 수 있다.

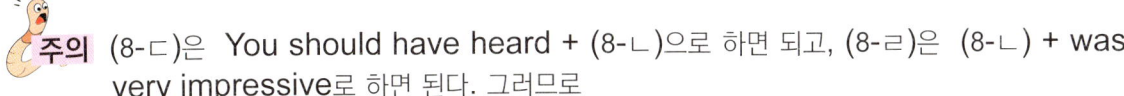

The praise moved her to work harder. ※ move = 움직이다, 감동시키다, 이사하다
  주어   동사 의미상의 주어 동사

직역: 그 칭찬이 더 열심히 공부하도록 그녀의 마음을 움직였다.
의역: 그녀는 그 칭찬을 듣고 더 열심히 공부할 마음이 생겼다.

연·습·문·제 17

주어 뒤에 적당한 관계대명사를 쓰고 해석하시오.

(1) The problem is too difficult for me to solve.   * listen to 귀담아 듣다
(2) The teacher listened to my complaints.   * complaint 고충, 불평
(3) The heavy rain did much damage to the crop.   * damage 피해   * crop 농작물
(4) The car has broken down.   * heavy rain 폭우
(5) The boy will win the first prize.   * break down 고장 나다
(6) The farmer has drunk himself silly.   * silly 어리석은, 바보스런
(7) The policeman told us the way.   * tell us the way 길을 일러주다
(8) The lady phoned me yesterday.   * fire 화재, 불
(9) The fire broke out in Busan last night.   * break out (화재가) 일어나다
(10) The house was destroyed in the fire.   * destroy 파괴하다
(11) The teacher is good at speaking English.   * is good at ~에 능하다
(12) The bright star shines just above the roof.   * bright 밝은   * shine 빛나다
(13) The tree makes a pleasant shade.   * pleasant 상쾌한, 즐거운
(14) The student called on me yesterday.   * shade 그늘
(15) The boy studies as hard as you.   * call on 방문하다   * traffic 교통
(16) The traffic accident took place here yesterday.   * take place 발생하다
(17) The old man tried in vain to rise to his feet.
                                    * in vain 헛되이   * rise to one's feet 일어서다
(18) The war has left him homeless.   * war 전쟁
(19) The bus goes to the airport.   * homeless 집 없는
(20) The book has created a great sensation. * create 창조하다   * sensation 대단한 감동
(21) The people have been arrested for theft.   * arrest 체포하다
(22) The secretary answered the knock.   * secretary 비서
(23) The rain has caused a lot of farmers to go hungry.   * knock 노크(소리)
(24) The driver drove away.   * drive away 뺑소니치다
(25) The burglars broke into my house last night. * burglar 밤도둑 * break into 침입하다

연·습·문·제 18

다음의 우리말을 영어로 말하시오.(※ 숫자는 연습문제 17의 문제 번호임)

(1)	이것은 너무 어려워서 내가 풀 수 없는 문제 중의 하나이다.	This is one of the problems + (1)
(2)	나의 고충을 귀담아 들어주신 그 선생님은 대단한 선풍을 몰고 온 그 책을 읽고 싶어 한다.	(2) wants to read + (20)
(3)	농작물에게 많은 피해를 준 그 폭우로 말미암아 많은 농부들이 끼니가 간 데 없다.	(3) + (23)
(4)	고장 난 그 차는 수리 중이다.	(4) + is under repair
(5)	나에게 어제 전화를 건 그 숙녀는 영어를 능숙하게 말한다.	(8) + (11)
(6)	너만큼 열심히 공부하는 그 소년이 일등상을 탈것이다.	(15) + (5)
(7)	나는 곤드레만드레 취한 그 농부와 이따금 마주친다.	meet with (run across) + (6)
(8)	너는 우리들에게 길을 일러준 그 경찰관을 왜 좋아하나?	Why do you like + (7)
(9)	지난밤 부산에서 일어난 화재로 그는 집을 잃었다.	(9) + (18)
(10)	화재로 붕괴된 그 집은 이제 재건되었다.	(10) + has now been rebuilt
(11)	일어서려다가 못 일어선 그 노인은 상쾌한 그늘을 짓는 나무 밑에 누워있다.	(17) + is lying under + (13)
(12)	우리들은 뺑소니친 그 운전사를 찾고있다.	We are looking for + (24)
(13)	너는 어제 나를 방문한 그 학생을 아느냐?	Do you know + (14)
(14)	너는 어제 이곳에서 일어난 교통사고를 목격했느냐?	~ witness + (16)
(15)	지붕 바로 위에서 반짝이는 그 별을 시리우스라고 부른다.	(12) + is called Sirius
(16)	그의 아버지는 그에게서 집을 빼앗아간 그 전쟁에서 전사했다.	~was killed in + (18)
(17)	공항으로 가는 그 버스는 승객으로 만원이다. (passenger)	(19) + is crowded with ~
(18)	톰은 그 노크소리에 응답한 비서에게 홀딱 반해있다.	~has fallen in love with + (22)
(19)	어제 밤 나의 집에 침입한 그 도둑들은 절도죄로 체포되었다.	(25) + (21)
(20)	나에게 영어를 가르치는 그 선생님은 일등상을 탄 그 학생을 도와주곤 했다.	teach me English/ won the first prize /used to help
(21)	요새 한국에서 굉장한 센세이션을 일으키고 있는 그 소설을 읽어본 적이 있는 그 학생은 생각에 젖어있다. (be absorbed in)	※ have created a sensation/ ※ novel, thought

목적격 관계대명사 03

『나는 어제 그 선생님을 방문했다. = I called on the teacher yesterday』이다. 이것을 가지고 『어제 내가 방문한 그 선생』이라는 말을 만들려면 다음의 보기처럼 the teacher만 주어의 앞에 놓으면 된다. (아래 문장에서는 I가 주어이다)

(9-ㄱ) 나는 어제 그 선생님을 방문했다.
(9-ㄴ) 내가 어제 방문한 그 선생
의 비교

(9-ㄱ)=		I called on	the teacher	yesterday.
(9-ㄴ)=	the teacher	I called on		yesterday

「내가 어제 방문한 그 선생님」을 영작할 수 있으면 아래의 국문을 영작하는 것은 누워 떡먹기다.

		(9-ㄴ)	
(9-ㄷ)	나는	내가 어제 방문한 그 선생님	을 존경한다.
(9-ㄹ)		내가 어제 방문한 그 선생님	은 미국에 가본 적이 없다.

		(9-ㄴ)	
(9-ㄷ)=	I look up to	the teacher I called on yesterday	
(9-ㄹ)=		The teacher I called on yesterday	has never been to America.

(10-ㄱ) 내가 방문한 그 선생
(10-ㄴ) 나를 방문한 그 선생
의 비교

   (10-ㄱ) ⇒ 그 선생 + (whom) + 내가 방문했다   = the teacher (whom) I called on
                                                                                    내가 방문했다

   (10-ㄴ) ⇒ 그 선생 + who   +   방문했다 나를 = the teacher who called on me
                                                                                            나를 방문했다

※ (10-ㄱ)에서는 whom를 생략해도 되고 whom대신에 who를 사용해도 된다.
※ (10-ㄴ)에서는 who를 생략할 수 없다. who를 안 쓰면 <그 선생님이 나를 방문했다>가 된다.

(10-ㄱ)에서 whom를 버린다면 the teacher가 called on의 목적어라는 것을 알 수 있다. 그래서 whom을 **목적격관계대명사**라 부른다. 그러나 (10-ㄴ)에서 who를 버린다면 the teacher가 called on의 주어라는 것을 알 수 있다. 그래서 who를 **주격관계대명사**라 부른다.

(11-ㄱ) 너를 보고 싶어 하는 그 의사　⎫
(11-ㄴ) 네가 보고 싶어 하는 그 의사　⎬ 를 비교해 보자.

(11-ㄱ) ➡ 그 의사 + who   + 　　 원한다 + 보기를 + 너를
(11-ㄴ) ➡ 그 의사 + whom + 네가 + 원한다 + 보기를

그러므로

	선행사	주어	목적어	
(11-ㄱ)=	the doctor	who	wants to see	you
(11-ㄴ)=	the doctor	you	want to see	이곳에 있던 the doctor가 you 앞으로 이동했음

※ (11-ㄴ)은 you 앞에 whom이나 who를 사용해도 된다.

(11-ㄷ) 너를 보고 싶어 하는 그 의사는 밖에서 기다리고 있다.　⎫
(11-ㄹ) 네가 보고 싶어 하는 그 의사는 사업차 출타 중이다.　　⎬ 의 영작

(11-ㄷ)= (11-ㄱ) + is waiting outside.
(11-ㄹ)= (11-ㄴ) + is away on business.

그러므로

(11-ㄷ)=	The doctor	who	wants to see	you	is waiting outside.
		(11-ㄱ)			
(11-ㄹ)=	The doctor	you	want to see		is away on business.
		(11-ㄴ)			

(12-ㄱ) 내가 좋아하는 개　⎫
(12-ㄴ) 나를 좋아하는 개　⎬ 의 비교

(12-ㄱ)= the dog (which) + 내가 좋아한다
(12-ㄴ)= the dog which   +　　 좋아한다 + 나를

그러므로

	선행사	주어		
(12-ㄱ)=	the dog	I	like	이곳에 있던 the dog이 I 앞으로 이동했음
(12-ㄴ)=	the dog	which	likes	me

※ (12-ㄱ)은 주어인 I 앞에 which를 넣어도 된다.

(13-ㄱ)을 알면 (13-ㄴ)은 식은 죽 먹기다. 보기처럼 the singer를 주어의 앞으로 이동하면 된다.

(13-ㄱ) 그녀는 그 가수에게 반했다.
(13-ㄴ) 그녀가 반한 그 가수 } 의 비교

(13-ㄱ)=		She fell in love	with	the singer.
(13-ㄴ)=	the singer	she fell in love	with	

Please call + (3-ㄴ). <그녀가 반한 그 가수에게 전화하세요.>

아래 (13-ㄴ) (13-ㄷ) (13-ㄹ) (13-ㅁ) (13-ㅂ)은 모두 동일한 뜻을 가지고 있다.

(13-ㄴ)	the singer			she fell in love	with
(13-ㄷ)	the singer		whom	she fell in love	with
(13-ㄹ)	the singer		who	she fell in love	with
(13-ㅁ)	the singer		that	she fell in love	with
(13-ㅂ)	the singer	with	whom	she fell in love	
(13-ㅅ)	the singer	~~with~~	~~that~~	she fell in love	(×)
(13-ㅇ)	the singer	~~with~~	~~who~~	she fell in love	(×)

※ whom 대신에 who나 that를 사용해도 된다. whom은 생략하는 것이 좋다.

다음 문장을 비교해보자.

(14-ㄱ) 톰은 그 책을 찾고 있다. (※ ~를 찾아보다 = look for)
(14-ㄴ) 톰이 찾고 있는 (그) 책
(14-ㄷ) 이것이 톰이 찾고 있는 (그) 책이다.
(14-ㄹ) 톰이 찾고 있는 책은 굉장한 센세이션을 일으켰다.

(14-ㄱ)=				Tom is looking	for	the book.
(14-ㄴ)=	the book			Tom is looking	for	
=	the book		which	Tom is looking	for	
=	the book		that	Tom is looking	for	
=	the book	for	which	Tom is looking		

		(14-ㄴ)	
(14-ㄷ)=	This is	the book Tom is looking for.	
(14-ㄹ)=		The book Tom is looking for	has created a great sensation.

연·습·문·제 19

다음의 우리말을 영어로 말하시오.

(1-a) 그 학생은 도서관에서 많은 책을 읽었다. ※ library
(1-b) 도서관에서 많은 책을 읽은 그 학생 ※ student
(1-c) 도서관에서 많은 책을 읽은 그 학생의 이름이 무엇이냐? ※ what is the name of ~
(1-d) 톰이 도서관에서 읽은 양서들 ※ good books, has read
(1-e) 톰은 자기가 도서관에서 읽은 양서들에 대하여 생각했다. ※ thought about

(2-a) 톰은 열쇠들을 찾고 있다. ※ look for
(2-b) 톰이 찾고 있는 열쇠들 ※ keys
(2-c) 이것이 톰이 찾고 있는 열쇠들이냐?
(2-d) 그 열쇠들을 찾고 있는 소녀는 약간 짜증이 난 것 같다. ※ is rather annoyed

(3-a) 톰은 어제 그 만년필로 편지를 썼다. ※ fountain pen
(3-b) 톰이 어제 편지를 쓴 그 만년필
(3-c) 톰이 어제 편지를 쓴 그 만년필은 어디에 있냐?
(3-d) 어제 그 만년필로 편지를 쓴 소녀는 영어에 능숙하다. ※ be good at speaking

(4-a) 톰은 그 의사를 기다리고 있다. ※ wait for
(4-b) 톰이 기다리고 있는 의사 ※ make sick calls
(4-c) 그 의사를 기다리고 있는 환자 (patient)
(4-d) 톰이 기다리고 있는 의사는 열시에 회진을 시작한다. ※ make sick calls
(4-e) 의사를 기다리고 있는 그 환자는 불안해하는 것 같다. ※ seems to feel uneasy

(5-a) 제인은 그 그림을 보고 있다. ※ look at
(5-b) 제인이 보고 있는 그림 ※ picture
(5-c) 너의 그림을 보고 있는 그 화가 ※ artist
(5-d) 제인이 보고 있는 그림은 5,000 달러의 값어치가 있다 ※ is worth 5,000 dollars

whose (소유격 관계대명사)   04

다음의 우리말을 영어로 어떻게 나타내는지 눈여겨보아라.

| (1-ㄱ) | 장관이었던 | 그 농부 ➡ | the farmer who | 장관이었다 |
| (1-ㄴ) | 아버지가 장관이었던 | 그 농부 ➡ | the farmer whose father | 장관이었다 |

(1-ㄱ)= the farmer who   was a minister
(1-ㄴ)= the farmer whose father was a minister

| (2-ㄱ) | 열심히 공부하는 | 그 소년 ➡ | the boy who | 공부한다 열심히 |
| (2-ㄴ) | 형이 열심히 공부하는 | 그 소년 ➡ | the boy whose brother | 공부한다 열심히 |

(2-ㄱ)= the boy who   studies hard
(2-ㄴ)= the boy whose brother studies hard

| (3-ㄱ) | 톰을 사랑하는 | 그 가수 ➡ | the singer who | 사랑한다 톰을 |
| (3-ㄴ) | 누나가 톰을 사랑하는 | 그 가수 ➡ | the singer whose sister | 사랑한다 톰을 |

(3-ㄱ)= the singer who   loves Tom
(3-ㄴ)= the singer whose sister loves Tom

• (3-ㄴ)의 구체적인 뜻: 그 가수, 그 가수가 누구냐 하면 톰을 사랑하는 누나를 가진 그 가수

| (4-ㄱ) | 네가 사랑하는 | 그 가수 ➡ | the singer (whom) | 네가 사랑한다 |
| (4-ㄴ) | 누나를 네가 사랑하는 | 그 가수 ➡ | the singer whose sister | 네가 사랑하다 |

(4-ㄱ)= the singer who(m)   you love
(4-ㄴ)= the singer whose sister you love <네가 사랑하는 여인이 누나인 그 가수>

• (4-ㄴ)의 구체적인 뜻 : '네가 사랑하는 여인은 그 가수가 아니라, 그 가수의 누나인데 그 누나를 가진 그 가수'라는 뜻이다.

(5) <u>The singer whose sister you love</u> is obscure.
                    (4-ㄴ)

(5)의 뜻 : 네가 사랑하는 여인이 누나인 그 가수는 무명가수다.

(6-ㄱ)	지붕이 빨간	그 집 ➡	the house whose roof	빨갛다
(6-ㄴ)	잎들이 단풍든	그 나무들 ➡	the trees whose leaves	변했다 빨갛게
(6-ㄷ)	정상이 눈으로 덮여있는	그 산 ➡	the mountain whose top	덮여있다 눈으로
(6-ㄹ)	제너레이터가 고장 난	그 차 ➡	the car whose generator	고장 났다
(6-ㅁ)	주인이 예술가인	그 개 ➡	the dog whose owner	예술가이다
(6-ㅂ)	꼬리가 잘린	그 원숭이 ➡	the monkey whose tail	잘렸다

(6-ㄱ)=	the house	whose	roof	is red
(6-ㄴ)=	the trees	whose	leaves	have turned red
(6-ㄷ)=	the mountain	whose	top	is covered with snow
(6-ㄹ)=	the car	whose	generator	is out of order
(6-ㅁ)=	the dog	whose	owner	is an artist
(6-ㅂ)=	the monkey	whose	tail	is cut off

다음 문장을 영작해 보아라.

(가) 지붕이 빨간 그 집에는 귀신이 출몰한대.(they say ~ / a ghost haunts ~)
(나) 그들은 단풍든 그 나무아래에서 기다리고 있었었다.
(다) 우리들은 정상이 눈으로 덮여있는 그 산을 올라가곤 했다. (used to climb ~)
(라) 제너레이터(generator)가 고장 난 그 차는 폐차하는 게 낫다. (scrap)
(마) 주인이 예술가인 그 개는 놀라울 정도로 영리하다. (surprisingly clever)
(바) 꼬리가 잘려나간 그 원숭이를 보시오. (look at ~)

(가)= They say that a ghost haunts <u>the house whose roof is red.</u>
                                                  (6-ㄱ)

(나)= They were waiting under <u>the trees whose leaves have turned red.</u>
                                                  (6-ㄴ)

(다)= We used to climb <u>the mountain whose top is covered with snow.</u>
                                        (6-ㄷ)

(라)= <u>The car whose generator is out of order</u> had better be scrapped.
                       (6-ㄹ)

(마)= <u>The dog whose owner is an artist</u> is surprisingly clever.
                  (6-ㅁ)

(바)= Look at <u>the monkey whose tail is cut off</u>.
                          (6-ㅂ)

연·습·문·제 20

아래 문장을 영작하시오.

(1-a) 그 소년의 어머니는 법관이다.　　　　　　　　※ judge
(1-b) 어머니가 법관인 그 소년
(1-c) 어머니가 법관인 그 소년은 매우 열심히 공부한다.
(2-a) 너를 매우 잘 아는 그 소년　　　　　　　　　※ The boy knows you ~
(2-b) 네가 매우 잘 아는 그 소년　　　　　　　　　※ You know the boy ~
(2-c) 형이 너를 매우 잘 아는 그 소년　　　　　　　※ The boy`s brother knows you ~
(2-d) 네가 그 형을 매우 잘 아는 그 소년　　　　　※ You know the boy`s brother ~
(2-e) 나는 너를 잘 아는 사람을 만났다.　　　　　　※ I met + (2-a)
(2-f) 나는 형이 너를 매우 잘 아는 사람을 만났다.　※ I met + (2-c)
(3-a) 나는 그 여인을 만나고 싶다.　　　　　　　　※ want to see ~
(3-b) 내가 만나고 싶은 그 여인
(3-c) 나를 만나고 싶어 하는 그 여인

(4-a) 아들이 나를 만나고 싶어하는 그 여인　　　　※ want to see me　　* whose son
(4-b) 내가 아들을 만나고 싶은 그 여인　　　　　　※ I want to see　　* whose son
(4-c) 아들이 나를 만나고 싶어 하는 그 여인은 어디에 있습니까?　※ Where is + (4-a) ?
(5-a) 그 집의 지붕은 빨갛다.　　　　　　　　　　※ the roof of the house
(5-b) 지붕이 빨간 그 집 (whose를 of which the 로 바꿔 쓸 수 있음)
(5-c) 그녀는 지붕이 빨간 그 집에서 산다.　　　　　※ She lives in + (5-b)
(6-a) 아들이 미국으로 이민 간 그 판사　　　　　　※ emigrate to America
(6-b) 어머니가 작년에 교통사고로 죽은 그 학생　　※ was killed in a traffic accident
(6-c) 어머니가 작년에 교통사고로 죽은 그 학생을 도와주어라.　※ Help + (6-b)
(7-a) 나는 그 농부의 아들에게 영어를 가르친다.　※ teach English to the farmer`s son
(7-b) 내가 아들에게 영어를 가르치는 그 농부　　　※ (7-a)을 활용하시오.
(7-c) 너는 내가 아들에게 영어를 가르치는 그 농부를 본적 있나?　※ Have you ever seen + (7-b) ?
(7-d) 내가 아들에게 영어를 가르치는 그 농부는 열심히 일한다.　※ (7-b) + works hard

where, when, why, how (관계부사) 05

장소는 **where**로, 때는 **when**으로, 이유는 **why**로 나타낸다는 것을 오래 전에 배웠다. 이것은 관계사에서도 적용된다. 다음을 눈여겨보아라.

			선행사	관계부사	
(1-ㄱ)	그 사고가 일어난	장소 ➡	the place	where	the accident took place
(1-ㄴ)	그 사고가 일어난	때 ➡	the time	when	the accident took place
(1-ㄷ)	그 사고가 일어난	이유 ➡	the reason	why	the accident took place
(1-ㄹ)	그 사고가 일어난	방법 ➡	the way	(that)	the accident took place

- 위의 문장에 사용된 **where, when, why, how** 등을 관계부사라 부른다.
- 위의 경우 **when**과 **why**대신에 **that**를 사용하는 것이 일반적인 경향이다.

(1-ㄹ)= how the accident took place "그 사고의 발단(發端)"이라는 뜻임

※ ~~the way how~~ the accident took place라고 하면 안 된다.

아래의 보기에서 **where**와 **which**를 눈여겨보아라.

선행사	관계사	선행사를 수식하는 역할을 함	
the house	where	I live	내가 살고 있는 집
the house	which	I live in	내가 살고 있는 집
the house	which	I am looking for	내가 찾고 있는 집
the house	which	we visited	우리들이 방문한 그 집
the house	where	I was born	내가 태어난 그 집
the house	which	I was born in	내가 태어난 그 집
the house	which	a ghost haunted	귀신이 출몰했던 그 집
the house	where	he was found dead	그가 시체로 발견된 그 집

(A) where를 쓰는 경우와 which를 쓰는 경우를 다시 살펴보려고 한다.

			선행사	관계사	
(3-ㄱ)	적군이 주둔하고있는	그 마을	the village	where	the enemy has been staying
(3-ㄴ)	적군이 파괴해놓은	그 마을	the village	which	the enemy has destroyed

(3-ㄱ)에 있는 the village는 적군이 주둔하고 있는 장소이다.
(3-ㄴ)에 있는 the village는 적군이 파괴한 사물이다.

참고 : stay in the village / destroy the village (전치사에 유의 할 것)

아래의 ①, ②, ③, ④, ⑤는 모두 같은 뜻을 가지고 있고 ⑥, ⑦은 不可

						The enemy	has been staying	in the village	
①	the village				the enemy	has been staying	in	
②	the village		where		the enemy	has been staying		
③	the village		which		the enemy	has been staying	in	
④	the village		that		the enemy	has been staying	in	
⑤	the village	in	which		the enemy	has been staying		
⑥	the village	~~in~~	~~that~~		the enemy	has been staying		<틀림>
⑦	the village	~~in~~	~~where~~		the enemy	has been staying		<틀림>

• 「전치사 + which」를 where로 고칠 수 있다. 즉, **in which = where**

		선행사	관계사			참고사항
(4-ㄱ)	the house	where	I was born		was born in the house
(4-ㄴ)	the house	where	I went	yesterday	went to the house
(4-ㄷ)	the house	which	I visited	yesterday	visited the house
(4-ㄹ)	the house	which	I built	long ago	built the house

• the house where I was born = the house in which I was born <내가 태어난 집>
• the house where I went yesterday = the house to which I went yesterday <내가 어제 간 집>

(4-ㄷ)= 내가 어제 방문한 집 (4-ㄹ)= 내가 오래 전에 지은 집

(B) 선행사가 time, year, day, hour, minute, age, season, month, moment이면 when이나 that를 사용해야한다. 이 경우 the same, the first, the last가 있으면 when을 사용해도 되지만 that를 사용하는 경향이 강하다. 관계부사를 생략해도 된다.

			선행사	관계부사	
(5-ㄱ)	내가 소년이었던	때	the time	(when/ that)	I was a boy
(5-ㄴ)	그이가 들어온	순간	the minutes	(when/ that)	he came in
(5-ㄷ)	우리가 떠나는	시간	the hour	(when/ that)	we leave
(5-ㄹ)	그녀가 태어난	날	the day	(when/ that)	she was born
(5-ㅁ)	나의 삼촌이 죽은	해	the year	(when/ that)	my uncle died
(5-ㅂ)	비가 많이 오는	달	the month	(when/ that)	we have a lot of rain
(5-ㅅ)	내가 그이를 처음 보았을	때	the first time	(when/ that)	I saw him

(C) 선행사가 reason이면 why나 that를 사용해야한다.

			선행사	관계부사	
(6-ㄱ)	그이가 온	이유	the reason	(why/ that)	he came
(6-ㄴ)	내가 그것을 한	이유	the reason	(why/ that)	I did it
(6-ㄷ)	톰이 너를 좋아하는	이유	the reason	(why/ that)	Tom likes you
(6-ㄹ)	제인이 너를 버린	이유	the reason	(why/ that)	Jane deserted you
(6-ㅁ)	내가 너에게 전화 건	이유	the reason	(why/ that)	I phoned you

(D) how와 the way (that)
Tom solved this problem in the way. <톰은 그 방법으로 이 문제를 풀었다>를 가지고 「톰이 이 문제를 푼 방법」이라는 말을 아래와 같이 만들 수 있다. that를 생략할 수 있다.

(7-ㄱ)	the way	in	which	Tom	solved	this problem
(7-ㄴ)	the way		(that)	Tom	solved	this problem
(7-ㄷ)			how	Tom	solved	this problem

연·습·문·제 21

다음 문장을 해석하시오.

(1) He spoke of the time when he was a boy.
(2) Let me know the minute when Tom comes in.
(3) The hour when we leave has not been fixed.
(4) April is the month when we have a lot of rain.
(5) The day when I moved to Busan was cloudy.
(6) There are times when everyone feels lonely.
(7) I met her in the year that my uncle died.
(8) Do you still remember the day (that) we first met?
(9) The last time (that) I saw her, she looked very well.
(10) He left Korea on the same day that we arrived.
(11) I knew it the first time that I saw him.
(12) The moment (that) he entered, we stopped talking.
(13) Do you remember the place where we first met?
(14) This is the house where I was born.
(15) I'd like to live in a country where there is no crime.
(16) London is the city where the streets are not planned.
(17) Chicago is the city where you can easily get lost.
(18) The reason why he did it is obscure.
(19) This is (the reason) why I left early.
(20) Do you know the reason why she deserted you?
(21) Tell me the reason that you have come back.
(22) I admired the way in which you answered the question.
(23) This is how (= the way) we came to know each other.
(24) That is the way (that) he solved the problem.
(25) The time will come when you will regret it.

* speak of ~에 대하여 말하다
* minute 분, 시각
* fix 정하다 or decided on
* have a lot of rain 비가 많이 온다
* move to ~으로 이사하다
* feel lonely 고독을 느끼다

* still 아직도
* look well 건강해 보이다

* moment 순간
* stop talking 잡담을 그만두다

* would like to ~하고 싶다
* crime 죄, 범죄, 죄악
* plan 계획(하다)
* Chicago 시카고
* get lost 길을 잃다
* obscure 애매한, 불분명한
* desert 버리다
* admire 찬양하다, 감탄하다
* question 의문, 질문
* come to ~하게되다
* solve 풀다, 해결하다
* regret 후회하다

연·습·문·제 22

( )안에 알맞은 말을 쓰시오.

(1) Now is the time (   ) we must fight.　　　　　　* fight 싸우다
(2) This is (   ) we came to know each other.
(3) There is no reason (   ) you should go.
(4) This is the house (   ) the poet was born.　　　* poet 시인
(5) Where is the house (   ) the poet was born in ?
(6) The poet was born in the house (   ) you are looking for.
(7) Then the day came (   ) I had to go back to school.
(8) Do you know the reason (   ) she deserted you ?　　* desert [dizə́:t] 버리다 / [dézət] 사막
(9) I didn`t like the way in (   ) he spoke.
(10) That is the way (   ) he solved the problem.
(11) The house (   ) stands on the hill commands a fine view.
　　　　　* command 명령하다　　* command a fine view 전망이 좋다　* view 풍경, 경치, 의견, 견해
(12) He died on the same day (   ) I arrived.
(13) The reason (   ) I made a bad grade is that I did not study.
　　　　　　　　　　* grade 등급, 계급, (학교에서) 석차　　* bad grade 하위등급
(14) The house (   ) his father has left to him is worth 200,000 dollars.
　　　　　* leave a house to him 그에게 유산으로 집을 남기다　　* worth 가치가 있는
(15) I used to live in the house (   ) walls are torn down.　　* tear down 허물다
(16) I seldom see the boy (   ) lives next door to me.　　* next door 이웃집에
(17) I ran across the doctor (   ) father lives next door to me.　　* run across 우연히 만나다
(18) We used to climb the hill (   ) peak is still covered with cloud.
　　　　　　　　　　　　* climb [klaim] 올라가다　　* peak 봉우리
(19) We are going to visit the hills (   ) a fierce battle were once fought.
　　　　　　　　　　　* fierce 치열한, 사나운, 맹렬한　　* battle 전투
(20) We must keep clean the hills (   ) enable us to live a cozy life.
　　　　　　　　　* keep clean 깨끗하게 보존하다　* cozy 안락한, 아늑한, 기분 좋은
(21) I have a cat (   ) name is Tiger.
(22) I have a cat (   ) is surprisingly good at catching mice.
　　　　　　　* be good at ~에 능하다　* mice [mais] 쥐들 <mouse의 복수이다>
(23) I married her (in) the same year (   ) you divorced.　　* divorce 이혼하다
(24) The girl (   ) phoned you just now is my sweetheart.　　* sweetheart 애인
(25) The girl (   ) sister phoned you just now is my sweetheart.

연·습·문·제 23

아래 문장을 영작하시오.

(1) 톰이 오지 않은 이유를 나에게 말하시오. ※ Tell me ~
(2) 네가 어제 결석한 이유가 무엇이냐? ※ be absent from school
(3) 나는 그녀가 돌아올 시간을 모른다. ※ the exact time
(4) 나는 유리가 서울로 이사 간 이유를 안다. ※ move to Seoul
(5) 나는 그녀가 서울로 이사 간 날을 기억하고 있다. ※ remember
(6) 나는 그녀가 서울로 이사 간 해가 생각나지 않는다. ※ don't remember
(7) 나는 내가 태어난 마을에 다녀오는 길이다. ※ have been to
(8) 우리들은 그 식당에서 정말로 좋은 식사를 할 수 있다 ※ have a really good meal
(9) 이 근방에 정말로 좋은 식사를 할 수 있는 좋은 식당 있습니까? ※ Is there a restaurant ~
(10) 나는 네가 어제 간 그 서점에서 책을 3권 샀다. ※ the bookstore
(11) 내가 어제 책을 3권 산 그 서점은 시청 가까이에 있다. ※ City Hall, is located
(12) 너는 톰이 머물고 있는 호텔의 이름을 아느냐? ※ stay in a hotel
(13) 나는 너를 처음 만난 날을 영원히 새겨둘 것이다. ※ I'll always keep in mind
(14) 나는 나의 어머니가 돌아가신 날을 절대 못 잊을 것이다. ※ forget
(15) 그들이 차를 가지고 있지 않은 이유는 차가 필요 없다는 것이다. ※ don't need one
(16) 우리들이 우리의 휴가를 보낸 곳은 매우 아름다웠다. ※ place, spend, holiday
(17) 너의 아버지를 매우 잘 아는 사람이 너를 보러 와있다. ※ has come to see
(18) 너의 아버지가 매우 잘 아는 사람이 밖에서 기다리고 있다. ※ wait outside
(19) 아들이 너의 친구인 사람이 밖에서 기다리고 있다. ※ a friend of yours
(20) 내가 사는 시가지(town) 근처에 있는 공원은 매우 아름답다. ※ The park is near ~
(21) 그 어린이들이 놀고 있는 공원은 매우 아름답다. ※ play in the park
(22) 아들이 일등상을 탄 그 농부는 근면성실하다. ※ industrious and devoted
(23) 그 전쟁은 네가 태어난 해에 일어났다. ※ broke out
(24) 네가 나에게 전화를 하지 않은 이유를 말해다오. ※ phone(to) me/ call (up)me
(25) 네가 나에게 전화한 시각은 명확하지 않다. ※ minute, obscure

what 의 역할 06

(A) what에는 『무엇, 무슨』이라는 뜻 외에 『그 무엇, 무엇이든, 것』이라는 뜻도 있다. 다시 말하면 what = the thing(s) which인 경우도 있다. 이러한 뜻을 지닌 what를 **관계대명사**라 부른다. 다음의 문장을 비교해보자.

| (1-ㄱ) | Ask him | what | he wants. | <그가 무엇을 원하는지 그에게 물어 보아라> |
| (1-ㄴ) | This is | what | he wants. | <이것이 그가 원하는 그 무엇이다> |

| (2-ㄱ) | I want to know | what | he has in his hand. | <의문대명사> |
| (2-ㄴ) | I want to have | what | he has in his hand. | <관계대명사> |

(2-ㄱ)= 나는 그이가 손에 무엇을 가지고 있는지 알고 싶다.
(2-ㄴ)= 나는 그이가 손에 가지고 있는 것(그 무엇)을 갖고 싶다.

아래 (3-ㄱ)과 (3-ㄴ)은 동일한 뜻을 가지고 있다.

| (3-ㄱ) | Give me | | what | you can (give me). |
| (3-ㄴ) | Give me | anything | which | you can (give me). |

< 무엇이든 네가 나에게 줄 수 있는 것을 다오>

(B) what가 있는 다음의 말을 외워두기 바란다.

(4-ㄱ)	what I	am	(ㄱ) 현재의 나 (ㄴ) 현재의 나의 인격(사람됨)
(4-ㄴ)	what I	was	(ㄱ) 과거의 나
(4-ㄷ)	what you	are	(ㄱ) 현재의 너 (ㄴ) 현재의 너의 인격(사람됨)
(4-ㄹ)	what you	were	(ㄱ) 과거의 너
(4-ㅁ)	what he	is	(ㄱ) 현재의 그이 (ㄴ) 현재의 그이의 인격(사람됨)
(4-ㅂ)	what he	was	(ㄱ) 과거의 그이

• what I was = what I used to be / what he was = what he used to be

다음의 문장을 비교해보자.

(5-ㄱ)	He is not	happy.	<그이는 행복하지 않다>
(5-ㄴ)	He is not	a beggar.	<그이는 거지가 아니다>
(5-ㄷ)	He is not	what he was.	<그이는 과거의 그이가 아니다>

(6-ㄱ)	Mother has made me	a doctor.	<어머니가 나를 의사로 만들어 놓았다>
(6-ㄴ)	Mother has made me	angry.	<어머니가 나를 화나게 했다>
(6-ㄷ)	Mother has made me	study hard.	<어머니가 나를 열심히 공부하도록 만들었다>
(6-ㄹ)	Mother has made me	what I am.	<어머니가 나를 오늘의 나로 만들었다>

(C) "what + 주어 + have"에는 3가지 뜻이 있다.

  (7-ㄱ) Tell me what you have in the bag.
  (7-ㄴ) Give me what you have in the bag.
  (7-ㄷ) Happiness does not lie in what you have.   ※ lie in ~ 존재하다

  (7-ㄱ)= 네가 그 가방 안에 무엇을 가지고 있는지 나에게 말해라.
  (7-ㄴ)= 네가 가방 안에 가지고 있는 것(그 무엇)을 다오.
  (7-ㄷ)= 행복은 너의 재산에 존재하는 것이 아니다. (행복은 재산에 있는 게 아니다)

Bonus   lie in을 이용한 문장들

His greatness	lies in	his character.	그의 위대함은 그의 성격에 있다.
The remedy	lies in	education.	구제의 길은 교육에 있다.
All their hope	lies in	him.	그들의 모든 희망은 그에게 있다.
He	lies in	the national cemetery.	그는 국립묘지에 안장되어있다.

(D) 다음의 말을 외워두세요.

what (few)	+ 보통명사	+ 주어 + have <~이(가) 가지고 있는 것 전부>
what (little)	+ 물질명사	+ 주어 + have <~이(가) 가지고 있는 것 전부>

(8-ㄱ)	I gave him	what		money	I had with me.
(8-ㄴ)	I gave him	what	little	money	I had with me.

(8-ㄱ)= 나는 내가 지닌 　　　　　돈을 전부 그에게 주었다.
(8-ㄴ)= 나는 내가 지닌 얼마 안 되는 돈을 전부 그에게 주었다.

(9-ㄱ)	I have read	what		books	I have.
(9-ㄴ)	I have read	what	few	books	I have.

(9-ㄱ)= 나는 내가 가지고있는 　　　　　책을 모두 다 읽었다.
(9-ㄴ)= 나는 내가 가지고있는 몇 권 안 되는 책을 모두 다 읽었다.

what we call = what they call = what is called 말하자면, 속칭, 소위

(10-ㄱ) He is 　　　　　a bookworm. <그는 　　　책벌레다>
(10-ㄴ) He is what we call a bookworm. <그는 말하자면 책벌레다>

A is to B what C is to D = A와 B의 관계는 C와 D의 관계와 같다
　　　　　　A　　　　　　B　　　　　C　　　　　　D
(11)　　Reading　is to　the mind　what　exercise　is to　the body.
　　　<독서(A)와 정신(B)의 관계는 운동(C)과 신체(D)와의 관계와 같다>

What with A and (what with) B = 한편으로는 A 때문에 또 한편으로는 B때문에

(12) What with the wind and (what with) the rain, our picnic was spoiled.
　　　<한편으로는 바람 때문에 또 한편으로는 비 때문에 우리들의 들놀이가 엉망이 되어버렸다>

that를 사용하는 경우　　　07

(A) 선행사에 the very, the same, the only, all, the first, the last, any, every, no, 최상급이 있으면 다음과 같이 사용하는 것이 좋다.

(ㄱ) 선행사가 사람이면 that를 사용해도 괜찮지만 who를 사용하는 것이 바람직하다. 대부분의 문법책에는 that를 써야 옳다고 되어있으나 영미(英美)사람들이 쓴 글에서는 이러한 경우 that를 사용한 문장을 발견하기란 쉽지 않다.

(ㄴ) 선행사가 사물이면 which를 사용해도 되지만 that를 쓰는 경향이 강하다.

다음의 예문들은 이것을 증명해 주고 있다.

① The first man who seduced me had no idea I was a virgin. -Isherwood-
② This is the same woman who a short while ago trembled. -Bennett-
③ The same God who created me created my servants also. - 욥 31:15-
④ I thought about all the people who live in this world. -전도서 4:15 -
⑤ All who hear of his fate shudder. -욥18:20 -
⑥ Is there any man, even the wisest, who could ever be of use to God? -욥 22:1-
⑦ Who were the people who heard God's voice and rebelled against him? -히3:16-
⑧ All who see me make fun of me. -시편 22:7-
⑨ He will capture everyone who hates him. -시편 21:8 -
⑩ The only man who behaved sensibly was my tailor.
⑪ The gullible are the very people who ought not to be gulled.
⑫ The only thing which may save us is the moon.
⑬ All that adventure which was life or death to me was only a schoolgirl's game to her.
⑭ When you judge others and then do the same things which they do, you condemn yourself. -로마서 2:1-
⑮ Christ saw that love was the first secret of the world for which the wise men had been looking.

(1) seduce 유혹하다　* virgin 처녀　(2) a short while ago 조금 전에　* tremble (추위, 흥분, 공포로) 떨다　(3) create 창조하다　* servant 하인　(5) fate 운명　* shudder (무서워서) 떨다　(6) be of use 쓸모 있다　(7) voice 목소리　* rebel [ribél] 배반하다, 반항하다　* against ~에 대항하여　(8) make fun of ~를 놀리다, 우롱하다　(9) capture 포획하다, 포로로 잡다　* hate 미워하다　(10) behave 행동하다　* sensibly 현명하게, 분별 있게　* tailor 재봉사, 양복점　(11) gullible 잘 속는, 얼빠진　* the very 바로 그 ~　* gull 속이다　(12) save 구하다, 구조하다, 저축하다　(13) adventure 모험, 색다른 일, 희한한 경험　(14) judge 판단하다　* condemn 비난하다, 책망하다, 유죄를 선고하다　(15) Christ [kraist] 그리스도　* secret 비밀, 비결, 이해의 열쇠

앞 문장의 뜻은 이러하다.

① 나를 유혹(誘惑)한 최초의 남자는 내가 숫처녀라는 생각을 못했다.
② 이분이 조금 전에 부들부들 떨었던 그 여인이다.
③ 나를 창조하신 하나님이 나의 하인들도 창조했다.
④ 나는 이 세상에 사는 모든 사람들에 대하여 생각해보았다.
⑤ 그이의 기구(崎嶇)한 운명을 들어 알고 있는 자들은 모두 무서워서 벌벌 떨었다.
⑥ 누구든, 가장 슬기로운 사람이라도 하나님에게 쓸모가 있는 자가 있겠느냐?
⑦ 하나님의 목소리를 듣고도 하나님에게 반항(反抗)하는 저 자들은 누구란 말이냐?
⑧ 나를 보는 사람마다 나를 우롱(愚弄)한다.
⑨ 그는 (하나님은) 하나님을 미워하는 자를 잡아 포로로 삼을 것이다.
⑩ 양식(良識)있게 행동한 사람이 한 분 있었는데 그분은 나의 재봉사였다.
⑪ 속기 쉬운 사람들이야말로 속임을 당해서는 안 되는 사람들이다.
⑫ 우리들을 구할 수 있는 것이 하나 있다면 그것은 달뿐이다.
⑬ 나에게는 생사가 걸린 그 모든 모험이 그녀에게는 소녀의 소꿉놀이에 지나지 않았다.
⑭ 네가 남을 심판하고 남과 똑 같은 일을 하면 너는 너 자신에게 유죄선고(有罪宣告)를 내리는 꼴이다.
⑮ 슬기로운 사람들이 줄곧 모색(摸索)해온 이 세상의 첫 번째 이해(理解)의 열쇠는 사랑이다. 그리스도는 그러한 사실을 간파(看破)했다.

(B) 다음 문장에서는 that대신에 who나 whom을 사용할 수 없다. that를 생략해도 됨

(13-ㄱ)	He	is	not	what	he	was.
(13-ㄴ)	He	is	not	the teacher	(that)	he	was.
(13-ㄷ)	He	is	not	the doctor	(that)	he	was.
(13-ㄹ)	She	is	not	the singer	(that)	she	was.
(13-ㅁ)	I	am	not	the student	(that)	I	was.
(13-ㅂ)	I	am	not	the lawyer	(that)	I	was.

(13-ㄱ)= 그는 과거의 그가 아니다.   (13-ㄴ)= 그는 과거의 그 선생이 아니다.
(13-ㄷ)= 그는 과거의 그 의사가 아니다.   (13-ㄹ)= 그녀는 과거의 그 가수가 아니다.
(13-ㅁ)= 나는 과거의 그 학생이 아니다.   (13-ㅂ)= 나는 과거의 그 변호사가 아니다.

연·습·문·제 24

아래 영문을 해석하시오.

(1) He who doubts nothing knows nothing.　　　* doubt 의심하다
(2) Those who go to sea are only four inches from death.
　　　　　　　　　　　　* go to sea 뱃사공이 되다　　※ 배의 밑바닥 판자의 두께가 4인치다
(3) He is what is called a walking dictionary.
　　　　　　　　　　* dictionary 사전　* a walking dictionary 걸어 다니는 사전, 척척박사
(4) I always do what pleases her.　　　　　* please 기쁘게 해주다
(5) We gave him what little help we could .
(6) His efforts have made him what he is now.　　* effort 노력
(7) He read what few books he had.
(8) What is done cannot be undone.　　　　* undo - undid - undone 취소하다
(9) Sunshine is to flowers what love is to women.　* sunshine 햇빛
(10) She is kind, and what is still better, very beautiful.
　　　　　　　　　　　　　　* what is still better 게다가 더욱 좋은 것은
(11) Man is rich or poor according to what he is, not according to what he has.
　　　　　　　　　　　　　　* according to ~의하면, ~에 따라
(12) He is no more what he used to be.　　* no more 이제는 ~아니다
(13) What is worse, he did not leave his address.　* address 주소　* leave 남기다
(14) What with his advice and (what with) my own efforts, I succeeded at last.
　　　　　　　* advice 충고　* my own 나 자신의　* at last 마침내
(15) Leaves are to the plant what lungs are to the animal.　* plant 식물　* lung 허파, 폐
(16) What with overwork and (what with) undernourishment he fell ill.
　　　　　　　　* overwork 과로　* undernourishment 영양부족
(17) The earth and all who live on it are his.　-시편 24:1-
(18) I love the house where you live and the place where your glory dwells.
　　　　　　　　　* glory 영광, 영예, 명예　* dwell 거주하다, 살다
(19) I will praise him for what he has done.　　* praise 칭찬하다
(20) All who hate me whisper to each other about me.　-시편 41:7-
　　　　　　　　　* whisper 속삭이다. 나지막한 목소리로 말하다
(21) I am a friend of all who serve you, of all who obey your laws. -시편 119:63-
　　　　　* serve 봉사하다　* obey 복종하다, 순종하다　* law 법, 법률, 율법
(22) Everybody that goes to church looks nice.　* go to church 예배 보러 가다
(23) All the nations that you have created will come and bow down to you.
　　　　　　　　　　* nation 국가, 국민　* bow down to ~에게 굴복하다
(24) She was always trying to meddle with things she knew nothing about.
　　　　　　　　　　　　　* meddle with 참견하다, 간섭하다

연·습·문·제 25

아래의 문장을 영작하시오.

(1-a) 너의 친구들은 너를 피한다. ※ keep away from
(1-b) 너의 친구들이 너를 피하는 이유를 아느냐? ※ Do you know ~ ?
(2-a) 내가 소년시절에 살았던 그 집 근처에 우물이 있었다. ※ There used to be ~
(2-b) 이것이 그녀가 태어난 집이다. ※ was born
(3-a) 네가 영어를 가르치는 방식은 그녀가 영어를 가르치는 방식과 다르다. ※ A is different from B.
(3-b) 이것이 톰이 생활비를 버는 방법이다. ※ This is ~
(3-c) 우리가 그 섬에 다다를 수 있는 유일한 방법은 헬리콥터에 의한 것뿐이다. ※ the only way, reach, by
(3-d) 아무도 너의 행동방식을 좋아하지 않는다. ※ nobody, you behave
(4-a) 너는 살아가는 방식을 배워야한다. ※ the way (that) you should
(4-b) 너는 제인이 수영하는 식으로 수영해야한다. ※ You must ~
(5-a) 숨바꼭질 하던 지난 옛날이 그립다. (the old days) ※ miss, play hide-and-seek
(5-b) 화요일은 내가 가장 바쁜 날이다. ※ Tuesday, busiest
(5-c) 그녀가 나를 사랑했던 때가 있었다. ※ there was a time

(6-a) 톰이 무엇을 원하는지 나에게 말해라. ※ Tell me ~
(6-b) 이것이 톰이 원하는 것입니다. ※ This is ~
(7-a) 그녀는 3류 가수였다. 그녀는 지금은 일류가수다. ※ third-rate, top singer
(7-b) 그녀는 과거의 가수가 아니다. ※ singer
(8-a) 그는 과거의 그이가 아니다. ※ what he was
(8-b) 부모님이 나를 오늘의 나로 만들었다. ※ has made me ~
(9-a) 그는 이른바 그 회사의 두뇌다. ※ the brain of the company
(9-b) 그는 말하자면 살아서 걸어 다니는 사전이다. ※ a walking dictionary
(10-a) 나는 내가 가지고 있는 몇 마리 안 되는 닭을 다 팔아야한다. ※ chicken, must sell
(10-b) 나는 내가 가지고 있는 얼마 안 되는 쌀을 다 그에게 주었다. ※ what little rice
(11-a) 사막과 낙타와의 관계는 바다와 배의 관계다. ※ the sea, ships, the desert, camels
(11-b) 그는 파산했다. 설상가상으로 병으로 쓸어졌다. ※ go bankrupt ※ go broke, fall sick

비 제한적 용법 (계속적 용법)   08

관계대명사 앞에 콤마(,)가 있으면 선행사를 제한하는 역할을 하지 않고 별도의 정보를 제공하는 역할을 하게 된다. 다음 문장을 비교해보자.

| (14-ㄱ) | I praised the boy | who (=that) was so honest and diligent. |
| (14-ㄴ) | I praised the boy | , who (≠that) was so honest and diligent. |

(14-ㄱ)= 나는 매우 정직하고 부지런한 그 소년을 칭찬해 주었다.
(14-ㄴ)= 나는 그 소년을 칭찬해주었다. 왜냐하면 그 소년은 매우 정직하고 부지런하기 때문에.
(14-ㄴ)= I praised the boy, because he was so honest and diligent.

| (15-ㄱ) | This is the novel | which (=that) Tom gave me yesterday. |
| (15-ㄴ) | Tom gave me a novel | , which (≠that) I found very interesting. |

(15-ㄴ)= Tom gave me a novel, and I found it very interesting.
(15-ㄱ)= 이것이 톰이 어제 나에게 준 그 소설책이다.
(15-ㄴ)= 톰이 나에게 소설책을 한 권 주었다, 그런데 나는 그것이 매우 재미있다는 것을 깨달았다.

 주의 (14-ㄱ)과 (15-ㄱ)에서처럼 관계대명사 앞에 콤마(,)가 **없으면** 그 관계대명사 뒤에 있는 부분이 선행사를 수식하는 역할을 한다. 다시 말하면 그 선행사를 제한하게 된다.
(14-ㄴ)과 (15-ㄴ)처럼 콤마가 **있으면** 그 관계대명사 뒤에 있는 말이 선행사를 수식하는 역할을 하는 게 아니다. (15-ㄴ)의 「,which」를 and ~it 로 바꿀 수 있다

비 제한적 용법으로 사용된 관계대명사는 생략할 수 없다. 따라서 (15-ㄴ)에 있는 which는 생략할 수 없다.
그러나 (15-ㄱ)에 있는 which는 목적격관계대명사이고 또 제한적 용법이므로 생략할 수 있다.

비 제한적 용법으로 사용된 관계대명사 = 『and, but, for, because, as, though , + 대명사』
  보기 : I will employ Jane, who (= because she) is good at speaking English.
      나는 제인을 고용하겠어요. 왜냐하면 그녀는 영어회화에 능숙하니까.

제한적 용법과 비제한적 용법에 해당하는 예문들:

(16-ㄱ) I want a man who can speak English.
(16-ㄴ) I will engage your brother, who (= because he) can speak English.

  (16-ㄱ)= 나는 영어를 말할 수 있는 사람을 원합니다.
  (16-ㄴ)= 나는 너의 형을 채용할 테야. 왜냐하면 그는 영어를 말할 수 있으니까.

(17-ㄱ) He fell in love with the girl in the garden who did not love him.
(17-ㄴ) He fell in love with the girl in the garden , who did not love him.

  (17-ㄱ)= 그는 그를 사랑하지도 않는 정원에 있는 그 처녀한테 반했었다.
  (17-ㄴ)= 그는 정원에 있는 그 처녀한테 반했었다. 그러나 그녀는 그이를 사랑하지 않았다.

(18-ㄱ) He often goes to the park where he met you for the first time.
(18-ㄴ) He often goes to the park, where he can refresh his body and mind.

  (18-ㄱ)= 그는 너를 처음으로 만난 그 공원에 자주 간다.
  (18-ㄴ)= 그는 그 공원에 자주 간다. 왜냐하면 그곳에 가면 심신에 활력이 생기니까.

(19-ㄱ) Last Sunday I came across a friend of mine who (= whom, that) I hadn't seen for ages.
(19-ㄴ) Last Sunday I met Jane, whom I hadn't seen for ages.
(19-ㄷ) God has not rejected his people, whom he chose from the beginning.

  (19-ㄱ)= 지난 일요일 나는 오래 동안 본적이 없는 나의 친구 한 분을 우연히 만났다.
  (19-ㄴ)= 지난 일요일 나는 제인을 만났다. 그런데 나는 오래 동안 그녀를 본적이 없었다.
  (19-ㄷ)= 하나님은 자기의 백성을 물리친 적이 없다. 왜냐하면 하나님은 태초부터 그들을 선택했기 때문이다.

* come across 우연히 만나다   * for ages 오랫동안   * reject 거절하다
* from the beginning 태초부터

다음의 2 문장은 동일한 뜻을 가지고 있다. 콤마를 눈여겨보아라.

(20-ㄱ)	I look up to the teacher	,who	is kind and righteous.
(20-ㄴ)	I look up to the teacher	because he	is kind and righteous.

<나는 그 선생님을 존경합니다. 왜냐하면 그분은 친절하고 의롭기 때문입니다>

* look up to = respect 존경하다 (반대말 : look down on ~를 경멸하다)   * righteous 의로운

연·습·문·제 26

( )안에 알맞은 말을 쓰시오.

(1) Is there any student ( ) name has not been called? * call his name 이름을 부르다
(2) The student ( ) went to the library is looking for a part-time work.
   * part-time work 아르바이트   * look for ~을 찾아보다
(3) He caught sight of a boy ( ) face was all red with little pimples.
   * catch sight of ~을 보다   * pimple 여드름
(4) Do you remember the place ( ) we first met ?
(5) Saturday is (the day) ( ) I am least busy.   * least 가장 적게
(6) Tell me the reason ( ) you don`t like him?   * reason 이유
(7) This is just ( ) I was going to say.
(8) The house ( ) he visited yesterday has four rooms.   * fate 운명
(9) I visited the house ( ) she had met his fate.   * meet one's fate 최후를 마치다
(10) This is ( ) I wanted.
(11) Do you know the man ( ) called on me yesterday?   * call on = visit
(12) Do you know the man ( ) son called on me just now? * just now 방금, 조금 전에
(13) I don`t like the way ( ) you talk.
(14) I sometimes look back on the happy time ( ) I spent with you on the seashore.
   * look back on 회고하다   * seashore 바닷가
(15) I sometimes look back on the happy time ( ) we played house. * play house 소꿉장난하다
(16) I will teach you the way ( ) you should do it.   * do evil 못된 짓을 하다
(17) These are the men ( ) plan trouble and do evil.   * plan trouble 불화를 꾸미다
(18) God shoots arrows at me ( ) pierce and wound me.   * arrow 화살
(19) The day ( ) you die is better than the day ( ) you are born.
   * pierce [piəs] 찌르다   * wound 상처를 입히다
(20) There was a time ( ) God answered my prayers.   * prayer [preə] 기도, 기도문
(21) Why must you persecute me the way ( ) God does ?   * persecute 박대(학대)하다
(22) Have you ever been to the place ( ) the sun rises up?   * Japan 일본   * rise up 뜨다
(23) The friend ( ) dog I am looking after is in Japan.   * look after 보살피다
(24) Troubles often come from the place ( ) we least expect them.
   * trouble 고민, 걱정, 불화, 분쟁, 시끄러운 일, 트러블

연·습·문·제 27

다음 문장을 해석하시오.

(1) My brother who lives in Busan is a teacher.
(2) My brother Sejin, who lives in Busan, is a teacher.
(3) Do you know anyone who speaks English very well ?
(4) He lent me a novel, which I found very interesting.
(5) She has three sons who are teachers.
(6) She has three sons, who are all teachers.
(7) I met the boatman who had rowed me over the ferry.
(8) I met a boatman, who rowed me over the ferry.
(9) There were few passengers who escaped without serious injury.
(10) There were few passengers, who escaped without serious injury.
(11) He loved Linda, who did not love him.
(12) I will lend you this book, which is interesting.
(13) I used to stay at the hotel which stood on the hill.

  (7) * boatman 사공   * row (배로) 저어 나르다   * row me over the ferry 노를 저어 나를 저쪽 나루터로 건네주다   * ferry 나루터, 나룻배   (9) * passenger 여객, 승객, 선객   * escape 피하다, 달아나다, 도주하다   * serious [sí(:)riəs] 심각한, 중대한, 진지한   * injury 부상   (11) ※ who = but she   (12) ※ which = as it

(14) I used to stay at the hotel, which was destroyed by a fire last night.
(15) He arrived an hour late, which annoyed me very much.
(16) We went to Busan, where we stayed two days.
(17) July, when we have much rain, is an important month.
(18) Finland, where he spends his holidays, has lots of lakes.
(19) Finland, which has lots of lakes. was historically a part of Sweden.
(20) The ship, which was made of wood, was set on fire by explosion.
(21) Her father, who is in Tokyo on business, will come back home tomorrow.
(22) What`s the name of the place where you spent your holiday ?
(23) We got to a farm-house, where we spent the night.
(24) There is one road to peace and that is truth, which follow ye!

  (14) ※ which = and it   * destroy 파괴하다   (15) * annoy 짜증나게 하다   (18) * Finland [fínlənd] 핀란드 (수도는 Helsinki)   * lots of 많은   (20) * wood 목재   * made of wood 목재로 만들어진   * set on fire 불이 붙다   * explosion 폭발   * by explosion 폭발로   (21) * on business 사업상   (23) * farm-house 농가   (24) * peace 평화   * follow 뒤따르다, 추종하다, (길 따위를) 따라서 나아가다   ※ ye = you / which follow ye! = and you follow it!

연·습·문·제 28

다음 우리말을 영어로 말하시오.

(1) 나는 톰이 권한 가족끼리 운영하는(family-run) 호텔에 투숙했다(stay at) ※ recommend me to ~
(2) 나는 가족끼리 운영하는 호텔에 투숙했는데 톰이 그 호텔을 권했다. ※ which Tom ~
(3) 나는 톰이 투숙하고 있는 호텔에 투숙했다. ※ where를 사용함
(4) 이웃에 사는 그 여인은 간호사이다. ※ next door
(5) 나의 친구 홍기는(Hong-gi)는 강릉에 사는데 교수이다. ※ professor
(6) 그녀는 너의 형이 반했던 가수이다. ※ fall in love with
(7) 너의 형은 그 가수에게 반했는데, 그녀는 고혹적인 여인의 매력을 (the alluring look of a woman) 지녔기 때문이다.   ※ , who had ~
(8) 우리가 숨바꼭질을 한 그 집은 나무로 둘러싸여 있다. ※ play hide-and-seek
(9) 내가 어제 방문한 그 집은 나무로 둘러싸여 있다. ※ be surrounded with
(10) 그녀는 다시 결혼했다. 그것이 모든 사람을 놀라게 했다.   ※ surprise   ※ get married
(11) 제인은 아버지가 영국에 출장 중인데 가수 지망생이다.   ※ on business, ※ would-be
(12) 앤은 자녀들이 종일 학교에 있기 때문에 직업을 구하는 중이다. ※ at school ※ try to get
(13) 나는 머리가 허리(waist)까지 내려온 한 처녀를 보았다. ※ come down to her neck
(14) 나는 한 매력적인 처녀를 보았는데 머리가 허리까지 내려왔었다. ※ a girl, whose hair
(15) 나는 어제 너를 비방한 그 운전사를 네가 용서해주기 바란다. ※ speak ill of ~ ※ forgive
(16) 나는 누나가 너를 좋아하는 소년을 우연히 만났다(came across). ※ whose sister likes you
(17) 나는 한 나그네를 만났는데 그가 나에게 서울역 가는 길을 물었다. ※ traveler ※ meet with
(18) 나는 세 명의 나그네를 만났는데 그 중의 하나는 미국인이었다. ※ one of whom
(19) 나는 제인에게 꽃을 주었다. 그것이 그녀를 왈칵 울게 했다. ※ make her burst into tears
(20) 그는 맥주마시기를 좋아하는데 그것으로 그는 뚱뚱해 질것이다. ※ make him grow fat
(21) 나는 그 공을 톰에게 던졌다. 톰은 그것을 앤에게 던졌다. ※ throw the ball to ~
(22) 지하 저장실에 있는 포도주는 상해버렸다. ※ go bad ※ cellar
(23) 그 포도주는 지하 저장실에 있는데 상해버렸다. ※ has gone bad
(24) 그 시계는 13번을 쳤다. 그것이 모든 사람을 웃겼다. ※ strike thirteen
(25) 그 차는 핸드브레이크가 믿을만하지 못했는데(was not very reliable) 뒤로 밀리기 시작했다(began to slide backwards).   ※ whose hand brake

LESSON 2

연·습·문·제 29

다음 문장을 해석하시오.

(1) A laborer is one who works with his hands; an artisan is one who works with his hands and head; an artist is one who works with his hands, his head, and his heart.	* laborer 노동자 * artisan [ɑ:tǐzən] 기능공, 장인(匠人) * artist 예술가 * heart 심장, 가슴, 감정, 마음, 애정, 인정 * one who = ~하는 사람
(2) Everyone who saw me or heard of me had good things to say about what I had done. When the poor cried out, I helped them; I gave help to orphans who had nowhere to turn. (욥 29:11)	* hear of ~에 대하여 듣다　* cry out 큰 소리로 울다, 통곡하다　* orphan 고아 * have nowhere to turn 의지할 곳이 아무 데도 없다　* have good things to say 좋은 이야기 거리가 많다
(3) That is the fate of the man who shakes his fist at God and defies the Almighty. That man is proud and rebellious; he stubbornly holds up his shield and rushes to fight against God.	* fate 운명　* shake one's fist 주먹을 휘두르다　* fist 주먹　* defy [difái] 반항하다, 저항하다　* almighty 전능한　* the Almighty 전능한 신　* rebellious 반항적인 * stubbornly 완강하게　* shield 방패 * rush 돌진하다
(4a) The way in which we write a language is not always exactly the same as the way in which we speak it. (4b) Cemetery is a place where dead people's bodies or their ashes are buried. (4c) He conceives of society as a jungle where only the fittest survive.	* language 언어　* not always 항상 ~하는 것은 아니다　* exactly 정확하게　* cemetery 공동묘지　* body 시체　* ashes 재, 유골　* bury 매장하다　* conceive (감정, 의견 따위를) 마음에 품다, 상상하다　* society 사회　* jungle 밀림, 정글　* the fit 건강이 좋은, 튼튼한 / the fittest 가장 튼튼한 자　* the survival of the fittest 적자생존 * survive 살아남다
(5) Atlanta was so beautiful that many men wanted to marry her. She promised that she would marry the first who could outrace her, but that the ones who failed would be killed. In spite of this penalty many young men tried to race against her. All were put to death.	* Atlanta 여신(女神)의 이름　* promise 약속하다　* outrace 달리기에서 이기다, 달리기에서 앞서다　* in spite of ~에도 불구하고, ~을 아랑곳하지 않고 * penalty 불리한 조건, 벌, 응보(應報), 형벌 * race against ~와 달리기 시합하다 * be put to death 죽임을 당하다

(6) There is a lovely flower called the pansy, which grows in gardens. And there is a fairy tale that tells where the pansy came from in the first place. The story tells about a wicked queen who was angry because her son, the prince, wanted to marry a beautiful girl who worked in the castle kitchen.	* lovely 아름다운, 애정을 우러나게 하는 * pansy 팬지, 삼색제비꽃 * fairy tale 동화 * in the first place 제1로, 최초에 * wicked [wíkid] 못된, 악한, 불쾌한 * castle [kǽsl / ka:sl] 성(城), 대저택 * kitchen 부엌
(7) With Marco's help, map makers drew maps showing the new places that Marco had seen. Marco wrote a book about the wonderful and often dangerous places he had visited. But he said he could never tell all the things he had seen and done - because the world would never believe him!	* map 지도 * map maker 지도 제작자 * draw - drew - drawn 그리다 * Marco 마르코폴로 (동방견문록를 썼음) * believe him 그의 말을 믿다 * would never 절대로 ~하려고 하지 않았다
(8) Long ago, Indians liked to live along riverbanks where they could catch plenty of fish to eat. But when the settlers built the first dams, the fish could no longer travel in the river to where the Indians lived.	* long ago 오래 전에 * plenty of 많은 (= a lot of) * riverbank 강둑 * settler 정착민, 개척자 * no longer 이제는 ~하지 않다 * travel 이동하다, 돌아다니다
(9) Who may worship on your sacred hill? A person who obeys God in everything and always does what is right, whose words are true and sincere, and who does not slander others. He does no wrong to his friends nor spread rumors about his neighbors. He despises those whom God rejects, but honors those who obey the Lord.	* worship 경배하다, 예배하다 * sacred [séikrid] 신성한, 신성시되는 * person 사람, 녀석, 인체, 인물, 인격 * sincere [sinsíə] 성실한, 양심적인 * slander 비방하다 * rumor 소문 * neighbor 이웃(사람) * despise 멸시하다, 깔보다 * reject 거절하다 * honor 존경하다
(10) I went to such rural areas where children couldn`t write their names, where they were in schools for an hour or two hours a day, and implementing youth groups wasn`t the thing they needed the most.	* rural 시골의, 지방의 * such 그러한 * area 지역, 지방 * implement ~에 도구 수단을 주다, (약 속 따위를) 이행하다, (조건 등을) 채우다

LESSON 3

LESSON 3
-ing, -ed, -en (분사와 분사구문)

『-ing + 명사』와 『-ed/ -en + 명사』 01

「-ing + 명사」에서 ing는 「~하고 있는」이라는 뜻을 가지고 있고 「-ed/-en + 명사」에서 -ed/-en은 「~한, ~된」이라는 뜻을 가지고 있다.

-ing + 명사		뜻	-ed, -en + 명사		뜻
fall**ing**	leaves	떨어지고 있는 잎들	fall**en**	leaves	떨어진 잎들
runn**ing**	water	흐르고 있는 물	a brok**en**	window	깨진 창문
cheer**ing**	crowds	열광하고 있는 군중들	a reserv**ed**	seat	예약된(한) 좌석
fad**ing**	flowers	시들고 있는 꽃들	fad**ed**	flowers	시든 꽃들

주의 ing에는 「~하고 있는」이라는 뜻 외에 「~하기 위한, ~용」이라는 뜻도 있다. 전자를 현재분사라 부르고 후자를 동명사라 부른다.

현재분사		뜻	동명사		뜻
a sleep**ing**	baby	잠자고 있는 아기	a sleep**ing**	pill	잠자기 위한 알약 (수면제)
a wait**ing**	train	기다리고 있는 기차	a wait**ing**	room	기다리기 위한 방 (대기실)
danc**ing**	flowers	춤추고 있는 꽃들	danc**ing**	shoes	춤추기 위한 신발 (무용화)
the sett**ing**	sun	지고 있는 태양	a sew**ing**	machine	바느질하기 위한 기계 (재봉틀)

- 기다리고 있는 기차 = 대기중인 기차
  그 외 : working conditions (동명사) 작업조건 즉, 일하기 위한 조건
  working men and women (현재분사) 작업 중인 남녀, 즉, 일하고있는 남녀
- a dancing girl은 강세에 따라 뜻이 달라진다.
  a dancing gírl (현재분사) = 춤추고 있는 소녀 / a dáncing girl (동명사) = 무희

명사 + -ing / 명사 + -ed, -en   02

(1-a) (1-b) (1-c)를 비교해 보자. (1-b)와 (1-c)는 동일한 뜻을 가지고 있다.

(1-a)	The farmer		needs	a car.	<그 농부는 차가 필요하다>
(1-b)	the farmer	who	needs	a car	<차가 필요한 그 농부>
(1-c)	the farmer		needing	a car	<차가 필요한 그 농부>

아래의 예문 중에서 (b)와 (c)는 모두 똑같은 뜻을 가지고 있다.

(2-a)	The way		leads	to the station.	<그 길로 가면 역이 나온다>
(2-b)	the way	which	leads	to the station	<역으로 가는 길>
(2-c)	the way		leading	to the station	<역으로 가는 길>

(3-a)	The man		is waiting	for a bus	<그 사람은 버스를 기다리고 있다>
(3-b)	the man	who	is waiting	for a bus	<버스를 기다리고 있는 그 사람>
(3-c)	the man		waiting	for a bus	<버스를 기다리고 있는 그 사람>

(4-a)	The mountain		is covered	with snow.	<그 산은 눈으로 덮여있다>
(4-b)	the mountain	which	is covered	with snow	<눈으로 덮여있는 그 산>
(4-c)	the mountain		covered	with snow	<눈으로 덮여있는 그 산>

(c)를 가지고 다음과 같이 문장을 만들 수 있다.

(5-a) <u>The farmer needing a car</u> works very hard to make money.
        (1-c)
(5-b) Is this <u>the way leading to the station</u> ?
              (2-c)
(5-c) <u>The man waiting for a bus</u> lost his temper.
          (3-c)
(5-d) Look at <u>the mountain covered with snow.</u>
                        (4-c)

(5-a)= 차가 필요한 그 농부는 돈을 벌기 위하여 열심히 일한다.   (5-b)= 이것이 정거장으로 가는 길이냐?
(5-c)= 버스를 기다리고 있는 그 사나이는 울화통이 터졌다.   (5-d)= 눈으로 덮여있는 산을 보아라.

동사 + -ing   03

(A) 동시에 벌어지는 2개의 행동은 『동사 + -ing』로 나타낸다. 다음 문장을 비교해 보자.

		①	②		
(6-a)=	He	was	reading	a book.	<그는 책을 읽고 있었다.>
(6-b)=	He	sat	reading	a book.	<그는 앉아서 책을 읽고 있었다.>

②의 자리에 과거분사가 오는 문장도 있다.
He sat surrounded by his children. <그는 자녀들에 의하여 둘러싸여 앉아있었다>

①의 자리에 stand, lie, walk, come, run, go away, drive, 등을 사용할 수 있다.

(6-c)	He	stood	gazing	at the scene.	<그는 서서 유심히 그 장면을 보고 있었다>
(6-d)	He	walked	singing	merrily.	<그는 즐겁게 노래하면서 걸었다>
(6-e)	He	lay	reading	a book.	<그는 누워서 책을 읽고 있었다>
(6-f)	He	came	running	into the office.	<그는 사무실 안으로 뛰어 들어왔다>
(6-g)	He	walked	whistling	to his dog.	<그는 개를 휘파람으로 부르면서 걸었다>
(6-h)	They	stood	waving	in the road.	<그들은 길 가운데 서서 손을 흔들고 있었다>
(6-i)	They	ran	screaming	for help.	<그들은 달리면서 도와달라고 비명을 질렀다>

(B) go -ing <~하러 가다>

keep (on) -ing	계속 ~하다
be busy -ing	~하느라 바쁘다
spend (waste) + 명사 + -ing	~하는데 ~을 쓰다 (허비하다)

go	swimming	수영하러 가다	keep (on)		reading	계속 독서하다
go	hunting	사냥하러 가다	keep (on)		standing	계속 서있다
go	shopping	쇼핑하러 가다	be busy		packing	포장하느라 바쁘다
go	riding	말 타러 가다	be busy		fixing	수선하느라 바쁘다
go	skiing	스키 타러 가다	spend	a month	traveling	여행으로 한 달을 보내다
go	sailing	항해하러 가다	spend	the money	buying	~사는데 그 돈을 쓰다
go	driving	드라이브 가다	waste	two hours	trying	~하느라 2시간을 허비하다
go	jogging	조깅하러 가다	come		dancing	춤추면서 오다

연·습·문·제 30

다음 문장을 해석하시오.

(1) A drowning man will catch at a straw.   * drowning 물에 빠져 허우적거리는
(2) Man is born crying, lives complaining, and dies groaning.
   * straw 지푸라기, 빨대   * complain 불평하다   * groan 신음하다
(3) She remained standing for some time.   * for some time 잠시 동안
(4) They all sat keeping warm by the fire.   * keep warm 몸을 녹이다   * fire 불
(5) A wounded soldier lay bleeding.   * wounded 부상당한   * bleed 피를 흘리다
(6) A burnt child dreads the fire.   * burnt 불에 덴   * dread 무서워하다
(7) The birds came hopping about the windows.   * hop 깡쫑 뛰다   * about 이리저리
(8) He is a walking dictionary.   * dictionary 사전
(9) Don't wake the sleeping baby.   * wake (잠을) 깨우다
(10) She admired the picture painted by her son.   * admire 감탄하다, 칭찬하다,
(11) The village lies sleeping.   * lie 있다, 누워있다
(12) The ground is covered with fallen leaves.   * ground 땅, 지면   * escape 달아나다
(13) The police are searching for an escaped prisoner.   * search 수색하다   * prisoner 죄수
(14) Do you know the retired school master?   * retired 은퇴한   * school master 교장
(15) I wasted three hours trying to repair the car.   * waste 허비하다, 낭비하다
(16) The student sitting under the tree is my cousin.   * cousin 사촌   * gather 모으다, 모이다
(17) A rolling stone gathers no moss.   * rolling 굴러가고 있는   * moss 이끼
(18) An escalator is a moving staircase.   * escalator 에스컬레이터   * staircase 계단
(19) I am afraid of the dog barking fiercely.   * bark (개가) 짖다   * fiercely 사납게
(20) She kept standing in the train all the way.   * all the way 그 먼 길을 내내
(21) My father goes fishing every Sunday.   * go fishing 낚시질하러 가다
(22) She stood there smiling on me.   * smile on me 나에게 미소를 보내다
(23) She came dancing with a hat on, beaming upon me.   * beam upon me 나에게 방긋 웃다
(24) I used to spend much time preparing my lessons.   * prepare 준비하다   * lesson 수업, 교훈
(25) I am busy preparing for the picnic.   * picnic 소풍, 들놀이

연·습·문·제 31

아래의 문장을 영작하시오.

(1) 제인은 빨래하느라 눈코 뜰 새 없다. ※ do (her) washing
(2) 그들은 파티 준비하느라 바쁘다. ※ prepare for the party
(3) 그는 달려서 왔다. ※ come - ing
(4) 그녀는 춤추면서 왔다. ※ come - ing
(5) 그는 누워서 텔레비전을 보고 있었다. ※ lie - ing   ※ watch TV
(6) 그는 앉아서 담배를 피우고 있었다. ※ sit - ing   ※ smoke
(7) 너 우리들과 함께 낚시질하러 가지 않겠니? ※ come fishing   ※ Would you ~
(8) 그는 허둥지둥 계단을 뛰어내려 왔다. ※ hurry downstairs
(9) 나의 어머니는 앉아서 바느질을 하고 있었다. ※ sew 바느질하다
(10) 그녀는 그 쿠션에 기대고 앉아있었다. ※ lean on the cushion
(11) 너 지난 일요일 쇼핑하러갔느냐? ※ go shopping
(12) 그는 휘파람으로 개를 부르면서 걸었다. ※ whistle to his dog
(13) 그들은 서서 불구경을 하고 있었다. ※ look on the fire

(14) 그는 아무한테도 들키지 않고 들어왔다. ※ unnoticed
(15) 그는 앉아서 생각에 젖어있었다. ※ buried in thought
(16) 그는 보디가드들에 둘러싸여 서있었다. ※ surrounded by his bodyguards
(17) 소풍 준비하느라 바쁘기는 하지만 수영하러 갑시다. ※ go -ing   ※ being busy -ing
(18) 그녀는 옷을 사는데 그 돈을 다 써버렸다. ※ buy clothes
(19) 나는 숙제하느라 3시간을 보냈다. ※ spend + 명사 - ing
(20) 그는 계속해서 신호를 보냈다. ※ make a signal
(21) 그녀는 누워서 찬미가를 흥얼거리고 있었다. ※ hum a hymn
(22) 그 밭에서 일하고 있는 농부는 나의 아버지입니다. ※ in the garden
(23) 휴식이 필요한 사람은 휴식하는 것이 좋다. ※ anyone needing ~   ※ take a rest
(24) 나무 밑에서 너를 기다리고 있는 사람이 누구냐? ※ who is ~
(25) 어머니한테 방금 꾸중들은 그 소녀는 앉아서 흐느끼고 있었다.   ※ scold 꾸짖다   ※ sob 흐느끼다

동사 + 목적어 + 분사　04

(A) B_1과 B_2의 관계가 능동태이면 B_2의 자리에 -ing나 「to 부정사」나 「동사의 원형」을 사용하고 B_1과 B_2의 관계가 수동태이면 B_2의 자리에 과거분사를 사용한다. ☆ B_1이 B_2의 행동을 하면 능동태이고 B_1에게 B_2의 행동이 가해지면 수동태이다.

	A_1	A_2	B_1	B_2	
(7-a)	I	found	him	watching	somebody.
(7-b)	I	found	him	watched	by somebody.

(7-a)= 나는 그이가 누군가를 감시하고 있다는 것을 깨달았다.
(7-b)= 나는 그이가 누군가의 감시를 받고 있다는 것을 깨달았다.

- (7-a)에서 him watching은 He was watching somebody의 관계이고
  (7-b)에서 him watched는 He was watched by somebody의 관계이다.

	A_1	A_2	B_1	B_2	
(8-a)	I	saw	him	locking	the door.
(8-b)	I	saw	the door	locked .	

(8-a)= 나는 그이가 그 문에 자물통을 채우고 있는 것을 보았다.
(8-b)= 나는 그 문에 자물통이 채워져 있는 것을 보았다.

- (8-a)에서 him locking은 He was locking the door의 관계이고
  (8-b)에서 the door locked는 The door was locked by somebody의 관계이다.

위의 문형에는 A_2의 자리에 흔히 오는 동사는

① 신체로 지각하는 뜻을 지닌 동사와　② catch, find, leave 이다.
신체로 지각하는 동사 : see, look at, watch, notice, hear, listen to, feel, smell

	A_1	A_2	B_1	B_2	
(9-a)	He	wanted	me	to shorten	the suit.
(9-b)	He	wanted	the suit	(to be) shortened	

(9-a)= 그는 내가 그 옷을 줄여주기를 바랐다.
(9-b)= 그는 그 옷이 줄여지기를 바랐었다. (to be는 생략할 수 있다)

(B) 주어 + have + 명사 + 과거분사
아래의 문형에서 have를 ⓐ <당하다>라고 해석하는 경우와 ⓑ <시키다, ~되도록 만들다>라고 해석하는 경우가 있다.

ⓐ <당하다>라는 뜻이 들어있는 경우

		당하다	사물	과거분사	
(10-a)	He	had	his leg	broken.	
(10-b)	I	had	my pocket	picked	in the train.
(10-c)	Tom	had	his wallet	stolen.	
(10-d)	Tom	has had	his license	suspended	for reckless driving.

(10-a)= 그는 다리가 부러졌다. (다리가 부러짐을 당했다는 뜻)
(10-b)= 나는 기차 안에서 소매치기 당했다.
(10-c)= 톰은 지갑을 도난당했다.
(10-d)= 톰은 난폭 운전으로 면허를 정지당했다.

ⓑ <시키다>라는 뜻이 들어있는 경우

아래의 일들은 자기가 직접 하지 않고 남에게 시키는 일들이다. 돈을 주고 시키는 경우가 많다. <시키다>는 뜻일 경우에는 have대신에 get를 사용해도 된다.

		시키다	사물/사람	과거분사	
(11-a)	I	had	my hair	cut	yesterday.
(11-b)	I	have had	my photo	taken	at the photo studio.
(11-c)	I	had	my car	fixed	yesterday.
(11-d)	Jane	had	her fortune	told	yesterday.
(11-e)	Tom	had	a bad tooth	taken	out just now.
(11-f)	He	has	his house	painted	every year.

(11-a)= 나는 어제 이발했다. (머리카락이 깎이도록 시켰다는 뜻)
(11-b)= 나는 그 사진관에서 사진을 찍었다. (사진이 찍히도록 시켰다는 뜻)
(11-c)= 나는 나의 차를 어제 수리했다. (수리해 받았다는 뜻)
(11-d)= 제인은 어제 점을 쳤다. (운명이 말해지도록 점쟁이에게 시켰다는 뜻)
(11-e)= 톰은 방금 충치를 뽑았다. (충치를 뽑도록 치과의사에게 시켰다는 뜻)
(11-f)= 그이는 해마다 자기의 집에 페인트칠한다. (업자에게 시킨다는 뜻)

연·습·문·제 32

( )안의 동사를 알맞게 고치시오.

(1) She had a big cake (make) for the party. ※ cake가 만들어지니까 (답은?)
(2) When did you have your hair (cut)? ※ 머리가 깎이니까 (답은?)
(3) You must have the bad tooth (pull) out. ※ 이가 뽑히니까 (답은?)
(4) I don't like such subjects (discuss). ※ subject 주제 ※ discuss 토의하다
(5) Can you make yourself (understand) in English? ※ 너의 생각이 이해되도록 하다
(6) Never keep a lady (wait). ※ keep 유지하다, 지키다
(7) I didn't hear my name (call). ※ 이름이 부르나? 불리어지나?
(8) You must have your wife (examine) by the doctor. ※ 부인이 검진하는가? 받는가?
(9) I must get the curtain (wash). ※ 커튼이 세탁됨
(10) I felt the house (tremble). ※ tremble 떨리다
(11) I found him (wound). ※ 그이가 부상당했으니까 답은?
(12) I saw her (knit) wool into stockings. ※ knit 뜨개질하다 ※ wool 털실
(13) When did you have your car (repair)? ※ 차가 수리하는가? 수리되는가?

(14) I could smell trouble (come). ※ trouble 골치 아픈 일
(15) I like the egg (boil). ※ boil 끓이다
(16) I caught a boy (steal) flowers from the garden. ※ catch 포착하다 ※ steal 훔치다
(17) I had my house (break) into last night. ※ break into 침입하다
(18) I want him (plant) trees in the garden.
(19) I found him (plant) trees in the garden. ※ 그이가 심고 있으니까 답은?
(20) I caught him (read) my diary. ※ 그이가 읽고 있고 있으니까 답은?
(21) I told him (read) the book.
(22) All parents like to have their children (praise). ※ 자녀가 칭찬을 받으니까 답은?
(23) I had my left leg (hurt) in the accident. ※ hurt 다치게 하다
(24) I found a page (rip) out of the book. ※ rip 찢다
(25) I found him (rip) a page out of the book. ※ page (책, 신문 등의) 페이지

분사구문   05

지금부터 배울 각 쌍의 문장은 동일한 뜻을 가지고 있다.

A. 『when/ while/ as + 주어』인 경우

(12-a) When he | arrived | at the station, | he | found his train gone.
(12-b) | Arriving | at the station, | he | found his train gone.

<그는 정거장에 도착했을 때 자기가 타고 갈 기차가 이미 떠나버린 것을 알았다>

《규칙 1》 접속사를 버린다.
《규칙 2》 주절의 주어와 종속절의 주어가 동일하면 종속절의 주어를 생략한다.
《규칙 3》 종속절에 있는 동사를 현재분사로 고친다.

이제부터 열거하는 문장에서 (b)에 유의하기 바란다.

B. 『though + 주어 + 동사 ~』인 경우

(13-a) Though he | was | disappointed, | he | tried again.
(13-b) | Being | disappointed, | he | tried again.

<그는 실망했지만 그래도 다시 한 번 시도해보았다>

C. 『if + 주어 + 동사~』인 경우

(14-a) If you | turn | to the left, | you | will find the police station.
(14-b) | Turning | to the left, | you | will find the police station.

<왼쪽으로 돌아가면 경찰서가 나올겁니다>

D. 『because 주어 + 동사 ~』인 경우

(15-a) Because I | was | tired, | I | went to bed early.
(15-b) | (Being) | tired, | I | went to bed early.

<나는 피곤해서(=피곤하기때문에) 일찍 잠자리에 들었다>

100 • LESSON 3

E. 종속절에 2개의 동사가 있으면 첫 번째 동사를 현재분사로 고친다.

(16-a)	Because	I	have lost	my passport,	I must apply for a new one.
(16-b)			Having lost	my passport,	I must apply for a new one.

<나는 여권을 잃어버렸으므로 새 여권을 신청하지 않으면 안 된다>

F. (1) 종속절의 동사가 진행형이면 being을 버린다.
   (2) 종속절의 동사가 수동태이면 일반적으로 being을 버린다.

(17-a)	Though	I	am	sitting	here in the sun,	I still feel cold.
(17-b)			(Being)	Sitting	here in the sun,	I still feel cold.

<나는 이곳 양지에 앉아있지만 그래도 한기(寒氣)를 느낀다>

※ Being sitting에는 -ing이 2개 있으므로 Being을 버린다.

(18-a)	If	we	are	united,	we stand;	if we are divided,	we fall.
(18-b)				United,	we stand;	divided,	we fall.

<뭉치면 살고, 흩어지면 죽는다> ※ divide [diváid] 나누다, 분할하다, 분열시키다, 갈라놓다

G. 접속사를 생략하지 않아도 된다.

(19-a)	Although	I	had expected	the news,	I was greatly shocked.
(19-b)	Although		having expected	the news,	I was greatly shocked.

<그 소식을 예상은 하고 있었지만 나는 크게 충격을 받았다>

(20-a)	While	I was	going	to school,	I had my pocket picked.
(20-b)	While		going	to school,	I had my pocket picked.

<나는 학교에 가다가(=가는 동안에) 소매치기를 당했다>

※ being이 『존재한다』는 뜻이 아닌 경우에는 언제나 생략할 수 있다.
   보기: (Being) Poor, he is happy. 가난하지만 그는 행복하다.
         Being in great need, he is happy. 매우 궁색하지만 그는 행복하다.
   두 번째 문장의 being은 존재한다는 뜻이므로 생략할 수 없다.

(21-a), (21-b), (21-c), (21-d)를 분사구문으로 전환하면 (21-e)가 된다.

(21-a)	After	I		talked	to you,	I felt better.
(21-b)	When	I		talked	to you,	I felt better.
(21-c)	Because	I		talked	to you,	I felt better.
(21-d)	While	I	was	talking	to you,	I felt better.
(21-e)				Talking	to you,	I felt better.

(21-a)= 너에게 말한 뒤에 나는 마음이 더 홀가분해졌다.
(21-b)= 너에게 말할 때는 나는 마음이 더 홀가분해졌다.
(21-c)= 너에게 말했기 때문에 나는 마음이 더 홀가분해졌다.
(21-d)= 너에게 말을 하는 동안에는 나는 마음이 더 홀가분해졌다.
(21-e)는 독자에 따라 任意(임의)로 해석할 수 있다.

대개의 분사구문은 뜻이 명확하지만 명확하지 않은 것도 있다. 이점이 분사구문의 단점(短點)이자 장점(長點)이다. 뜻을 명확하게 전달하고자 할 때는 접속사를 생략하지 않는다.

H-1. 하나의 행동이 끝남과 동시에 또 하나의 행동이 잇달아 일어나면 2개의 행동 중에 어느 하나는 ing형으로 해야 한다. 다시 말하면 and대신에 -ing형을 취할 수 있다.

He	took	out a note from his wallet,	and (he)	slammed	it down on the table.
He	took	out a note from his wallet,		slamming	it down on the table.
	Taking	out a note from his wallet,	he	slammed	it down on the table.

위 2개의 문장: 그는 지갑에서 지폐 한 장을 꺼내어 탁자 위에 쾅하고 놓았다.
아래의 문장: 그는 지갑에서 지폐 한 장을 꺼낸 뒤에 그것을 탁자위에 쾅하고 놓았다.

H-2. 어떤 일의 결과를 -ing로 나타낼 수 있다.

| It rained | all the time, | and it | completely | ruined | our holiday. |
| It rained | all the time, | | completely | ruining | our holiday. |

<줄곧 비가 내렸고 그 비로 우리들의 휴가는 완전히 엉망이 되어버렸다>

H-3. 2개의 행동이 동시에 벌어지면 정보가치를 줄이고 싶은 쪽을 분사구문화 한다.

| He was reading, | and | his wife | was | sewing beside him. |
| He was reading, | (with) | his wife | | sewing beside him. |

<그는 독서하고 있었고 그의 부인은 옆에서 바느질하고 있었다>

H-4. 부수적으로 곁들인 행동은 분사로 처리한다. 예를 들면 다음의 보기에서 행동 (b)는 행동 (a)에 곁들인 부수적인 사항이다.

(22-a) 그는 환하게 <u>웃으면서</u> 나와 <u>악수했다</u>.
　　　　　　　　　(b)　　　　　(a)

(22-b) 그는 <u>다리를 꼬고</u> <u>앉아있었다</u>.
　　　　　　(b)　　　　(a)

(22-c) 그녀는 <u>눈을 감고</u> <u>노래했다</u>.
　　　　　　　(b)　　　(a)

(22-d) 톰은 <u>팔짱을 끼고</u> <u>불구경했다</u>.
　　　　　　(b)　　　　(a)

(22-e) 그녀는 <u>군침을 흘리면서</u> 그 고기를 <u>구웠다</u>.
　　　　　　　(b)　　　　　　　　(a)

위의 문장을 영어로는 다음과 같이 나타낸다. 이 경우에도 주어가 다르면 분사의 주어 앞에 **with**를 쓸 수 있다. 침을 흘리는 행위는 자율신경의 작용이므로 능동태로 나타내고 「팔짱을 끼고, 눈을 감고, 다리를 꼬고」는 능동과 수동 2가지로 나타낼 수 있다.

(22-a)= <u>Smiling</u> brightly, he shook hands with me.
　　　　　(b)

(22-b)= He was sitting <u>with his legs crossed</u> (또는, crossing his legs).
　　　　　　　　　　　　　　(b)

(22-c)= She sang <u>with her eyes closed</u> (또는 closing her eyes).
　　　　　　　　　　　(b)

(22-d)= Tom looked on the fire <u>with his arms folded</u> (또는, folding his arms).
　　　　　　　　　　　　　　　　　(b)

(22-e)= She roasted the meat <u>with her mouth watering</u>.
　　　　　　　　　　　　　　　　(b)

　※ with 대신에 콤마(,)를 사용해도 된다.

H-5. 주절의 주어와 종속절의 주어가 다르면 종속절의 주어를 생략할 수 없다.

| (23-a) | Because | Tom | hesitated, | Jane | made the decision. |
| (23-b) | | Tom | hesitating, | Jane | made the decision. |

<톰이 우물쭈물 망설였기 때문에 제인이 결정을 내렸다>

| (24-a) | Because | it | was | cold, | we kept staying at home. |
| (24-b) | | It | being | cold | we kept staying at home. |

<날씨가 추워서 우리들은 줄곧 집안에 있었다>

* **brightly** 밝게, 환하게　　* **cross** 교차시키다, (열십자로) 짜다　　* **decision** 결정, 결심
* **look on** 방관하다, ~을 보다　* **fold** 접다, 접어 포개다　　　　　　* **roast** 굽다
* **water** (입에서) 침이 나오다　* **keep ~ing** 계속해서 ~하다

관용적으로 사용하는 다음의 문장은 주어가 다르지만 주어를 생략한다.

(25-a) **Strictly speaking**, your answer is not correct.
(25-b) **Generally speaking**, man is stronger than woman.
(25-c) **Considering his age**, he looks young.
(25-d) **Judging from the rumor**, he seems to be rich.
(25-e) **Roughly speaking**, your answer is satisfactory.
(25-f) **Seeing that** he is ill, he is unlikely to come.

(25-a)= 엄밀히 말하면 너의 대답은 정확하지 않다.
(25-b)= 일반적으로 말하면 남자는 여자보다 강하다.
(25-c)= 그이의 나이를 생각해보면 그는 젊어 보인다.
(25-d)= 소문으로 판단하건대 그이는 부자인 것 같다.
(25-e)= 대충 말하면 너의 대답은 만족스럽다.
(25-f)= 그이가 몸이 편하지 않다는 것 감안하면 그는 올 것 같지 않다.

- strictly speaking = if we speak strictly
  generally speaking = if we speak generally
  judging from the rumor = if we judge from the rumor
  roughly speaking = if we speak roughly

I. 분사구문은 주절의 어느 부분에 끼어 들어올 수도 있고 주절의 뒤에 올 수도 있다.

Romeo, **believing that Juliet was dead**, decided to kill himself. (문장의 가운데)
<로미오는 줄리엣이 죽었다고 믿고 자살하기로 결심했다>

My train starts at seven, **arriving in Busan at ten** . (문장의 끝에)
<내가 타고 갈 기차는 7시에 출발하여 10시에 부산에 도착한다.>

Climbing the mountain, I hurt my right knee. (문장의 앞에)
<나는 그 산을 오르다가 오른 쪽 무릎을 다쳤다>

J. 하나의 행위가 끝나고 잇달아 또 하나의 행위를 하는 경우

ⓐ 첫 번 째 행위가 짧은 시간에 할 수 있는 일이면 -ing으로 처리하고
ⓑ 상당한 시간이 걸리는 행위이면 『having + 과거분사』로 처리해야한다.

Filling his glass, Tom took a long drink. (* take a long drink 단숨에 꿀꺽꿀꺽 마시다)
<톰은 자기의 잔을 가득 채우고 나서 단숨에 꿀꺽꿀꺽 마셔버렸다> ☞ 잔을 채우는데는 시간이 안걸림
Having finished my work, I went to bed.
<나는 일을 끝내고 잠자리에 들었다> ☞ 일을 끝내는데는 시간이 걸림

연·습·문·제 33

다음 문장을 해석하시오. (having + 과거분사는 그 행동이 먼저 일어났음을 나타낸다.)

(1) Hoping to surprise her, I opened the door very quietly.   * surprise 놀라게 하다
(2) The lights having gone out, we couldn't see anything.   * light 전등
(3) Being young, he was very energetic.   * energetic 활기 있는
(4) He hesitated, not knowing what to do.   * hesitate 망설이다
(5) Not having been informed, we were completely in the dark.
　　　　　　　　　　　　　　　　　　　　* be in the dark 깜깜 절벽이다
(6) Having met very often, we never became friends.   * inform 알리다, 통지하다
(7) My car failing to start, I went by bus.   * fail to start 시동이 안 걸리다
(8) The old woman walked to the lift, assisted by the porter.
　　　　　　　　　　* lift 승강기   * assist 돕다   * porter 사환, 짐꾼
(9) Whistling merrily, he was driving his car.   * whistle 휘파람불다
(10) This agreed, they wound up the meeting.   * wind up 끝마치다
(11) Having eaten his dinner, he rushed out of the house.   * rush 돌진하다, 서두르다
(12) Young men by the dozen came up, asking her to dance.   * by the dozen 십여 명 씩
(13) I sat at work in the room with the window open.   * sit at work 앉아서 일하다
(14) Having made an obvious mistake, he still refused to admit it.
　　　　　　　　　　　　　　　　　　* obvious 명백한   admit 인정하다
(15) There being nothing to do, he was allowed to go home.   * allow 허락하다
(16) Considered as a work of art, the building is a failure.   * a failure 실패작, 실패한 사람
(17) Taking all things into consideration, he was a happy man.   * consideration 생각, 고려
(18) Happening in war time, this would amount to disaster.   * amount to ~에 달하다
　　　　　　　　　　　　　　　　　　　　　　* disaster 재난
(19) Being stupid and having no imagination, animals often behave far more sensibly than man.
　　　　　* stupid 둔한   * imagination 상상력   * behave 행동하다   * sensibly 재치 있게
(20) Weakened by successive storms, the bridge was no longer safe.   * weaken 약하게 하다
(21) Having failed twice, he didn't want to try again.   * successive 연속되는, 계속적인
(22) Being a student, he was naturally interested in good books.   * naturally 당연히
(23) Testified or not, it is fact.   * testify 증명하다

(24) **Not having kept my word**, I was severely punished.   * severely 호되게
(25) **(Being) Hungry and thirsty**, they cried to their mother.   * thirsty 목마른
(26) A car drove past **with smoke pouring** out of the back.   * pour 쏟다, 붓다
(27) **With all the family travelling** in America, the house seems empty.   * empty (속이)빈, 공허한
(28) **When telephoning** Seoul, dial 02 before the number.   * dial 다이얼을 돌리다
(29) **Though beaten and insulted**, we should accept it all. (애가 3:30)
   * insult 모욕을 주다   * accept 받다, 수락하다
(30) **Not feeling** very well, Tom decided to lie down.
(31) **Listening** carefully, he learned a great deal.   * a great deal 매우 많이
(32) **Being** rather busy, I completely forgot the time.   * rather 약간, 좀
(33) **With prices going** up so fast, we can't afford luxuries.
   * price 가격   * luxury 사치품   * can afford -의 여유가 있다
(34) **The day being** fine, we decided to go swimming.
(35) **Opening** the drawer, he took out a revolver.   * drawer 서랍   * take out 꺼내다
(36) **Taking off** our shoes, we crept cautiously along the passage.
   * take off 벗다   * creep 기다   * cautiously 조심스럽게   * passage 통로, 복도
(37) She went out, **slamming** the door.   * slam 쾅 닫다
(38) He fired, **wounding** one of the bandits.   * bandit 산적, 강도, 무법자
(39) **Judged** by the usual standard, he is a failure.   * judge 판단하다   * standard 기준
(40) **Holding** the rope with one hand, he stretched the other to the boy in the water.
   ※ the other = the other hand 또 한 손   * rope 밧줄   * stretch 쭉 뻗다, 벌리다, 펴다
(41) **Once opened**, the contents should be consumed within two days.
   * content 내용, 안에 든 것   * consume 다 써버리다
(42) **Taken** daily, vitamin pills can improve your health.
   * daily 날마다   * pill 알약   * improve 발달(발전)시키다
(43) We plan to eat outside, **weather permitting**.   * outside 외부에서, 바깥에서
(44) **Left** to itself, the baby began to cry.
(45) **If arrested** for demonstration, call your lawyer at once.

* revolver 권총   * wound 부상을 입히다   * fire 발사하다   * hold 붙잡다
* within ~이내로,~의 안쪽에   * vitamin 비타민   * permit 허락하다   * left to itself 혼자 남다
* arrest 체포하다   * demonstration 시위, 데모   * lawyer 변호사

연·습·문·제 34

아래의 문장을 영작하시오.

(1) 그는 계단을 오르다가 굴러 넘어졌다. ※ come up the steps ※ fall over
(2) 나는 피곤해서 일찍 잠자리에 들었다. ※ go to bed early
(3) 그는 배구하다가 발이 접질렸다. ※ have a strain in a leg ※ play volleyball
(4) 나는 일을 끝내고 (끝낸 후에) 집에 갔다. ※ finish the work
(5) 나는 그이의 이웃에 사는데도 그를 보는 일이 거의 없다. ※ live next door, ※ seldom see
(6) 그는 호주머니에서 열쇠를 꺼내어 문을 열었다. ※ take the key out of
(7) 그는 잔을 채우더니 단숨에 꿀꺽꿀꺽 마셔버렸다. ※ take a long drink ※ fill
(8) 우리들은 모든 사람에게 차 심부름을 하면서 동분서주했다. ※ rush about, ※ serve tea to
(9) 나는 어찌할 바를 몰라서 경찰에게 전화 걸었다. ※ know what to do ※ call
(10) 그 그림이 정품이면 1만 달러의 값어치가 있을 것이다. ※ if genuine, ※ be worth ~
(11) 일반적으로 말하면 여자는 수다 떨기를 좋아한다. ※ like gossiping
(12) 그녀는 문을 쾅 닫고 나갔다. ※ slam the door
(13) 나는 몸이 아파서 집에 머물러있었다. ※ stay at home ※ be sick (ill) ※ feel sick, is ill

(14) 오른쪽으로 돌아가면 그 학교가 나올 겁니다. ※ turn to the right ※ find the school
(15) 동경에 머물고 있는 동안 나는 친구 한 분을 만났다. ※ while staying in Tokyo
(16) 다리를 꼬고 앉지 마시오. ※ with your legs crossed
(17) 나는 버스에서 내리다가 미끄러져 넘어졌다. ※ get out of a bus, ※ slip
(18) 나는 텔레비전을 보다가 잠이 들었다. ※ fall asleep, ※ watch TV
(19) 그들은 식사를 한 후에 여행을 계속했다. ※ have dinner ※ resume ※ journey
(20) 나는 그이의 주소를 몰랐기 때문에 그이와 연락이 두절되었다. ※ was not able to contact
(21) 그들은 쓰레기를 강에 버려 모든 물고기를 죽게 했다. ※ dump waste into ~ ※ kill all the fish
(22) 그는 젊기 때문에 원기가 왕성하다. ※ be energetic
(23) 그는 그들 모두 중에서 가장 부유하지만 결코 행복하지 않다. ※ is the richest of all
(24) 그녀는 외국인이므로 매운 김치에 익숙하지 않다. ※ is used to (eating) ~
(25) 엄밀히 말하면 그이는 예술가가 아니다. ※ strictly speaking, ※ artist

연·습·문·제 35

다음 문장을 해석하시오.

(1) At first the sun's ray may be used as the second source of energy. But, given certain conditions, it can become the main source.
- at first 처음에는 * ray 광선
- certain 어떤 * condition 조건
- main 가장 중요한

(2) Screaming, cursing, and praying, laughing, singing, and moaning, they rushed past side by side.
- scream 절규하다
- curse 저주하다
- moan 신음하다

(3) Entering the parlor, I saw the gentleman sitting in one corner of the sofa. Seeing me, he got up from his seat and held out his right hand.
- parlor 응접실 * seat 좌석
- corner 구석
- hold out 내밀다, 참다

(4) He got on his bicycle suddenly, riding swiftly down the dark street, tears coming out of his eyes and his mouth whispering crazy curses.
- get on 타다 * swiftly 신속하게
- tear 눈물 * whisper 속삭이다
- crazy 미친

(5) Broadly speaking, human beings may be divided into three classes: those who are toiled to death, those who are worried to death, and those who are bored to death.
- broadly 넓게 * divide 나누다
- class 등급, 부류 * toil 수고하다
- be bored 진저리나다, 심심해하다
- death 죽음

(6) He attacks like a soldier gone mad with hate. I mourn and wear clothes made of sackcloth, and I sit here in the dust defeated. Oh, earth, don't hide the wrong done to me. (욥 16:14-18)
- attack 공격하다 * hate 미움
- go mad 미치다, 실성하다
- mourn 애도하다
- defeat 패배시키다

(7) Some people said that Socrates thought so much and so hard about the world that he sometimes would stand in one spot for many hours just thinking, not moving or speaking a word.
- spot 장소, 곳, 얼룩, 점
- would (= used to) ~하곤 했다
- move 움직이다, 감동시키다, 이사하다

(8) Einstein, asked for the secret of his success, said "if A is success in life, I should say that the formula for success is A equals X plus Y plus Z, with X standing for work and Y for play. But what is Z? That is keeping your mouth shut."

* secret 비결, 비밀(의)
* formula 공식
* stand for ~을 의미하다
* keep one's mouth shut 입을 다물다, 비밀을 지키다

(9) The word philosophy is formed from two Greek words, one meaning love, the other wisdom. It is generally supposed to have been coined by Pythagoras. Pythagoras, when asked if he was a wise man, replied, "No, but I am a lover of wisdom."

* philosophy 철학
* form 만들다
* coin 만들다   * mean 의미하다
* reply 대답하다   * wisdom 지혜
* it = philosophy

(10) A mother and a daughter were in the kitchen washing the dishes while the son and father sat in the living room reading. Suddenly there was the sound of dishes crashing and breaking on the floor. There was silence.
"It was Mom," said the son finally.
"How do you know?" asked his father.
"Because she isn't saying anything."

* wash the dishes 설거지하다
* living room 거실
* crash 쾅 떨어지다, 추락하다
* break 깨지다, 부서지다
* silence 침묵
* finally 마침내, 드디어
* floor (방, 마루의) 바닥

(11) Getting on a bus a kindergarten teacher sat down next to a man who appeared familiar to her. Smiling pleasantly, she turned as if to speak to him. Noticing his lack of response, she said, "Oh, excuse me. I took you for someone else. I thought you were the father of one of my children."

* kindergarten 유치원
* familiar 낯익은, 정통한
* pleasantly 즐겁게
* notice 알아차리다
* lack 결핍   * response 반응
* take A for B A를 B로 여기다

(12) If you question any candid person who is no longer young, he is very likely to tell you that, having tasted life in this world, he has no wish to begin again as a 'new boy' in another.

* candid 솔직한
* no longer 이제는 ~이 아니다
* be likely to ~할 것 같다
* in another 딴 세상에서

LESSON 4

LESSON 4
If I were you (가정법)

가정법과거   01

다음 각 쌍의 문장은 동일한 뜻을 가지고 있다. (a)를 직설법 또는 서실법이라 부르고 (b)를 가정법이라 부른다.

(1-a)   Because I   have no   time, I   will not   go to the party.
(1-b)   If   I   had   time, I   would   go to the party.

(1-a)= 나는 시간이 없기 때문에 그 파티에 안 가겠어요.
(1-b)= 나에게 시간이 있다면   그 파티에   가겠는데.

위 문장 (1-b)에서 if I had time을 조건절이라 부르고 I would go to the party를 귀결절이라 부른다.

※ 직설법 문장이 부정문인 경우 이것을 가정법으로 고치려면 긍정문이 된다. 또 직설법 문장이 긍정문이면 가정법에서는 부정문이 된다. 그러므로 no와 not에 유의해야 한다.
※ 사실을 사실대로 말하는 직설법 문장의 동사가 현재이면 가정법에서는 과거를 사용해야한다.
즉, have는 had가 되고 will은 would가 된다.

다시 예문을 보자.

(2-a) 나는 그이의 전화번호를 모르기 때문에 그에게 전화할 수 없다. ⎫
(2-b) 내가 그이의 전화번호를 안다면   그에게 전화를 걸텐데. ⎬ 의 비교
                                                                  ⎭

(2-a)= Because I   do not know   his number, I   cannot phone   him.
(2-b)= If   I   knew   his number, I   would phone   him.

• do not know (모른다) ➡ knew (안다면)   * phone = call
  cannot phone (전화 걸 수 없다) ➡ would phone (전화 걸텐데)

아래 각 쌍의 문장들은 모두 같은 뜻을 가지고 있다.

(3-a) I will not buy the car because I am not rich.
(3-b) I would buy the car if I were rich.

(3-a)= 나는 부자가 아니기 때문에 그 차를 사지 않겠습니다.
(3-b)= 내가 부자라면 그 차를 사겠는데.

※ am not, is not, are not를 were로 고친다. am not와 is not 를 was 로 고칠 수 있다.

	조건절		귀결절 (would, could, might에 유의할 것)		
(4-a)	If you had a good computer,	you	would	do	it with ease.
(4-b)	If you had a good computer,	you	could	do	it with ease.
(4-c)	If you had a good computer,	you	might	do	it with ease.

(4-a)= 너 좋은 컴퓨터가 있으면 그것을 쉽게 할텐데.   * with ease 쉽게
(4-b)= 너 좋은 컴퓨터가 있으면 그것을 쉽게 할 수 있을 텐데.
(4-c)= 너 좋은 컴퓨터가 있으면 그것을 쉽게 할지도 모르는데.

• 좋은 컴퓨터가 없기 때문에 그것을 쉽게 못한다는 뜻을 나타낸다.

(5-a) 그는 열심히 공부하지 않기 때문에 그 시험에 떨어질 것이다.
(5-b) 그가 열심히 공부한다면 그 시험에 합격할 텐데.   } 의 비교

(5-a)= As he doesn't study hard, he will fail (in) the exam.
(5-b)= If he studied hard, he would pass the exam.

(6-a) 그이는 영어 말을 못하니까 나는 그이를 채용하지 않겠다.
(6-b) 그이가 영어를 말할 수 있다면 나는 그이를 채용하겠는데.   } 의 비교

(6-a)= I will not employ him because he can not speak English.
(6-b)= I would employ him if he could speak English.

If I	had	four eyes	나에게 4개의 눈이 있다면	동사가 모두 과거라는 사실에 유의할 것
If I	could swim	as well as a fish	내가 물고기처럼 수영을 잘 할 수 있다면	
If I	were	you	내가 너라면	

LESSON 4

연·습·문·제 36

아래 영문을 해석하시오.

(1) If I had a lot of money, I would travel round the world.
(2) I don't know the answer. If I knew the answer, I would tell it to you.
(3) If you studied as hard as I do, you would pass the exam.
(4) If I were you, I would buy the car.
(5) It is raining. If it were not raining, I would go out.
(6) The car is very expensive. If it were not so expensive, I would buy it.
(7) I'm not hungry. If I were hungry, I would eat the bread.
(8) She can't drive a car. If she could drive a car, I would employ her.
(9) You look tired. If you went to bed a little earlier, you wouldn't feel tired at all.
(10) This kimchi is rather hot. If it were a little less hot, it would taste nice.

* travel 여행하다　　* employ 고용하다 파생어 : employment 고용, employer 고용주 employee 피고용인, 고용된 사람　　* not ~ at all 전혀 ~이 아니다, 전혀 ~하지 않다　　* a little earlier 조금 더 일찍　　* rather 다소, 약간,　　* hot 매운　　* a little less hot 조금 덜 매운　　* taste 맛, 맛을 보다, 시식하다, 맛이 나다 (taste nice 맛이 좋다 / taste of onion 양파 맛이 난다 / taste of garlic 마늘 맛이 난다)

가정법현재　　02

(a)는 사실을 알고 있으면서 그 사실과 반대되는 상황을 가정해 본 것이고 (b)는 사실을 모르는 상황에서 말한 것이다. 다음 문장을 비교해보자.

(7-a) 나는 톰이 열심히 공부하지 않는다는 것을 안다. (I know that Tom does not study hard.)
　　　톰이 열심히 공부한다면 그 시험에 합격할 텐데.
(7-b) 나는 톰이 열심히 공부하는지 그렇지 않는지 모른다. (I don't know whether Tom studies hard.)
　　　혹시 톰이 열심히 공부한다면 그는 그 시험에 합격할 것이다.

(7-a)와 (7-b)에서 밑줄 친 부분을 영작하면 아래와 같다.

| (7-a) | If Tom | studied | hard, | he | would | pass | the exam. | (열심히 공부 안한다는 뜻임) |
| (7-b) | If Tom | studies | hard, | he | will | pass | the exam. | (열심히 공부하는지 모름) |

(8-a) 그녀는 기혼녀이다. (She is married.)
  그녀가 미혼이라면 직장을 구하는데 애를 먹지 않으련만.
(8-b) 나는 그녀가 미혼인지 기혼인지 모른다. (I don't know whether she is unmarried or not.)
  혹시 그녀가 미혼이라면 그는 어렵지 않게 직장을 구할 것이다.

(8-a)와 (8-b)에서 밑줄 친 부분을 영작하면 아래와 같다.

| (8-a) | If she | were | unmarried, she | would not have | difficulty in finding | a job. |
| (8-b) | If she | is | unmarried, she | will not have | difficulty in finding | a job. |

(9-a) 그는 1,000달러밖에 없다. (He has only 1,000 dollars.)
  그가 백만 달러를 가지고 있다면 그는 너를 도와줄 텐데.
(9-b) 나는 그가 돈을 얼마 가지고 있는지 모른다. (I don't know how much money he has.)
  그가 백만 달러를 가지고 있다면 그는 너를 도와줄 것이다.

(9-a) (9-b)에서 밑줄 친 부분을 영작하면 아래와 같다.

| (9-a) | If he | had | a million dollars, he | would | help | you. |
| (9-b) | If he | has | a million dollars, he | will | help | you. |

| (10-a) | If she | could | speak | English, she | would get | a job with ease. |
| (10-b) | If she | can | speak | English, she | will get | a job with ease. |

(10-a)= 그녀가 영어를 말할 수 있다면 그녀는 직장을 쉽게 구할 텐데.
  그녀는 영어를 말할 수 없다. 그래서 직장을 쉽게 구할 수 없다는 뜻임. * with ease 쉽게
(10-b)= 그녀가 영어를 말할 수 있으면 직장을 쉽게 구하게 될 것이다.
  그녀가 영어를 말할 수 있는지 없는지 모르는 경우에는 (10-b)처럼 말한다.

| (11-a) | What | would | you | do | if | you | lost | your job? |
| (11-b) | What | will | you | do | if | you | lose | your job? |

(11-a)= 너 직장을 잃게 된다면 어떻게 할 거냐? (네가 직장을 잃을 가능성이 없다는 뜻임)
(11-b)= 네가 직장을 잃게 된다면 너 어떻게 할 거냐? (너 어찌 할 거냐?)
    (네가 직장을 잃을 수도 있다는 뜻이 있음)

연·습·문·제 37

주어진 문장과 뜻이 같은 것은 (a) - (d) 중에서 어느 것인가?

(1) As I'm tired, I won't go to the concert with you.
   (a) If I am not tired, I will go to the concert with you.
   (b) If I were tired, I would go to the concert with you.
   (c) If I were not tired, I would go to the concert with you.
   (d) If I am tired, I will not go to the concert with you.

(2) As Tom doesn't study as hard as you, he will not pass the exam.
   (a) If Tom studies as hard as you, he will pass the exam.
   (b) If Tom studied as hard as you, he will pass the exam.
   (c) If Tom studies as hard as you, he would pass the exam.
   (d) If Tom studied as hard as you, he would pass the exam.

(3) Tom is so poor that he cannot go to college.
   (a) If Tom were not poor, he would go to college.
   (b) If Tom was not poor, he will go to college.
   (c) If Tom is not poor, he can go to college.
   (d) If Tom was very rich, he can go to college.

연·습·문·제 38

주어진 문장과 뜻이 같지 않은 것은 어느 것인가?

(1) If the car were not so expensive, I would buy it.
   (a) The car is too expensive for me to buy.
   (b) As the car is very expensive, I will not buy it.
   (c) The car is very cheap, therefore I'm going to buy it.
   (d) The car is so expensive that I have no intention to buy it.

(2) If I had money, I would buy a ticket for you.
   (a) Having no money, I cannot buy you a ticket.
   (b) I have no money, but I will buy you a ticket.
   (c) I cannot buy you a ticket, because I have no money.
   (d) As I have no money, I cannot buy you a ticket.

연·습·문·제 39

다음 문장을 해석하시오.

(1-a) If he has a job, he will pay back the money.
(1-b) If he had a job, he would pay back the money.
(2-a) If she is interested in music, she will go to the concert.
(2-b) If she were interested in music, she would go to the concert.
(3-a) If he can swim, he will go swimming with us.
(3-b) If he could swim, he would go swimming with us.
(4-a) If he gets a job, she will marry him.
(4-b) If he got a job, she would marry him.
(5-a) If you study as hard as Tom, you will pass the exam.
(5-b) If you studied as hard as Tom, you would pass the exam.
(6-a) If she finds him dead, she will fall senseless.
(6-b) If she found him dead, she would fall senseless.
(7-a) If we catch the bus, we will be in Seoul by lunch time.
(7-b) If we caught the bus, we would be in Seoul by lunch time.

연·습·문·제 40

괄호 안에 있는 동사를 알맞게 고치시오.

(1) I don't know his number. If I (know) his number, I (phone) him.
(2) If I (be) you, I (not buy) the car.
(3) Tom is dead. If he (be) alive, he (be astonished) at the new buildings.
(4) The car is very expensive. If it (be) not so expensive, I (buy) it.
(5) It is raining. If it (not rain), we (can play) in the garden.
(6) There are too many cars. If there (be) not so many cars, there (not be) so much pollution.
(7) I have no other choice but to live in Seoul . If I (have) the choice, I (live) in the country.

* by ~까지   * lunch time 점심시간   * pollution [pəlúːʃən] 오염 ※ other 딴, 다른
* choice 선택, 선택권   * have no other choice but to ~ 할 수밖에 딴 도리가 없다

연·습·문·제 41

다음의 우리말을 영어로 말하시오.

(1) 내가 너라면 나는 그녀와 결혼하겠다. ※ marry her
(2) 그곳이 위험한 곳이라는 것을 그는 모르고 있다.
 그곳이 위험하다는 것을 그가 안다면 그는 그곳에 안 갈 것이다. ※ The place is
(3) 그 차는 너무 비싸다. 그렇게 비싸지 않으면 나는 그 차를 사겠는데. ※ too expensive
(4) 그는 너만큼 열심히 공부하지 않는다. 너만큼 열심히 공부한다면 그 시험에 합격할 텐데.
 ※ succeed in the exam = pass the exam
(5) 나는 그가 너만큼 열심히 공부하는지 그렇지 않은지 모른다.
 너만큼 열심히 공부하면 그 시험에 합격하게 할 것이다. ※ don`t know whether ~ or not
(6) 비가 오고 있다. 비가 오고 있지 않다면 그 아이들은 밖에서 놀겠는데. ※ play outdoors
(7) 나는 시간이 없다. 시간이 있으면 그 콘서트에 가겠는데. ※ go to the concert
(8) 톰은 부자가 아니다. 그가 부자라면 나에게 돈을 꾸어줄 것이다. ※ lend me money
(9) 톰은 부자인지도 모른다. 부자라면 너의 제의를 거절하지 않을 것이다. ※ turn down your offer
(10) 톰은 돈이 없다. 그가 많은 돈을 가지고 있다면 해외여행을 갈 텐데. ※ travel abroad
(11) 톰은 많은 돈을 가지고 있는지도 모른다. 그가 많은 돈을 가지고 있다면 그는 해외여행을 갈 것이다.
 ※ Maybe Tom has ~
(12) 나는 제인의 전화번호를 모른다. 내가 그녀의 전화번호를 안다면 그녀에게 전화를 걸겠는데.
 ※ don`t know her number   ※ call her
(13) 아마 제인은 나의 전화번호를 알고 있는지도 모른다. 알고 있으면 나에게 전화할지도 모른다.
 ※ Maybe Jane knows ~
(14) 네가 내 처지에 있다면 그따위 말은 하지 않을 것이다. ※ be in my place ※ say so
(15) 그가 돌아올지 안 돌아올지 불확실하다. 그가 돌아오면 사태는 악화될 것이다.
 ※ it is uncertain whether   ※ things turn worse
(16) 그가 안 돌아온다는 것은 확실하다. 그가 돌아온다면 사태가 악화될 것이다.
 ※ it is certain that ~   ※ come back
(17) 톰은 공부에 최선을 다 하지 않는다. 그가 공부에 최선을 다 하면 그는 장학금을 탈 텐데.
 ※ do his best   ※ win a scholarship
(18) 우리가 물고기처럼 수영할 수 있다면 바다를 정복할 수 있을 것이다. ※ have power over the sea
(19) 한국에 나이아가라 폭포 같은 웅장한 폭포가 있다면 많은 관광객이 한국을 방문할 것이다.
 (a waterfall as grand as)   ※ Niagara Falls ※ tourist ※ there is ※ visit Korea

가정법과거완료   03

다음 각 쌍의 문장 (a)와 (b)는 동일한 뜻을 가지고 있다. (12-a)는 사실대로 표현한 문장이고 (1-b)는 가상(假想)한 말이다.

(12-a) 나는 열심히 공부하지 않았다. 그래서 그 시험에서 실패했다.
(12-b) 내가 열심히 공부했더라면 나는 그 시험에 합격했을 텐데. } 의 비교

(12-a)= I did not study hard, therefore I did not pass the exam.
(12-b)= If I had studied hard, I would have passed the exam.

• 영문 (12-b)를 가정법 과거완료라고 부른다.

핵심	~했더라면 (조건절)		~했을 것이다. (귀결절)
	If 주어 had + 과거분사 ~	주어	would have + 과거분사 ~

(13-a) 너는 최선을 다하지 않았기 때문에 실패했던거야.
(13-b) 네가 최선을 다했더라면 너는 성공했을 것이다. } 의 비교

(13-a)= Because you did not do your best, you failed.
(13-b)= If you had done your best, you would have succeeded.

(14-a) 그 차가 너무 비쌌기 때문에. 나는 그 차를 사지 않았다.
(14-b) 그 차가 그렇게 비싸지 않았더라면 나는 그 차를 샀을 것이다. } 의 비교

(14-a)= As the car was too dear, I did not buy it.
(14-b)= If the car had not been so dear, I would have bought it.

(15-a) 내가 날개를 가지고 있다면 나는 너에게 날아가겠는데.
(15-b) 내가 날개를 가지고 있었더라면 나는 너에게 날아갔었을 것이다. } 의 비교

(15-a)= If I had wings, I would fly to you. (가정법과거)
(15-b)= If I had had wings, I would have flown to you. (가정법과거완료)

가정법과거완료를 다음과 요약할 수 있다.

	조 건 절 (~했더라면)			귀 결 절 (~했을 것이다)		
		had + 과거분사		would, should, could, might	have	과거분사
(1)	If he	had	gone ~	he	would	have	died ~
(2)	If he	had	seen ~	he	would	have	said ~
(3)	If I	had	done ~	I	should	have	succeeded ~
(4)	If he	had	had ~	he	could	have	lent ~
(5)	If he	had	helped ~	he	could	have	done ~
(6)	If he	had	known ~	he	might	have	phoned ~

주어가 I, we인 경우에는 would대신에 should를 사용해도 된다.

	조 건 절		귀 결 절	
	~했더라면		~했을 것이다	
(1)=	그이가 ~에	갔더라면	그이는	죽었을 것이다
(2)=	그이가 ~를	보았더라면	그이는	말했을 것이다
(3)=	내가 ~를	했더라면	나는	성공했을 것이다
(4)=	그이가 ~를	가지고 있었더라면	그이는	빌려줄 수 있었을 것이다
(5)=	그이가 ~를	도왔더라면	그이는	할 수 있었을 것이다
(6)=	그이가 ~를	알았더라면	그이는	전화했을 지도 모른다

다음 문장을 비교해 보자.

(16-a)   If I   had   time, I   would   go   to the party.
(16-b)   If I   had had time, I   would have gone   to the party.

(16-a)= 나에게 시간이 있다면 나는 그 파티에 가겠는데.
　　　 <시간이 없어서 그 파티에 갈 수 없다, 또는 시간이 없어서 안 가겠어요>
(16-b)= 나에게 시간이 있었더라면 그 파티에 갔을 텐데.
　　　 <시간이 없어서 그 파티에 가지 않았다>

연·습·문·제 42

주어진 문장과 뜻이 같은 것은 어느 것인가?

(1) Because I was busy, I didn't go.
    (a) If I were not busy, I would go.
    (b) If I had not been busy, I would have gone.
    (c) If I had been free, I would not have gone.
    (d) If I had been busy, I would not have gone.

(2) As he did not study hard, he failed in the exam.
    (a) If he had studied hard, he would have succeeded in the exam.
    (b) If he studied hard, he would not have failed in the exam.
    (c) If he had studied hard, he would have failed in the exam.
    (d) If he studied hard, he would not fail in the exam.

연·습·문·제 43

(a) (b)의 뜻이 같아지도록 괄호 안에 적당한 말을 쓰시오.

(1) (a) As the weather is not warm, I will not go swimming.
    (b) If the weather (　) warm, I (　) (　) swimming.

(2) (a) As the weather was not warm, I did not go swimming.
    (b) If the weather (　) (　) warm, I (　) (　) (　) swimming.

(3) (a) If he had enough money, he would buy the car.
    (b) As he (　) not (　) enough money, he (　) not (　) the car.

(4) (a) If he had had enough money, he would have bought the car.
    (b) As he (　) not (　) enough money, he (　) not (　) the car.

(5) (a) I don't know her telephone number, and so I can't phone her.
    (b) If I (　) her telephone number, I (　) (　) her.

(6) (a) I didn't know her telephone number, and so I did not phone her.
    (b) If I (　) (　) her telephone number, I (　) (　) (　) her.

(7) (a) As you did not take a taxi, you did not get here in time.
    (b) If you (　) (　) a taxi, you (　) (　) (　) here in time.

연·습·문·제 44

다음 문장을 해석하시오.

(1-a) If she		is	there, she	will	call	(to) you.
(1-b) If she		were	there, she	would	call	(to) you.
(1-c) If she	had	been	there, she	would have	called	(to) you.
(2-a) If you		take	my advice, things	will	go	better.
(2-b) If you		took	my advice, things	would	go	better.
(2-c) If you	had	taken	my advice, things	would have	gone	better.
(3-a) If you		ask	her, she	will	help	you.
(3-b) If you		asked	her, she	would	help	you.
(3-c) If you	had	asked	her, she	would have	helped	you.
(4-a) If you		come	today, you	will	get	the book.
(4-b) If you		came	today, you	would	get	the book.
(4-c) If you	had	come	then, you	would have	got	the book.
(5-a) If you		leave	at six, you	will	be	in time.
(5-b) If you		left	at six, you	would	be	in time.
(5-c) If you	had	left	at six, you	would have	been	in time.
(6-a) If Tom		has	more time, he	will	study	Korean.
(6-b) If Tom		had	more time, he	would	study	Korean.
(6-c) If Tom	had	had	more time, he	would have	studied	Korean.
(7-a) If she		knows	your address, she	will	write	to you.
(7-b) If she		knew	your address, she	would	write	to you.
(7-c) If she	had	known	your address, she	would have	written	to you.

* advice 충고 * take my advice 나의 충고를 받아들이다 * things 사태, 사물들
* go better 호전되다 * get 사다, 얻다, 벌다 * be in time 시간 안에 도착하다
* get the book 그 책을 구하다 (입수하다) * Korean 한국어 * address 주소
* write to him 그에게 편지 쓰다 (= write a letter to him)

연·습·문·제 45

괄호 안에 있는 동사를 알맞게 고치시오.

(1) Tom did not take a taxi. If he (take) a taxi, he (get) there in time.
(2) It is raining. If it (not rain), we (go) on a picnic.
(3) There was no bus service. If there (be) bus service, we (get) there in time.
(4) I cannot drive. If I (can drive) a car, I (buy) a new one.
(5) Tom was five feet five inches tall. If he (be) two meters tall, I (tell) him to be a basketball player.
(6) Tom is short. If he (be) two meters tall, I (tell) him to be a basketball player.
(7) I don't know how old Jane is. If she (be) 21 years old, she will get the job.
(8) Jane is thirty years old. If she (be) 24 years old, she would get the job.
(9) Jane was thirty years old. If she (be) 25 years old, she (get) the job.
(10) I didn't read the book. If I (read) it, I (learn) a lot.
(11) I walk seven miles every day. If I (not walk) such a long way every day, I (not be) so healthy as I am now.
(12) Tom helped me. If he (not help) me, I (be) helpless.

연·습·문·제 46

다음의 우리말을 영어로 말하시오.

(1) 내가 너라면 그렇게 말하지 않을 것이다. ※ say so
(2) 내가 너였더라면 그렇게 말하지 않았을 것이다. ※ have no time, go with you
(3) 나는 시간이 없다. 시간이 있다면, 너와 함께 가겠는데. ※ travel more
(4) 내가 차를 가지고 있었더라면 나는 더 많은 여행을 했을 거야. ※ so expensive
(5) 그것이 그렇게 비싸지 않았더라면 나는 그것을 샀을 것이다.
(6) 내가 열심히 공부했더라면 나는 그 시험에 합격했을 것이다. ※ pass the exam
(7) 그가 실직하지 않았더라면 그는 그 시험에 합격했을 것이다. ※ lose his job, kill himself
(8) 네가 10분 더 일찍 왔더라면 그 장면을 목격했을 것이다. ※ see (witness) the scene
(9) 네가 그렇게 흥분하지 않았더라면 네가 이겼을 것이다. ※ be excited, win
(10) 네가 덤비지 않았더라면 그 사고는 일어나지 않았을 것이다.
　　　　※ keep yourself cool/ happen 또는 is brought about
　　　　※ The accident happened (or was brought about). <그 사건이 일어났다>

were to ~ / should ~ (가정법미래)   04

다음 4개의 문장을 비교해 보자.

(17-a)	If you		see	her, you will be surprised. (불확실)
(17-b)	If you		saw	her, you would be surprised. (볼 가능성 없음)
(17-c)	If you	should	see	her, you would be surprised. (볼 가능성 없음)
(17-d)	If you	were to	see	her, you would be surprised. (볼 가능성 없음)

<네가 그녀를 보면 너는 놀랠 것이다>

- 네가 그녀를 보게 될 가능성의 크기를 다음과 같이 나타낼 수 있다.
  (17-b) > (17-c) > (17-d) 그러나 그 차이는 백지 한 장 차이다.

다시 말하면 위의 4개의 문장 중에서 네가 그녀를 보게 될 가능성이 가장 많은 것은 (17-a)이고 가능성이 가장 적은 것은 (17-d)이다. (17-a)는 그 가능성이 반반이고 (17-d)는 그 가능성이 거의 없다.

또 한 가지 예문을 보기로 하자.

(18-a)	If it		rains	tomorrow, the game	will be	put off.	비 올 수도 있음
(18-b)	It it		rained	tomorrow, the game	would be	put off.	비 올 가능성 없음
(18-c)	If it	should	rain	tomorrow, the game	would be	put off.	비 올 가능성 없음
(18-d)	If it	were to	rain	tomorrow, the game	would be	put off.	비 올 가능성 없음

<내일 비가 오면 그 시합은 연기될 것이다>

- 내일 비가 올 가능성의 크기를 다음과 같이 나타낼 수 있다.
  (18-a) > (18-b) > (18-c) > (18-d)

(18-a)에는 내일 비가 올 수도 있다는 뜻이 숨어있고 (18-b), (18-c), (18-d)에는 내일 비가 올 가능성은 거의 없다는 뜻이 숨어있다. (18-b), (18-c), (18-d)는 거의 같은 뜻을 가지고 있다. 『내일 태양이 서쪽에서 뜬다 할지라도』처럼 절대로 일어나지 않을 일을 가상하는 경우에는 『were to + 동사의 원형』을 사용한다.

- Even if the sun were to rise in the west tomorrow 내일 해가 서쪽에서 뜬다할지라도

가정법 과거는 ⓐ 현재 사실의 반대 상황을 가정해서 말하는 경우 ⓑ 미래에 절대로 실현될 가능성이 없는 사실을 말할 때에 이용된다. 다음 문장에서 (19-b)는 절대로 실현될 가능성이 없는 꿈일 뿐이다.

(19-a)   If I | were | a child | , I | should admire | him.
(19-b)   If I | were | a child | again, I | would not live | over my life again.

(19-a)= 내가 어린이라면 나는 그이를 존경하겠지. (현재사실의 반대)
(19-b)= 내가 다시 어린이가 된다면 나는 살아온 내 생애를 되풀이하지 않겠다.

I wish + 가정법   05

다음 문장을 비교해 보자. I wish 뒤에 어떤 문장이 오는지 눈여겨보아라.

| (20-a) | I would buy the car | if | I | were | rich. |
| (20-b) | I wish | (that) | I | were | rich. |

(20-a)= 내가 부자라면 나는 그 차를 사겠다.
(20-b)= 내가 부자라면 좋겠는데. (부자가 아닌 것이 못내 아쉽다)

•(20-b)에서처럼 I wish 뒤에 오는 that는 일반적으로 생략한다.

| (21-a) | I would phone him | if | I | knew | his number. |
| (21-b) | I wish | | I | knew | his number. |

(21-a)= 그이의 전화번호를 안다면 나는 그에게 전화를 걸겠는데.
(21-b)= 내가 그이의 전화번호를 안다면 좋겠는데. (몰라서 유감이다)

| (22-a) | I would employ him | if | he | could speak | English. |
| (22-b) | I wish | | he | could speak | English. |

(22-a)= 그이가 영어를 말할 수 있다면 나는 그이를 채용하겠는데. (☞ 6-b)
(22-b)= 그이가 영어를 말할 수 있다면 좋겠는데. (그이가 영어를 못해서 유감이다).

(23-a)	I would buy the car	if	I	had	plenty of money.
(23-b)	I wish		I	had	plenty of money.

(23-a)= 나에게 많은 돈이 있다면 나는 그 차를 사겠는데. (돈이 없어서 못산다)
(23-b)= 나에게 많은 돈이 있다면 좋겠는데. (그런데 돈이 없어서 유감이다)

I wish 뒤에 『had + 과거분사』가 오면 『~했더라면 좋았을 것을』이다. 즉, 『~하지 않았던 것이 유감이다』라는 뜻이다. 다음 문장을 비교해 보자.

(24-a)	I would have passed the exam	if	I	had studied	harder.
(24-b)	I wish		I	had studied	harder.

(24-a)= 내가 더 열심히 공부했더라면 나는 그 시험에 합격했을 것이다.
(24-b)= 내가 더 열심히 공부했더라면 좋았을 건데. (안 했던 것이 후회된다)

가정법의 조건절(if가 있는 쪽의 절)만을 다시 복습한 다음 I wish~에 대하여 부연하려고 한다. (부연 =덧붙여서 알기 쉽게 자세히 설명함)

if I		were	you	= 내가 너라면	(가정법과거)
if I	had	been	you	= 내가 너였더라면	(가정법과거완료)

if we		lived	next door =	우리가 이웃에 산다면	<이웃에 살지 않는다>
if we	had	lived	next door =	우리가 이웃에 살았더라면	<이웃에 살지 않았다>

if I		knew	his address	내가 그이의 주소를 안다면	<나는 그의 주소를 모른다>
if I	had	known	his address	내가 그이의 주소를 알았더라면	<나는 그의 주소를 몰랐다>

<~라면 좋겠는데>라고 말하려면 I wish뒤에 『동사의 과거』를 사용하고 <~했더라면, 또는 ~이었더라면 좋겠는데> 라고 말하려면 I wish 뒤에 『had + 과거분사』를 사용하면 된다. 예문:

(25-a)	I wish	he		were	with me.	그가 나와 함께 있다면 좋겠는데.
(25-b)	I wish	he	had	been	with me.	그가 나와 함께 있지 않았던 것이 아쉽다.

다음의 우리말을 영어로는 어떻게 말할까?

(26-a) 내가 그 책을 읽었더라면 얼마나 좋을까!
(26-b) 내가 너의 충고를 받아드렸더라면 얼마나 좋을까!
(26-c) 내가 영어를 배웠더라면 얼마나 좋을까!
(26-d) 내가 그 집을 샀더라면 얼마나 좋을까!

다음의 우리말을 영어로 말할 수 있으면 (26)을 영어로 말하기는 땅 짚고 헤엄치기다.

    (a) 나는 그 책을 읽었다.   = I read the book.
    (b) 나는 너의 충고를 받아들였다. = I took your advice.
    (c) 나는 영어를 배웠다.   = I learned English.
    (d) 나는 그 집을 샀다.   = I bought the house.

How I wish 뒤에 (a) (b) (c) (d)를 쓰되 동사를 「had + 과거분사」로 고치면된다. 즉, 다음과 같이 한다. how를 생략해도 된다.

(26-a)=	How I wish	I	had	read	the book.
(26-b)=	How I wish	I	had	taken	your advice.
(26-c)=	How I wish	I	had	learned	English.
(26-d)=	How I wish	I	had	bought	the house.

다음 각 쌍의 문장은 동일한 뜻을 가지고 있다.

(26-a)	How I wish	(that) I	had	read	the book.
=	I am very sorry	(that) I	did not	read	the book.
=	I hold it very regrettable	that I	did not	read	the book.
	I regret	that I	did not	read	the book.

<나는 그 책을 읽지 않은 것을 후회한다. = 내가 그 책을 읽지 않은 것을 애석한 일이라고 생각한다.>

(26-d)	How I wish		I	had	bought	the house.
=	I am very sorry	(that)	I	did not	buy	the house.
=	I regret	that	I	did not	buy	the house.

as if   06

다음의 우리말을 영어로는 어떻게 말할까?

(27-a) 그는 부자인 것처럼 말한다. (부자가 아닌데도)
(27-b) 그는 차를 가지고 있는 것처럼 말한다. (차가 없는데도)
(27-c) 그는 모든 것을 아는 것처럼 말한다. (모든 것을 아는 사람은 없다)
(27-d) 그는 그녀를 사랑하는 것처럼 말한다. (사랑하지 않는데도)

아래의 우리말을 영어로 말할 수 있으면 위의 4개의 우리말을 영어로 말하기는 손바닥 뒤집기다.

(a) 그이는 부자다.   = He is rich.
(b) 그이는 차를 가지고 있다.   = He has a car.
(c) 그이는 모든 것을 알고 있다. = He knows everything.
(d) 그이는 그녀를 사랑한다.   = He loves her.

He talks as if 뒤에 (a), (b), (c), (d)를 사용하면 된다. 단, 동사를 과거로 고친다.

즉, 다음과 같이 고친다.	is ⇨	was 나 were	has ⇨	had
	knows ⇨	knew	loves ⇨	loved

(27-a)=	He talks	as if	he	were	rich.	as if 대신에 as though를 사용해도 된다.
(27-b)=	He talks	as if	he	had	a car.	
(27-c)=	He talks	as if	he	knew	everything.	
(27-d)=	He talks	as if	he	loved	her.	

talk 대신에 다른 동사를 사용하면 뜻이 어떻게 다른지 눈여겨보아라.

(28-a)	He	gossiped	as if	he	were	a girl.
(28-b)	He	behaved himself	as if	he	were	a girl.
(28-c)	He	looked pretty	as if	he	were	a girl.
(28-d)	He	cried	as if	he	were	a girl.

(28-a)= 그는 소녀처럼 수다 떨었다.   (28-b)= 그는 소녀처럼 행동했다.
(28-c)= 그는 소녀처럼 예뻐 보였다.   (28-d)= 그는 소녀처럼 엉엉 울었다.

다음 문장을 비교해 보자.

| (29-a) | He would buy the picture | | if | he | were | a billionaire. |
| (29-b) | He spends money | as | if | he | were | a billionaire. |

(29-a)= 그가 억만장자라면 그 그림을 살 것이다. (그는 억만장자가 아니어서 못 산다)
(29-b)= 그는 억만장자인 것처럼 돈을 쓴다.   (그는 억만장자가 아닌 주제에)

(30-a) 그녀는 자기가 일류가수인 것처럼   말한다. ⎫
(30-b) 그녀는 자기가 일류가수였던 것처럼 말한다. ⎬ 의 비교
                                              ⎭

| (30-a)= | She | talks | as if | she | | were | a top singer. |
| (30-b)= | She | talks | as if | she | had | been | a top singer. |

(31-a)	She	brags	as if	she		were	a top singer.
(31-b)	She	bragged	as if	she		were	a top singer.
(31-c)	She	brags	as if	she	had	been	a top singer.
(31-d)	She	bragged	as if	she	had	been	a top singer.

(31-a)= 그녀는 자기가 일류가수인 것처럼 허풍 떤다.
(31-b)= 그녀는 자기가 일류가수인 것처럼 허풍 떨었다.
(31-c)= 그녀는 자기가 한때는 일류가수였던 것처럼 허풍 떤다.
(31-d)= 그녀는 자기 한때는 일류가수였던 것처럼 허풍 떨었다.

| (32-a) | He | spends money | as if | he | were | very rich. |
| (32-b) | He | spends money | as if | he | is | very rich. |

(32-a)= 그는 (부자가 아닌데) 부자인 것처럼 돈을 쓴다.
(32-b)= 그는 부자처럼 돈을 쓴다. (부자일 수도 있다)

앞에서 말한 것을 다음과 같이 정리할 수 있다.	~이었던처럼 ~한다 ~있었던처럼 ~한다	as if 주어 + had + been
	~했던것처럼 ~한다	as if 주어 + had + 과거분사

(33-a)	Tom	talks	as if	he	had	been	poor.
(33-b)	Tom	talks	as if	he	had	been	with me.
(33-c)	Tom	talks	as if	he	had	believed	in God.

(33-a)= 톰은 한때 가난했던 것처럼 말하는구나.(톰은 가난한 적이 없다)
(33-b)= 톰은 나와 함께 있었던 것처럼 말하는군.(톰은 나와 함께 있지 않았다)
(33-c)= 톰은 하나님을 믿은 적이 있었던 것처럼 말하는군.(톰은 하나님을 믿은 적이 없다)

It is time + 주어 + 동사의 과거형　　07

다음의 우리말을 영어로는 어떻게 말할까?

(34-a) 이제는 우리가 집에 돌아갈 시간이다.
(34-b) 이제는 네가 이발할 해야 할 때다.
(34-c) 이제는 우리들이 잠자리에 들어야 할 시간이다.
(34-d) 이제는 네가 생활비를 벌어야 할 때다.

다음의 우리말을 영어로 말할 수 있으면 위의 4개의 문장을 손쉽게 말할 수 있다.

(a) 우리들은 집에 돌아갔다.　　= We went back home.
(b) 너는 이발했다.　　　　　　= You had your hair cut.
(c) 우리들은 잠자리에 들었다.　= We went to bed.
(d) 너는 너의 생활비를 벌었다.　= You earned your living.

• It is time 뒤에 (a), (b), (c), (d)를 쓰면 된다.
　다시 말하면 'It is time' 뒤에 오는 문장에는 동사의 과거를 써야한다.

(34-a)= It is time | we | went | back home.
(34-b)= It is time | you | had | your hair cut.
(34-c)= It is time | we | went | to bed.
(34-d)= It is time | you | earned | your living.

다음의 문장을 눈여겨보아라.

(35-a)	It is		time	my son	went	to school.
(35-b)	It is	really about	time	my son	went	to school.
(35-c)	It is	high	time	my son	went	to school.

(35-a)= 이제는 나의 아들이 학교에 들어가야할 때다.
(35-b)= 이제는 나의 아들이 정말로 학교에 들어가야 할 무렵이다.
(35-c)= 이제는 나의 아들이 학교에 들어가야 할 때가 무르익었다.

* about ~경에, ~쯤에   * high time 가장 알맞은 때   * high 한창인, 무르익은
* really 정말로

다음 각 쌍의 문장은 동일한 뜻을 가지고 있다.

| (35-a) | It is | time | | my son | went | to school. |
| = | It is | time | for | my son | to | go | to school. |

| (36-a) | It is | high time | | I | | retired. | |
| = | It is | high time | for | me | to | retire. | ※ retire 은퇴하다 |

<내가 은퇴할 때가 무르익었다, 또는 이제는 내가 은퇴할 최적기다>

 ## If it were not for ~   08

아래 3개의 문장의 뜻은 동일하다.

(37-a)	If	it were	not for	water,	no one could live	on earth.
(37-b)			But for	water,	no one could live	on earth.
(37-c)			Without	water,	no one could live	on earth.

<물이 없다면 어느 누구도 이 지구상에서 살 수 없다>

※ (37-a)에서 if를 버리고 were를 it의 앞으로 이동해도 같은 뜻을 갖는다.
　즉, If it were not for water = Were it not for water <물이 없다면>

아래 3개의 문장의 뜻도 동일하다.

(38-a)	If	it	had not been	for	your help,	I should have failed.
(38-b)				But for	your help,	I should have failed.
(38-c)				Without	your help,	I should have failed.

<너의 도움이 없었더라면 나는 실패했을 것이다>

다음 문장을 눈여겨보세요.

(39-a)	If it		were not	for your help, I	should		fail.
(39-b)	If it	had not	been	for your help, I	should	have	failed.

(39-a)= 너의 도움이 없다면 나는 실패할 것이다.
　　　　(네가 도와주기 때문에 나는 실패하지 않는다.)
(39-b)= 너의 도움이 없었다면 나는 실패했을 것이다.

가정법의 혼합　　　　09

다음 문장을 영어로는 어떻게 말할까?

(40-a) 만일 네가 그때 주식에 투자했더라면 너는 큰 손실을 입었을 것이다.
(40-b) 만일 네가 그때 주식에 투자했더라면 너는 지금 비참하게 살 것이다.
(40-c) 만일 네가 그때 주식에 투자했더라면 너는 지금 곤경에 빠져있을 것이다.

(40-a)=	If you	had invested	in stocks,	you	would	have	suffered	a great loss.
(40-b)=	If you	had invested	in stocks,	you	would		lead	a dog's life.
(40-c)=	If you	had invested	in stocks,	you	would		be	in great need.

(40-a)의 분석 : 너는 주식에 투자한 적이 없고 그로 인하여 과거에 손실을 입지도 않았다.
(40-b)의 분석 : 너는 주식에 투자한 적이 없다. 그래서 지금 비참한 생활을 하지 않는다.
(40-c)의 분석 : 너는 주식에 투자한 적이 없다. 그래서 지금 곤궁하지 않다.

다음의 문형을 외워두세요. (p.p = 과거분사)

	조건절		귀결절		
(a)	if + 주어 + had + p.p ~,	주어	would	have	과거분사
(b)	if + 주어 + had + p.p ~,	주어	would		동사의 원형
(a)=	~가 ~했더라면	그는	(그때)	~했을	것이다
(b)=	~가 ~했더라면	그는	(지금)	~할	것이다

보기:

(41-a) 만일 네가 그이를 초대했더라면 그는 왔었을 것이다.
(41-b) 만일 네가 그이를 초대했더라면 그는 지금 이곳에 있을 텐데. } 의 비교

(41-a)= If you had invited him, he would have come.
(41-b)= If you had invited him, he would be here.

(42-a) 우리가 획기적인 조치를 취했더라면 그때 사태가 호전되었을 것이다.
(42-b) 우리가 획기적인 조치를 취했더라면 지금 사태가 호전될 텐데. } 의 비교

(42-a)= If we had taken a drastic measure, things would have taken a favorable turn.
(42-b)= If we had taken a drastic measure, things would take a favorable turn.

* take a drastic measure 획기적인 조치를 취하다
* take a favorable turn 호전되다   * favorable 호의적인, 유리한

if의 생략   10

if를 생략하고 were, had, should를 주어의 앞에 놓아도 동일한 뜻이 된다.
아래 각 쌍의 문장은 동일한 뜻을 가지고 있다.

(43-a)	If	I	were	you, I would not do so.
(43-b)	Were	I		you, I would not do so.

<내가 너라면 그렇게는 하지 않을 것이다>

(44-a)	If	I	had	seen	you, I would have said hello.
(44-b)	Had	I		seen	you, I would have said hello.

<내가 너를 보았더라면 나는 인사했을 것이다>

(45-a)	If	Tom	should	call me,	tell him I'll call him back later.
(45-b)	Should	Tom		call me,	tell him I'll call him back later.

<톰한테서 전화 오거든 (전화 올 리가 없지만)나중에 내가 전화한다고 말해다오>

조건절을 대신하는 것들 11

(46-a)	To hear him talk, you would take him for a lunatic.
(46-b)	Left to himself, he would never have carried it out.
(46-c)	The same thing, happening in war time, would amount to disaster.
(46-d)	With your assistance, I should succeed.
(46-e)	Without leaving at once, he could not have caught the train.
(46-f)	He cannot be in his right mind, otherwise, he would not do so.
(46-g)	A lady would never do such a thing.
(46-h)	Even a child could do that.
(46-i)	I would never do so (if I were) in your place. ( )안에 있는 것이 생략되었음.

(46-a)= 그이가 말하는 것을 네가 듣는다면 너는 그이를 정신병자라고 생각할 것이다.
(46-b)= 그는 혼자 남게 되었더라면 그것을 완수하지 못했을 것이다.
(46-c)= 이와 같은 일이 전시에 일어나면 큰 재앙이 될 것이다.
(46-d)= 너의 도움이 있으면 나는 성공할 것이다.
(46-e)= 그이가 즉시 떠나지 않았더라면 그는 그 기차를 못 탔을 것이다.
(46-f)= 그는 제정신일 리가 없다. 그렇지 않다면(제정신이라면) 그는 그렇게 하지 않을 것이다.
(46-g)= 숙녀라면 그러한 일을 하지 않을 것이다.
(46-h)= 어린이라도 그런 것쯤이야 할 수 있을 것이다.
(46-i)= 내가 당신의 처지라면 그렇게는 하지 않을 것이다.

* take A for B = A를 B라고 생각(착각)하다
* carry out (계획 따위를) 실천하다, 완수하다
* disaster [dizá:stə/dizǽstə] 큰 불행
* assistance [əsístəns] 원조, 조력, 구조
* be in his right mind 올바른 정신이다, 제정신이다
* even ~조차, ~일지라도 (보기: even now 지금일지라도)
* lunatic [lúnətik] 미친 사람, 정신 이상자
* happen (일이) 발생하다   * war 전쟁
* amount to 합계 ~에 달하다
* at once 즉시, 당장
* otherwise [ʌ́ðəwaiz] 그렇지 않으면

 **가정법이 아니라 조건인 예문:** 12

아래의 「if 절」은 가정이 아니라 조건이다.

If he did it, he committed a crime.
그가 그것을 했다면 그는 범죄를 저지른 것이다.
If you ever visit Seoul, please call at my office.
서울에 오시거든 내 사무실에 들르세요.
If you are so minded, you may do so. 그렇게 하고 싶으면 해도 됩니다.
If you buy one box, it's six thirty-nine. 한 상자 사시면 6달러 39센트입니다.
I'm hanged if I do.
내가 한다면 목을 베어라. (= 내가 한다면 나는 죽어 싸다, 나는 죽어 마땅하다)
If you wish to exit, press the cancel button.
나가려거든 취소버튼을 누르세요.
If you devide thirty by five, you get six. 30을 5로 나누면 6이다.
If you take 3 from 10, 7 remains. 10에서 3을 빼면 7이 남는다.

연·습·문·제 47

괄호 안에 적당한 말을 쓰거나 괄호 안에 있는 말을 알맞게 고치시오.

(1) Jane is not with us. I wish she (be) with us.
(2) How I wish you (be) with us yesterday.
(3) It's foolish that I didn't take your advice. How I wish I (take) your advice.
(4) I didn't learn French. I wish I (learn) French.
(5) If I (know) how to do it, I would have done it.

(6) If he had caught the train, he (meet) with the accident.
(7) If he (help) her, she would have carried it out.
(8) If you (know) how I suffer, you would pity me.
(9) If I had not hurried, I (miss) the train.
(10) It is high time you (go) to bed.

(11) If I (have) enough money, I would lend you some.
(12) He is not rich, but he lives as if he (be) a millionaire.
(13) How I wish I (can fly).
(14) But (   ) air and water, all living things would die.
(15) Were it not (   ) the sun, we could not live at all.

(16) (   ) we fail, what would follow ?
(17) (   ) it not been for his advice, I should have failed.
(18) It rains a lot here. I wish it (not rain) so often.
(19) (   ) I in your place, I would not do such a thing.
(20) (   ) he to come, I should refuse to see him.

(21) (   ) I had time, I would have been present at the party.
(22) Had it not been (   ) his timely rescue, I should have been drowned.
(23) If I had gone to the party last night, I (be) tired now.
(24) If I had gone to the party last night, I (meet) a number of people.

* take your advice 너의 충고를 받아들이다 * French 프랑스 말 * catch 잡다
* accident 사고 * suffer 고생하다, (손실 따위를) 당하다, 입다
* pity 애처롭게 (가엾게) 여기다 * hurry 서두르다, 허둥거리다, 재촉하다, 허둥댐
* miss (차를) 놓치다, 빗나가다, 맞지 않다 * millionaire 백만장자
* follow 뒤따르다, 추적하다, ~의 뒤를 잇다 * timely 시기에 알맞은, 적시(適時)의
* rescue 구조(救助), 구조하다 * timely rescue 적시구조
* be in your place 너의 처지에 있다 * such 그러한 * do such a thing 그러한 일을 하다
* drown 물에 빠뜨리다 * be drowned 익사하다 * refuse 거절하다
* present 출석한, 현재(의), 선물 * be present 출석하다 * rain 비(가 내리다)
* rain a lot 비가 많이 내리다 * so often 그렇게 자주 * a number of 상당히 많은

연·습·문·제 48

다음의 문장을 가정법으로 전환하시오.

(1) I didn't hear the knock, so I did not answer.
(2) I swam very well, so I was not drowned.
(3) Work as hard as you can, or you'll never succeed in life.
(4) Tom doesn't study hard, (and) so he cannot get a scholarship.
(5) Jane got up early, (and) so she caught the train.
(6) He lost his job because he was very lazy.
(7) I didn't know your number, (and) so I didn't phone.
(8) I don't know her number, (and) so I cannot phone her.
(9) I wasn't hungry, so I didn't eat anything.
(10) As I didn't know you were in hospital, I didn't call on you.

(11) I didn't buy the watch because I did not have much money with me.
(12) As it was raining, we did not go on a picnic.
(13) I didn't write to you because I didn't know your address.
(14) The watch is too expensive for me to buy.
(15) We don't like him because he is unfriendly.
(16) As he did not work hard in his youth, he is not living a happy life.
(17) It's raining, so we can't have lunch in the garden.
(18) I have to work tomorrow evening, so I can't meet you.
(19) I did not see you, so I did not say hello.
(20) I had no camera, (and) so I could not take any photographs.

(21) I am sorry that I did not study hard in my school days.
(22) He is not a billionaire, but he lives like a billionaire.
(23) He was too drunk to remember to lock the door.
(24) It is high time for him to go to school.
(25) It's a pity that she failed in the exam. ※ I wish ~ 로
(26) It's a pity that you cannot go to the party. ※ I wish ~ 로
(27) Tom spoke so fast that I did not understand him.

연·습·문·제 49

다음 문장을 해석하시오.

(1) If it were not for my family, I would give up this position.　* position 지위, 위치
(2) If it was not for the politicians, the world might not be in such a mess.
　　　　　　* politician 정상배, 정치가　* mess 뒤범벅, 혼란상태　* be in a mess 엉망이다
(3) If it had not been for his wife, he would have changed his job.
(4) If you were to attend the banquet, what would you wear?　　* attend 출석하다
(5) If I had missed the train, I would now be waiting there.　* banquet [bǽŋkwət] 연회
(6) If you had done as I told you, you would have succeeded.　* as I told 내가 말한 대로
(7) I wouldn't have gone there if I had known she was not there.
(8) I wish I was the fish. <The Old Man and the Sea에서>
(9) We wish you didn't live far away.　　　　　　　　　　* far away 먼 곳에서
(10) I wish there were no such things as exams!　* such things as ~와 같은 것들

(11) If you had not eaten so much, you would not be so sleepy now.　* sleepy 졸리는
(12) If I had learned English from you, I could speak English now.
(13) She was singing as if she did not have a care.　　　* care 근심, 걱정
(14) Had I known you didn't have a key, I wouldn't have locked the door.
　　　　　　　　　　　　　　　　　　　　　　　　* lock 자물쇠를 채우다
(15) I wish I had written down her telephone number.　* write down 기록하다
(16) If it had not been for his laziness, he could have been rich.　* laziness 나태, 게으름
(17) If I were to tell you all I know, you would be amazed.　* amaze 놀라게 하다
(18) If there were anything good on television, I'd stay home.
(19) If we caught the early train, we'd be in Seoul by lunch time.　* lunch time 점심시간
(20) How I wish I knew what it is.
(21) If you had taken a taxi, you would have got here in time.　* take a taxi 택시를 타다

연·습·문·제 50

다음의 우리말을 영어로 말하시오.

(1) 만에 하나라도 그를 만나거든 집에 돌아가라고 말해다오.　　※ were to, go back home
(2) 날씨가 춥다, 날씨가 따뜻하다면 좋겠는데.　　※ cold, warm　※ I wish
(3) 날씨가 추웠다. 날씨가 따뜻했더라면 좋았을걸.　　※ the weather
(4) 내 나라에도 이렇게 아름다운 곳이 있다면 좋겠다.　　※ such a beautiful place as
(5) 내가 너라면 그이를 도와주지 않겠다.　　※ were　※ would help

(6) 내가 너였더라면 그이를 도와주지 않았을 것이다.　　※ had been　※ would have
(7) 내가 너의 처지에 있다면 좋겠다.　　※ be in your shoes (place)
(8) 태양이 서쪽에서 뜨는 일이 있을지라도 나는 그렇게는 안 할 거야.　　※ even if　※ do so
(9) 그는 부자가 아니다. 그런데 부자인 것처럼 말하는군.　　※ as if　※ talks
(10) 그는 부자가 아니었다. 그런데 부자였던 것처럼 말하는군.　　※ talks

(11) 그녀는 돈이 없다. 그런데 많은 돈을 가지고 있는 것처럼 돈을 쓴다. ※ a lot of　※ spend ~
(12) 그녀는 많은 돈을 가지고 있었던 것처럼 말한다.　　※ talks
(13) 지금은 우리가 싸워야할 때다.　　※ fight
(14) 지금은 우리가 근검절약해야 할 때다.　　※ be economical 절약하다 ※ be thrifty 근검하다
(15) 네가 없으면 나는 친구라고는 전혀 없게 될 것이다.　　※ if it were not for

(16) 그 돈이 없다면 나는 헐벗고 살게 될 것이다.　　※ go hungry
(17) 너의 도움이 없었더라면 나는 실패했을 것이다.　　※ fail
(18) 내가 어려운 지경에 (helpless) 있다면 나는 부모에게 도움을 청할 것이다. ※ turn to ~ for help
(19) 누군가가 나에게 총을 들이댄다면 나는 겁이 날 것이다. ※ frighten ※ point a gun at me
(20) 내가 운전할 수 있다면 좋겠는데.　　※ can drive a car

(21) 비가 오고 있다. 비가 오고 있지 않으면 외출하겠는데.　　※ go out ※ it is raining
(22) 나는 큰 도시에 살고 있다. 시골에 산다면 좋겠는데.　　※ live in a big city

연·습·문·제 51

다음 문장을 해석하시오.

(1) I wish you would hide me in the world of the dead. (욥 14:13)
　　　　　　　　　　　　　　　　　　　　　* bite 물다　* hide 숨기다

(2) If God looks at you closely, will he find anything good ? (욥13:9)
　　　　　　　　　　　　　　　　　　　　　　　　* closely 면밀하게

(3) Knowing how to charm a snake is of no use if you let the snake bite you.
　　(전도서 10:11)　　　　　　　* charm 황홀하게 하다　* of no use 소용없다

(4) If my troubles and griefs were weighed on scales, they would weigh more than the sands of the sea. (욥 6:1)　* grief 슬픔　* weigh (무게를) 달다　* scale 저울

(5) If you love money, you will never be satisfied; if you long to be rich, you will never get all you want. It is useless. (전도서 5:10)
　　　　　　　　　　　　　　　　* be satisfied 만족하다　* long 갈망하다

(6) If the charges my opponent brings against me were written down so that I could see them, I would wear them proudly on my shoulder and place them on my head like a crown. (욥 31:35)
　　　　　　　* charge 비난, 고발　* opponent 상대, 적　* wear ~를 달고 다니다

(7) Job, can't people like you ever be quiet ? If you stopped to listen, we could talk to you. What makes you think we are as stupid as cattle ? (욥 18:1-3)　　* quiet 조용한, 고요한　* stupid 어리석은　* cattle 가축, 축우(畜牛)

(8) If you were in my place and I in yours, I could say everything you are saying. I could shake my head wisely and drown you with a flood of words. (욥 16:4)
　　　　　* shake head 머리를 흔들다　* drown 물에 빠뜨리다　* flood 홍수

(9) If God were human, I could answer him; we could go to court to decide our quarrel. But there is no one to step between us - no one to judge both God and me. (욥 9:32-33)
　　　　　　　* human 인간, 인류　* go to court 법정에 서다　* quarrel 싸움, 언쟁

(10) If I were you, I would turn to God and present my case to him. We cannot understand the great things he does, and to his miracles there is no end.
　　(욥 5:8-9)　　　　　　　* present 제출하다　* case 사건, 소송　* miracle 기적

(11) I wish I had died in my mother's womb or died the moment I was born. Why did my mother hold me on her knees ? Why did she feed me at her breast? If I had died then, I would be at rest now. (욥 3:11-13)
　　* womb 자궁　* knee 무릎　* breast 젖, 유방　* feed 기르다, 키우다　* be at rest 휴식하다

(12) Had he waked me up a little earlier, I should have been in time for the express, and should now be in Seoul.
　　　　　　* wake 깨우다　* be in time for ~의 시간에 대다

(13) There would often be accidents, were it not for the policeman who stands in the center of the crossroads and control the traffic.
　　* accident 사고　* crossroad 네거리, 교차로　* control 지휘하다　* traffic 교통

(14) If only people in the world could understand the spirit of Christmas, there would be a better chance for all to get along with each other, without fighting and making wars.　　　　* spirit 정신, 마음, 참뜻
　　* get along with 사이좋게 지내다　* without fighting 싸우지 않고

(15) I am now an old man, but if I were young and had time and money enough, I would sail round the world in a yacht.
　　　　* sail round the world 세계일주 항해하다　* in a yacht 요트를 타고

(16) If the world were to be run by the will of the majority, and the majority were selfish or indifferent to the needs of the minority, the democracy would, in fact, cease to be one.　　* will 의지　* majority 대다수
　　* selfish 이기적인　* indifferent 무관심한　* minority 소수

(17) If you should land on the moon, you would find yourself in a very strange place. You would hear no sound there, nor could you smell anything.　　* democracy 민주주의　* cease 중지하다　* in fact 사실상
　　　　　　* sound 소리　* strange 이상한

(18) He was poor and always in debt. He would have been totally forgotten, had he not written beautiful poems.
　　　　* be in debt 빚을 지다　* totally 아주, 완전히　* poem 시

(19) The sea is the sailor's home. When the ship rolls, he is rocked in his berth, as if he were in a cradle. The waves are his pillows, and the rougher they are, the happier he is.
　　* sailor 선원　* roll 좌우로 흔들리다　* berth (배, 기차의) 침대　* pillow 베개

(20) If we could go backward in time and live thousands and thousands of years ago, we might tiptoe up and watch a Neanderthal man making a fire while his family look on. It would be fun if we could do this, but we can't.　　　　　* go backward 뒤로 가다, 뒷걸음질 치다　* tiptoe 발끝으로 걷다
* Neanderthal man 네안데르탈인　* make a fire 불을 피우다　* look on 구경하다

(21) Many stars are so far away that it takes millions of years for their light to reach the earth. If the distances of these remote stars were expressed in miles, the numbers would be too great to use conveniently. A better unit for measuring distances to the stars was worked out. This unit is called the light year.　　　　　　* take millions of years 수백만 년이 걸리다
* light 빛　* reach 도착하다　* distance 거리　* distant 먼　* express 표현하다
* conveniently 편리하게　* unit 단위　* work out 입안하다, 풀다, 고안하다
* measure 측정하다　* light year 광년

(22) If dolphins and people could learn to talk to each other and to understand each other, dolphins might be able to tell us many things that we don't know about the ocean.　　　　　* dolphin 돌고래
* talk to each other 서로에게 이야기하다　* each other 서로　* ocean 대양(大洋)

(23) "I won't marry an ugly old wall!" the daughter sobbed. The mouse parents were astonished. Their child had always been so quiet. Yet now she continued, saying, "He is older than my grandfather. If you had insisted, I would have married the sun or the cloud or the wind. But not a wall! What I really want to do is marry a young mouse. I won't marry that old wall!"　　　* ugly 추한, 못생긴　* sob 흐껴 울다　* be astonished 놀라다
* continue 계속하다　* insist 주장하다, 우기다　* parent 부모
* not a wall 벽하고만은 싫어요　* What I really want to do 내가 정말로 하고 싶은 것은
※ is marry = is to marry 결혼하는 것이다

(24) You can see thousands of other specks of light that are distant stars. These stars are much farther away than the planets. Most of them are as big as our sun, and some are even bigger. They are probably so hot that a spaceship would burn up if it went too close to them.
* speck 얼룩, 작은 점　* other 딴　* speck of light 점같이 보이는 빛　* distant 먼
※ 비교급 앞에 있는 much와 even은 <훨씬>이라는 뜻으로 사용된다
* spaceship 우주선　* close 가까이　* probably 아마

LESSON
5

LESSON 5

 **화법이란 무엇일까?**   01

다음의 대화에서 (a)는 직접화법이고 (b)는 간접화법이다.

예일 : I am very busy. <나는 매우 바쁘다>
    ☞ 재현이는 딴 생각을 하고있었기 때문에 예일이가 하는 말을 못 들었다.
        그래서 재인에게 이렇게 묻는다.

재현 : Jae-in, what did Yale say? < 재인아, 예일이가 뭐라고 말했니?>

재인 : (a) She said, "I am very busy."   <이 문장의 she와 I 는 '예일'이다>
      (b) She said (that) she is very busy. <이 문장의 she도 '예일'이다>

     (a) = 예일이는 "나는 매우 바쁘다"라고 말했어요.
     (b) = 그녀는 자기가 매우 바쁘다고 말했다.

※ (b)를 She said that she was very tired.라고 전달하는 경우도 있다.

♣ 재현이의 물음에 대하여 재인이는 (a)로 대답할 수도 있고 (b)로 대답할 수도 있다. (a)에는 예일이가 직접 한 말(I am very busy.)이 그대로 인용되어있다. 남의 말을 누군가에게 전할 때 그 사람이 원래 한 말을 그대로 따옴표(" ")안에 인용하여 전달하는 전달법을 직접화법이라 부른다. (b)처럼 원 발언자(위 문장에서 원 발언자는 예일이다.)의 말을 다른 표현법으로 바꾸어 그 의미내용만을 전달하는 전달법을 간접화법이라 부른다.

아래의 직접화법 중에서 (b)와 (f)는 피하는 것이 좋다.

	전달동사	원 발언자의 말	원 발언자	전달동사	원 발언자	
(a)	Yale	said,	"I am very busy."			
(b)		"I am very busy,"	~~Yale~~	~~said.~~		불합리 함
(c)		"I am very busy,"		said	Yale.	
(d)	She	said,	"I am very busy,"			
(e)		"I am very busy,"	she	said.		
(f)		"I am very busy,"		~~said~~	~~she.~~	불합리 함

※ (b)에서는 said보다는 Yale에게 정보가치가 있고 (f)에서는 she보다는 said에 정보가치가 있기 때문이다.
※ 인칭대명사 he, she, it, they에는 정보가치가 없는 것임
※ 고유명사(여기서는 Yale)는 said보다는 정보가치가 많지만 said 대신에 complained, repeated, 따위를 사용한다면 이 동사에 더 많은 정보가치가 있음

(b)와 (f)를 피해야하는 이유:

영어에서는 정보가치가 많은 말을 문장의 가장 뒤에 놓는다. 왜 (b)는 옳지 않을까? 'said'보다는 'Yale'이에 정보가치가 더 많기 때문이다. 왜 (f)는 옳지 않을까? 'she'에는 정보가치가 없기 때문이다. he, she, it, they 등은 정보가치가 없기 때문에 문장의 뒤에 놓을 수 없다. 인칭대명사 I와 you는 강조할 수 있는 말이다.

그러나 전달동사의 자리에 다음의 동사를 사용하는 경우에는 주어를 동사의 뒤에 사용할 수 없다. 왜냐하면 다음의 동사들은 정보가치가 있는 말이기 때문이다.

order	명령하다	continue	계속해서 말하다
add	덧붙여 말하다	repeat	되풀이하여 말하다
ask	묻다, 질문하다	beg	애원하다
shout	외치다	complain	불평하다
whisper	속삭이다	exclaim	큰 소리로 말하다

아래의 예문을 보아라.

(1-ㄱ)	"He never does justice to me,"	Julia	added.
(1-ㄴ)	"He never does justice to me,"	Julia	complained.
(1-ㄷ)	"He never does justice to me,"	Julia	repeated.
(1-ㄹ)	"He never does justice to me,"	Julia	continued.
(1-ㅁ)	"He never does justice to me,"	Julia	whispered.

(1-ㄱ)=	"그이는 나에게 공평하지 않아요" 라고	줄리아는	덧붙여 말했다.
(1-ㄴ)=	"그이는 나에게 공평하지 않아요" 라고	줄리아는	불만을 토로했다.
(1-ㄷ)=	"그이는 나에게 공평하지 않아요" 라고	줄리아는	반복해서 말했다.
(1-ㄹ)=	"그이는 나에게 공평하지 않아요" 라고	줄리아는	계속해서 말했다.
(1-ㅁ)=	"그이는 나에게 공평하지 않아요" 라고	줄리아는	나지막하게 말했다.

※ do justice to me = do me justice = 나에게 공평하게 대하다, 나를 공정하게 평가하다
This photo does not do me justice. 나의 이 사진은 잘 나오지 않았다.

평서문의 전환법　　02

" "안에 있는 문장이 평서문인 경우에는 다음과 같이 화법을 전환한다.

≪방법 1≫ 따옴표를 버리고 that를 사용한다. that를 생략할 수 있다.

(2-a)	He sometimes says	, "	Honesty is the best policy.	"
(2-b)	He sometimes says	that	honesty is the best policy.	

(2-a)= 그이는 이따금 "정직은 최상의 정책이다" 라고 말한다.
(2-b)= 그이는 이따금 정직이 최상의 정책이라고 말한다.

≪방법 2≫ 따옴표 안에 있는 I, my, me는 따옴표 바깥에 있는 주어의 인칭과 일치시킨다. <줄리아는 여자의 이름이고 3인칭이다>

(3-a)	Julia	often says,	"	I	like	my	brother."
(3-b)	Julia	often says	that	she	likes	her	brother.

(3-a)= 줄리아는 "나는 나의 동생을 좋아해"라고 자주 말한다.
(3-b)= 줄리아는 자기의 동생을 좋아한다고 자주 말한다.

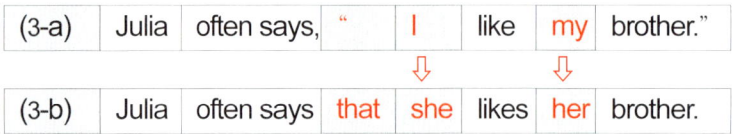

(4-a)	Tom	sometimes says,	"	I	am proud of	my	mother."
(4-b)	Tom	sometimes says	that	he	is proud of	his	mother.

(4-a)= 톰은 "나는 나의 어머니를 자랑스럽게 생각한다"라고 이따금 말한다.
(4-b)= 톰은 자기의 어머니를 자랑스럽게 생각한다고 이따금 말한다.

≪방법 3≫ say to를 tell로 고친다.

(5-a)	My wife often	says	to	me, "	Health	is above wealth."
(5-b)	My wife often	tells		me that	health	is above wealth.

(5-a)= 나의 아내는 나에게 "건강은 재산보다 좋아요"라고 자주 말한다.
(5-b)= 나의 아내는 나에게 건강이 재산보다 좋은 거라고 자주 말한다.

≪방법 4 ≫
따옴표 안에 있는 you, your를 say to뒤에 있는 인물의 인칭과 일치시킨다.
즉, say to 뒤에 있는 me와 일치시키다.

(6-a)	Jane sometimes	says to	me, "	You	should help	your	sister."
(6-b)	Jane sometimes	tells	me that	I	should help	my	sister.

(6-a)= 제인은 이따금 나에게 "너는 너의 언니를 도와야해"라고 말한다.
(6-b)= 제인은 이따금 나더러 나의 언니를 도와주어야 한다고 말한다.

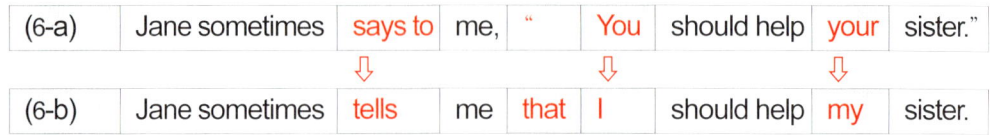

연·습·문·제 52

다음의 직접화법을 간접화법으로 전환하라.

(1) Yale Kim says, "Reading is interesting."
(2) Tom sometimes says, "Time is money."
(3) "My teacher never does justice to me," Tom sometimes complains.
(4) The farmers are always saying, "Heaven will help us."
(5) He sometimes says, "Money is everything to me."
(6) "I cannot make both ends meet," he often complains.
(7) Tom sometimes says, "I like soccer."
(8) Jane sometimes says to Tom, "You are cold to me."

* justice 정의, 공정   * be always ~ing 걸핏하면 ~하다   * heaven 하늘
* Money is not everything to me. 나에게는 돈이 전부가 아니다.
* make both ends meet 빚 안지고 살아가다, 수입과 지출을 맞추어가며 살다
* You are cold to me. 너는 나에게 냉혹(냉정)하다.

≪방법 5≫ 전달동사 (say, add, repeat, complain,~)가 과거시제인 경우에는 that뒤에 오는 문장의 동사도 과거시제로 고쳐야한다.
그러나 "   " 안의 말이 진리를 나타내는 말이거나 변하지 않는 사실이면 동사를 과거시제로 고치지 않는다.

(7-a)	Tom	said,		"I	am	busy."	<톰은 "나는 바쁘다"라고 말했다>
(7-b)	Tom	said	that	he	was	busy.	<톰은 자기가 바쁘다고 말했다>

| (8-a) | Jane | said, | | "I | can | play | the piano." |
| (8-b) | Jane | said | that | she | could | play | the piano. |

(8-a)= 제인은 "나는 피아노를 칠 수 있다"라고 말했다.
(8-b)= 제인은 (자기가) 피아노를 칠 수 있다고 말했다.

| (9-a) | She | said to | | | "The earth | moves | round the sun." |
| (9-b) | She | told | me | that | the earth | moves | round the sun. |

※ The earth moves round the sun.은 영원히 변하지 않는 사실이기 때문에 moves를 moved로 고칠 수 없다.

(9-a)= 그녀는 나에게 "지구는 태양의 주위를 돈다"라고 말했다.
(9-b)= 그녀는 나에게 지구는 태양의 주위를 돈다고 말했다.

이것을 일괄적으로 제시하면 아래와 같다.

" "안에 있는 문장의 시제	간접화법으로 전환될 경우	예:	현재를 과거를	과거로 과거완료로
현재시제이면 ⇨	과거시제로		study	⇒ studied
			like	⇒ liked
			is, am	⇒ was
			live	⇒ lived
			want	⇒ wanted
			can	⇒ could
			will	⇒ would
			may	⇒ might
			shall	⇒ should
			need not	⇒ 변하지 않음
			must 「~해야한다」이면	⇒ had to
			must 「~임에 틀림없다」이면	⇒ 변하지 않음
현재완료이면 ⇨	과거완료로		has + studied	⇒ had + studied
과거이면 ⇨	과거완료로		was	⇒ had + been

예를 들면 다음과 같다.

(10-a)	Julia	said to	John,	" I	will	help	you."
		⇩		⇩	⇩		⇩
(10-b)	Julia	told	John	that	she	would	help	him.

(10-a)= 줄리아는 존에게 "내가 너를 도와줄게"라고 말했다.
(10-b)= 줄리아는 존을 도와주겠다고 존 본인에게 말했다.

(11-a)	Julia	said to	her father,	"You	need not help	me."
		⇩		⇩	⇩	⇩
(11-b)	Julia	told	her father	that	he	need not help	her.

(11-a)= 줄리아는 자기의 아버지에게 "아버지, 저를 도울 필요 없어요"라고 말했다.
(11-b)= 줄리아는 자기의 아버지에게 줄리아 자기를 도울 필요 없다고 말했다.

(12-a)	Jane	said to	me,	"You	must	drive	with great care"
		⇩		⇩	⇩		
(12-b)	Jane	told	me that	I	had to	drive	with great care.

(12-a)= 제인은 나에게 "너 매우 조심해서 운전해야해"라고 말했다.
(12-b)= 제인은 나에게 내가 매우 조심조심 운전해야한다고 말했다.

※ with great care 큰 조심성을 가지고 = 매우 조심스럽게, 조심조심(very carefully)

(13-a)	Julia	said,		"My	father	must	be busy."
				⇩	⇩		
(13-b)	Julia	said	(that)	her	father	must	be busy.

(13-a)= 줄리아는 "나의 아버지는 틀림없이 바빠"라고 말했다.
(13-b)= 줄리아는 자기의 아버지가 틀림없이 바쁘다고 말했다.

(14-a)	Julia	said,	"My grandfather	studied	hard."
(14-b)	Julia	boasted that	her grandfather	had studied	hard.

(14-a)= 줄리아는 "나의 할아버지는 열심히 공부했다"라고 말했다.
(14-b)= 줄리아는 자기의 할아버지가 열심히 공부했다고 자랑삼아 말했다.

※ boasted를 사용하지 않고 said를 사용해도 된다.

≪방법 6 ≫ " "표 안에 있는 문장의 내용이 아래 (A), (B), (C), (D), (E)에 해당하면 동사의 시제를 바꾸지 않는다.

(A) 불변의 진리거나 확고부동한 사실인 경우
(B) 역사상의 사실인 경우
(C) 가정법 과거이거나 가정법 과거완료인 경우
(D) 격언이나 속담인 경우
(E) 현재의 습관이나 현재의 정해진 사실인 경우

(A)에 해당하는 예문: ☞ (9-b)

(B)의 예문	I	said,		"Lincoln	was born	in a log cabin."	<역사상의 사실>
	I	said	(that)	Lincoln	was born	in a log cabin.	

<나는 링컨이 통나무집에서 태어났다고 말했다>

(C)의 예문	Tom	said to	me,	"If I	were	you,	I	would	buy	it." <가정법과거>
	Tom	told	me	if he	were	I,	he	would	buy	it.

<톰은 나에게 "내가 너라면 그것을 사겠는데"라고 말했다>
※ if he were I에서 I 대신에 me를 사용해도 된다.

(D)의 예문	I	said,		"Necessity	is	the mother of invention."
	I	said	that	necessity	is	the mother of invention.

<나는 필요는 발명의 근원이라고 말했다. = 나는 궁하면 통한다고 말했다>

(E)의 예문	Tom	said,	"I	keep	early hours."	<습관>
	Tom	said that	he	keeps	early hours.	< 톰은 일찍 자고 일찍 일어난다고 말했다>

연·습·문·제 53

다음의 문장을 간접화법으로 전환하시오.

(1) Mr Brown said, "I teach English."
(2) Mr Brown said, "I am teaching English."
(3) Mr Brown said, "I don't teach English."
(4) Mr Brown said, "I taught English."
(5) Mr Brown said, "I will teach English."

(6) Mr Brown said, "I can teach English."
(7) Mr Brown said, "I must teach English."
(8) Mr Brown said, "I need not teach English."
(9) Mr Brown said, "I have taught English."
(10) Mr Brown said, "The rumor must be false."

(11) Mr Brown said to me, "I was teaching English to your son."
(12) Julia said, "The moon revolves around the earth."
(13) I said, "Sunday is the first day of the week."
(14) He said to me, "If I were you, I would emigrate to Canada."
(15) Jane said to Tom, "I have four lessons in the morning."

(16) Jane said, "I wish I could swim as well as fish."
(17) Tom said to Jane, "You must study as hard as I do."
(18) Jane said to Tom, "My father went to Busan with your father."
(19) She said, "If my father had enough money, he would buy a new car."
(20) Mother said to me, "I must study as hard as possible."

(21) She said, "Health is above wealth."
(22) I said to Jane, "Your brother often phones (to) me."
(23) "Tom has given up his job." said Jane.
(24) He said to Jane, "I have been waiting for you for two hours."
(25) "I was able to swim across the river," she boasted.

시간과 장소의 변화   03

A. 시간을 나타내는 말은 아래와 같이 변화할 수 있으나 상황에 따라 달리 변할 수 있다.

직접화법	간접화법
today	⇒ that day, yesterday
yesterday	⇒ the day before, 또는 the previous day
now	⇒ then, at that time, immediately
tomorrow	⇒ the next day, the following day
the day after tomorrow	⇒ in two days' time
next 예: next week 　　 next year	⇒ the following ⇒ the following week ⇒ the following year
last 예: last week 　　 last year	⇒ the previous ⇒ the previous week ⇒ the previous year
ago 예: a year ago 　　 ten years ago	⇒ before ⇒ a year before 또는 the previous year ⇒ ten years before

B. 위의 표에 제시된 대로 변화시켜야만 옳은 것은 아니다. 상황에 따라 달리 변할 수 있다. 예를 들어본다.

줄리아가 앤에게 수요일에 이렇게 말했다.
I will leave Seoul the day after tomorrow.
<나는 모레 서울을 떠날 예정이다>

앤이 그 다음 날인 목요일에 위의 말을 전달한다면 다음과 같이 말할 것이다.
Julia said that she would leave Seoul tomorrow.
<줄리아는 내일 서울을 떠날 거라고 말했다>

또 앤이 이틀이 지난 금요일에 위의 말을 전달한다면 다음과 같이 말할 것이다.
Julia said that she would leave Seoul today.
<줄리아는 오늘 서울을 떠난다고 말했다>

C. here가 there로 변할 수 있는 경우가 있다. 그러나 here대신에 장소의 이름을 구체적으로 말할 수 있다.

보기 : 월요일에 김예일이가 반재현에게 서울역에서 이렇게 말했다.
　　　I will be here again tomorrow. <나 내일 이곳에 다시 올 거야>
　　　(here = 서울역)

상황 1 반재현이가 그 다음날인 화요일에 서울역에서 고모의 아들인 김이현을 만나 김이현에게 다음과 같이 2가지로 말할 수 있다. (김예일은 김이현의 누나임)

⑴ 어제 너의 누나가 "나 이곳에 내일 다시 오겠다"라고 나에게 말했다.
⑵ 어제 너의 누나가 이곳에 오늘 다시 오겠다고 나에게 말했다.

(1)=	Yesterday your sister	said to	me,	"I	will	be	here	again	tomorrow.
	⇩	⇩	⇩	⇩	⇩		⇩		⇩
(2)=	Yesterday your sister	told	me that	she	would	be	here	again	today.

♣ 유의할 점 : here는 변하지 않았으며 tomorrow는 today로 바뀐 점에 유의할 것.

⑴은 직접화법이고 ⑵는 간접화법이다.

상황 2 반재현이가 일주일이 지난 그 다음 주 월요일에 김이현을 서울 대공원에서 만났다. 반재현이가 김예일을 만난 요일을 기억하고 있다면 반재현은 김이현에게 다음과 같이 2가지로 말할 수 있다.

⑴ 나는 너의 누나를 서울역에서 지난 월요일 만났는데 "나 이곳에 내일 다시 올 거야"라고 너의 누나가 나에게 말했다. (이 문장은 직접화법이다) ※ 이곳 = 서울역
⑵ 나는 너의 누나를 서울역에서 지난 월요일 만났는데 그녀는 그 다음날 그곳에 다시 가겠다고 나에게 말했다. (이 문장은 간접화법이다)

⑴ = I met your sister at Seoul Station last Monday, then she said to me, "I will be here again tomorrow."
⑵ = I met your sister at Seoul Station last Monday, then she told me that she would be there again the next day.

♣ 유의할 점 : here가 there로, tomorrow가 the next day로 바뀐 점에 유의할 것.

04. this, these, that의 변화

1. this가 때를 나타내는 말과 함께 사용되는 경우에는 that로 변한다.

    He said, "She is coming this week."
    <그는 "그녀는 이번 주에 올 것이다"라고 말했다.>
    He said that she was coming that week.
    <그는 그녀가 그 주에 올 거라고 말했다>

2. this가 인칭대명사인 경우에는 this는 it로 these는 they나 them으로 변한다.

    (1) He said, "We will discuss this tomorrow."
    (2) He said that they would discuss it (or the matter) the next day.
    (1) = 그는 "우리들은 이것에 대하여 내일 토의할겁니다"라고 말했다.
    (2) = 그는 그들이 그것에 대하여 (또는 그 문제에 대하여) 그 다음 날 토의할거라고 말했다.

3. this, that가 형용사로 사용되는 경우에는 this, that는 the로 변할 수도 있다.

    (1) He said, "I bought this car for my son."
    (2) He said that he had bought the car for his son.
    (1) = "나는 이 차를 나의 아들을 위하여 샀다"라고 그가 말했다.
    (2) = 그는 그 차를 자기의 아들을 위하여 샀다고 말했다.

주의: 다음의 ※표가 있는 직접화법 문장은 상황에 따라 다음과 같이 변할 수 있다.

	※ Tom said,	"I		bought	this	car	here	today."
(1)	Tom said that	he		bought	this	car	here	today.
(2)	Tom said that	he		bought	that	car	there	today.
(3)	Tom said that	he		bought	the	car	there	today.
(4)	Tom said that	he		bought	the	car	there	yesterday.
(5)	Tom said that	he		bought	the	car	there	two days before.
(6)	Tom said that	he	had	bought	the	car	there	that day.

(1) 동일 장소에서 같은 날에 전달하고 원 발언자가 말한 그 차가 전달자의 옆에 있을 경우

(2) 원 발언자가 말한 날에 전달하고 원 발언자가 here라고 말한 곳이 어디를 일컫는가를 이 말을 듣는 사람이 알 수 있고 원 발언자가 말한 그 차가 저만큼 떨어져 있는 경우

(3) 원 발언자가 말한 그 차가 전달자의 주변에 있지 않고 나머지 상황은 (2)와 같은 경우

(4) 원 발언자가 말한 날에서 하루가 지난 후에 전달하고 나머지 상황은 (3)과 같은 경우

(5) 원 발언자가 말한 날로부터 2일이 지난 후에 전달하고 나머지 상황은 (4)와 같은 경우

(6) (a) 원 발언자가 말한 날로부터 수십일, 또는 수주일 또는 몇 달이 지난 후에 전달할 경우
   (b) 원 발언자가 말한 그 차가 전달자의 시야에 없고 어떤 차를 일컫는지 듣는 자가 인지할 수 있는 차인 경우
   (c) there가 어디를 일컫는지 이 말을 듣는 사람이 인지할 수 있는 경우

연·습·문·제 54

다음 문장을 간접화법으로 전환하시오.

(1) He said, "I met this doctor two years ago."
(2) He said to me, "My mother is busy."
(3) He said to Jane, "You must study hard."
(4) The doctor said to Jane, "Your father must be sick."
(5) Jane said to me, "I ran across your brother yesterday."
(6) Tom said, "I will call on my teacher tomorrow."
(7) Julia said to Tom, "I will visit your mother today."
(8) Julia said, "My family will emigrate to Canada next year."
(9) Julia said, "I bought this car last year."
(10) Jane said, "I'm doing my homework now."
(11) Tom said to Jane, "I have been waiting here for you an hour."
(12) Julia said to Tom, "You can do this better than me."

의문문을 전환하기

A. " " 안의 문장에 의문사(who, whom, what, where, when, why)가 있는 경우

☆ say to를 ask로 고치고 의문문의 어순을 평서문의 어순으로 고친다.
   that를 사용하면 안 된다.

(15-a) 톰은 제인에게 "너 어제 어디에 있었느냐?"라고 말했다.
(15-b) 톰은 제인에게 (그녀가) 그 전날 어디에 있었는지 물어보았다. } 의 비교

(15-a)=	Tom said to Jane,	"Where	were	you		yesterday	?"
(15-b)=	Tom asked Jane	where		she	had been	the day before	.

(16-a) 톰은 나에게 "너 무엇을 원하느냐?"라고 말했다.
(16-b) 톰은 나에게 내가 무엇을 원하는지 물어보았다. } 의 비교

(16-a)=	Tom	said to	me,	"What	do	you	want	?"
(16-b)=	Tom	asked	me	what		I	wanted	.

※ (15-a) (16-a)는 직접화법이고 (15-b) (16-b)는 간접화법이다.

(17-a) 제인은 나에게 "너 왜 축구를 좋아하느냐?" 라고 말했다.
(17-b) 제인은 나에게 왜 내가 축구를 좋아하는지 물어보았다. } 의 비교

(17-a)=	Jane	said to	me,	"Why	do	you	like	soccer?"
(17-b)=	Jane	asked	me	why		I	like(d)	soccer.

(18-a) 나는 그녀에게 "무엇이 너를 그렇게 화나게 했느냐?" 라고 말했다.
(18-b) 나는 그녀에게 무엇이 그녀를 그렇게 화나게 했는지 물어보았다. } 의 비교

(18-ㄱ)=	I	said to	her,	"What		made	you so angry	?"
(18-ㄴ)=	I	asked	her	what	had	made	her so angry	.

B. " " 안에 있는 문장에 의문사가 없는 경우
say to를 ask로 고치고 의문문의 어순을 평서문의 어순으로 고친다. '02'와 '03'에서는 접속사 that을 사용했는데 이 경우에는 that을 쓰는 곳에 whether나 if 를 사용해야한다.

(19-a) 제인은 나에게 "너 바쁘니?" 라고 말했다.
(19-b) 제인은 나에게 내가 바쁜지 그렇지 않은지 물어보았다. 의 비교

| (19-a)= | Jane | said to | me, | | "Are | you | busy | ?" |
| (19-b)= | Jane | asked | me | whether | | I | was | busy (or not) . |

(20-a) 톰은 나에게 "너 돈을 원하느냐?" 라고 말했다.
(20-b) 톰은 나에게 내가 돈을 원하는지 물어보았다. 의 비교

| (20-a)= | Tom | said to | me, | | "Do | you | want | money | ?" |
| (20-b)= | Tom | asked | me | if | | I | wanted | money | . |

※ if대신에 whether를 사용해도 된다. whether를 사용하면 문장의 가장 뒤에 or not를 사용해도 된다. 그러나 if를 사용하면 or not를 사용할 수 없다.

연·습·문·제 55

다음 문장을 간접화법으로 전환하시오.

(1) Julia said to Henry, "Why do you dislike Tom?"
(2) Mary said to me, "How much money do you need?"
(3) I said to Tom, "What did you buy yesterday?"
(4) Jane said to me, "When did you visit my brother?"
(5) Tom said to me, "Are you aware of the danger ?"
(6) "Is this yours?" Tom said to me.
(7) My mother said to me, "Did you meet Jane yesterday?"
(8) My teacher said to me, "Can you play the piano?"
(9) Tom said to Jane, "Have you ever read this book?"
(10) "Where did you go last Sunday?" Mother asked me.

연·습·문·제 56

다음의 우리말을 영어로 말하시오.

(1-a) 헨리(Henry)는 나에게 "너 몇 살이냐?"라고 말했다.
(1-b) 헨리는 나한테 내가 몇 살인지 물어보았다.

(2-a) 나는 제인에게 "너 수영할 수 있니?"라고 말했다.
(2-b) 나는 제인에게 수영할 수 있는지 물어보았다.

(3-a) 나는 톰에게 "너의 아버지는 언제 귀국했니?"라고 말했다. (go back home)
(3-b) 나는 톰에게 톰의 아버지가 언제 귀국했는지 물어보았다.

(4-a) 나는 톰에게 "너의 아버지 귀국했니?"라고 말했다.
(4-b) 나는 톰에게 톰의 아버지가 귀국했는지 안했는지 물어보았다.

(5-a) 제인은 나에게 "너 운동 좋아하니?"라고 말했다. (like sports)
(5-b) 제인은 나에게 내가 운동을 좋아하는지 안 좋아하는지 물어보았다.

(6-a) 나는 톰에게 "너의 아버지는 내일 도착할 것이다"라고 말했다. (arrive)
(6-b) 나는 톰에게 톰의 아버지는 그 다음 날 도착할 거라고 말했다.

(7-a) 톰은 나에게 "나는 너의 아버지를 작년에 만났다"라고 말했다.
(7-b) 톰은 나에게 자기가 작년에 나의 아버지를 만났다고 말했다.

명령문을 전환하기　　06

명령문을 간접화법으로 고치면 「A_1 + A_2 + B_1 + to + 동사의 원형」이 된다.

(21-a) 그는 나에게 "열심히 공부해라"라고 말했다.
(21-b) 그는 나에게 열심히 공부하라고 말했다.

(21-a)	He	said to	me,		"Study	hard."
(21-b)	He	told	me	to	study	hard.

다음 문장의 뜻은 거의 동일하다고 보아도 된다.

(21-a) 그는 나에게 "열심히 공부해라"라고 말했다.
(21-b) 그는 나에게 열심히 공부하라고 말했다 (told).
(21-c) 그는 나에게 열심히 공부하라고 충고했다 (advised).
(21-d) 그는 나에게 열심히 공부하라고 부탁했다 (asked).

(21-b)=	He	told	me	to study	hard.
(21-c)=	He	advised	me	to study	hard.
(21-d)=	He	asked	me	to study	hard.

상황 3　나는 몸에 이상이 있다고 생각하고 의사의 진찰을 받는다. 검진한 의사는 내가 담배를 피운 탓으로 기관지에 이상이 있다고 진단을 내리고 나에게 이렇게 말한다.

Keep from smoking. <담배를 끊으시오>

내가 병원에서 돌아오자 의사가 뭐라고 하더냐고 가족이 나에게 묻는다.
나는 의사가 한 말을 다음과 같이 전할 수 있다.

(22-a)	그 의사는	나에게	" 담배를	끊으세요."	라고 말했다.	직접화법
(22-b)	그 의사는	나에게	담배를	끊으라고	말했다.	간접화법
(22-c)	그 의사는	나에게	담배를	끊으라고	충고했다.	간접화법
(22-d)	그 의사는	나에게	담배를	끊으라고	명령했다.	간접화법
(22-e)	그 의사는	내가	담배	피우는 것을	금했다.	간접화법

※ 위의 말말을 영작하면 다음과 같다.

(22-a)=	The doctor	said to		"Keep	from	smoking."
(22-b)=	The doctor	told	me	to	keep	from	smoking.
(22-c)=	The doctor	advised	me	to	keep	from	smoking.
(22-d)=	The doctor	ordered	me	to	keep	from	smoking.
(22-e)=	The doctor	forbade	me	to			smoke.
(22-b)=	The doctor	told	me	to	give up		smoking.
(22-c)=	The doctor	advised	me	to	give up		smoking.

※ 직접화법이 명령문인 경우에는 **say to**는 상황에 따라 다음의 동사로 변할 수 있다.

직접화법	간접화법	내재(內在)하고 있는 의미(意味)
say to ⇨	tell	<~하라고 말하다>인 경우
say to ⇨	order	<~하라고 명령하다>인 경우
say to ⇨	instruct	<~하라고 지시하다>인 경우
say to ⇨	advise	<~하라고 충고하다>인 경우>
say to ⇨	ask	<~하라고 부탁하다>인 경우
say to ⇨	beg	<~하라고 애원하다>인 경우
say to ⇨	request	<~하라고 요구하다>인 경우
say to ⇨	forbid	<~하는 것을 금하다>인 경우
say to ⇨	force	<~하도록 강요하다>인 경우
say to ⇨	worry	<~하라고 조르다>인 경우
say to ⇨	invite	<~하라고 권유하다>인 경우

결론 07

직접화법을 간접화법으로 전환할 경우 **here**는 **there**로, **today**는 **that day**로, 현재는 과거로, 이런 식으로 자동적으로 변하는 것이 아니다. 그때그때 상황에 따라 변한다는 것을 앞에서 지적했다. 그 점을 아직 충분히 이해하지 못하고 있는 학습자를 위하여 다시 설명한다.

상황 1 제인이 두 시간 전에 I am hungry.라고 말했다. 제인은 한 시간 전에 식사를 했으므로 지금은 배고프지 않다. 제인이 두 시간 전에 한 말 'I am hungry.'를 제인이 다시 되풀이해서 말한다면 다음과 같이 2가지로 말할 수 있다.

(1) 나는 말했다. "나 배고파"라고   = I said, "I am hungry."   **직접화법**
(2) 나는 배고프다고 말했다.   = I said that I was hungry. **간접화법**

상황 2 제인은 2분전에 I am hungry.라고 말했다. 제인은 자기가 방금 한 말을 다음과 같이 되풀이해서 말할 수 있다.

(1) 나는 『나 배고파』라고 말했다.   = I said,   "I am hungry."
(2) 나는 배고프다고 말했다.   = I said that I am hungry.

2분전에 배가 고팠고 지금도 배가 고프니까 상황이 변하지 않았다.
그러므로 am을 was로 고칠 필요가 없다.

상황 3 제인은 텔레비전 수리공에게 전화를 건다.

수리공의 대답: I will be at your house at ten tomorrow morning.
전화를 끊고 제인은 어머니에게 보고한다.

제인: (1) 수리공이 '나 내일 아침 10시에 너의 집에 갈게' 라고 말하네요.   **직접화법**
      (2) 수리공이 내일 아침 10시에 이곳에 온대요.   **간접화법**

(1) = The repairman says, "I will be at your house at ten tomorrow morning."
(2) = The repairman says he will be here at ten tomorrow morning.

수리공이 말하는 at your house는 제인의 입장에서는 이곳에 해당한다. 그러므로 at your house는 here로 변해야한다. 그리고 수리공이 말하는 내일은 제인의 입장에서도 내일이므로 변하지 않는다.

상황 4 앞에서 말한 '**상황 3**'에서 하루가 지난다. 구체적으로 말하자면 수리공이 약속한 그 시간이 지났는데도 수리공이 오지 않는다. 제인은 다음과 같이 수리공에게 전화할 수 있다.

(1) 기사님이 말하기를 "나 내일 아침 너의 집에 10시까지 갈게"라고 했잖아요.
(2) 기사님이 오늘 10시까지 온다고 말했잖아요.

주의 : 제인이 (1)로 말할 가능성은 없다.
　　　사람들은 어떤 말을 전달할 때 직접화법으로 전달하는 일이 거의 없다.

(1)	You said,	"I	will	be	at your house	at ten	tomorrow	morning.
		⇩	⇩		⇩		⇩	
(2)	You said	you	would	be	here	at ten	this	morning.

위 문장에서 **you**는 수리공이다. 수리공과 직접 통화하고 있으므로 수리공은 **you**에 해당한다. 이러한 경위 **you**를 당신이라고 해석하는 것은 좋지 않다. 당신이란 부부간에 사용하는 말이거나 생소한 사람과 시비할 때 쓰는 말이다. 그렇다고 **you**를 그대, 귀하, 너, 댁, 손님 따위로 해석할 수도 없다. 영어의 **you**를 우리말로는 상대에 따라 네가(를), 당신이(을), 그대가(를), 귀하가(를), 선생님이(을), 박사님께서(을), 기사님께서(을), 영 부인님께서(을) 등으로 해석할 수 있는 것이다.

만일 제인이 수리공과 직접 통화하지 않고 그 수리공이 근무하는 직원과 통화한다면 맨 앞에 있는 **you**는 **the repairman**이 되어야하고 두 번째 **you**는 **he**가 되어야한다. 또 그 수리공의 이름을 알고 있다면 **you**대신에 '**Mr. 아무개**'를 써야한다. 그리고 수리공이 말한 내일 아침은 이제는 오늘 아침인 것이다. 경우에 따라서는 **at your house**가 **at my house**가 될 수 있고 **at Jane's house**가 될 수 있다. 또 **tomorrow morning**은 **the next morning**이 될 수도 있다. 화법전환 변화일람표에 열거(列擧)되어있는 것들이 자동적(自動的)으로 그렇게 변한다고 생각해서는 안 된다.

연·습·문·제 57

다음 문장을 간접화법으로 전환하시오.

(1) I said to my son, "Study hard."
(2) He said to the children, "Go away."
(3) He said to us, "Please wait outside."
(4) We said to Henry, "Could you help us?"
(5) She said to me, "Would you mind not smoking?"
(6) "Don't forget to turn off the light," Mother said to me.
(7) Mother said to me, "Don't drink too much."
(8) He said, "I bought this book yesterday."
(9) He said, "Lie down, Tom."
(10) Mother said to me, "Why don't you like to go by bus?"
(11) Tom said to Jane, "Will you be there tomorrow?"
(12) She said to me, "What do you want?"
(13) "Do you want to go by air or by sea," the travel agent asked.
(14) He said to me, "Where is Jane going?"
(15) She said, "I'm sorry."

연·습·문·제 58

다음 대화에서 「~」부분을 간접화법으로 대답하시오.

(1) Ann : Would you wait half an hour?
    Tom : All right. = ① Tom agreed ~ / ② Tom said that ~

(2) Ann : Would you lend me any more money?
    Tom : No, I won't lend you any more money. = Tom refused ~

(3) Ann : Will you lend me the book?
    Tom : Yes, I will. = ① Tom agreed ~ / ② Tom said that ~

(4) Ann : When will you pay me back?
    Tom : Next week, I really will. = ① Tom promised ~ / ② Tom said that ~

연·습·문·제 59

다음의 우리말을 영어로 말하시오.

(1-a) 「너는 무엇을 원하느냐?」라고 그는 나에게 말했다 (또는 물어보았다).
(1-b) 그는 나에게 내가 무엇을 원하는 물어보았다.

(2-a) 「너는 왜 화를 냈느냐?」라고 나는 그녀에게 말했다. (get angry)
(2-b) 나는 그녀에게 왜 화를 냈는지 물어보았다.

(3-a) 나는 그녀에게 「너 야구를 좋아하느냐?」라고 물어보았다.
(3-b) 나는 그녀에게 야구를 좋아하는지 물어보았다.

(4-a) 「너 영어로 의사 소통할 수 있니?」라고 나는 그녀에게 말했다. (make oneself under-
(4-b) 나는 그녀에게 영어로 의사소통할 수 있는지 물어보았다.   stood in English)

(5-a) 나는 제인에게 「부모의 말씀에 순종해라」라고 말했다. (obey your parents)
(5-b) 나는 제인에게 부모의 말씀에 순종하라고 말했다.

(6-a) 「애들아, 잡담하지 마라,」라고 선생님이 말씀하셨다. (talk, chat, gossip)
(6-b) 그 선생님은 그 소년들에게 잡담하지 말라고 말했다.

(7-a) 그는 나에게 「너 돈 얼마 가지고있느냐?」라고 말했다.
(7-b) 그는 나에게 내가 돈을 얼마 가지고있는지 물어보았다.

(8-a) 그는 나에게 「거짓말쟁이!」라고 말했다. (liar)
(8-b) 그는 나를 거짓말쟁이라고 불렀다. (call)

(9-a) 그는 나에게 「축하합니다」라고 말했다. (Congratulations!)
(9-b) 그는 나를 축하해주었다.

(10-a) 제인은 그 방을 깨끗하게 쓸었다.
(10-b) 제인은 그 방이 깨끗하다고 말했다.

(11-a) 나는 그녀가 피아노 치고있는 소리를 들었다.
(11-b) 나는 그녀가 피아노를 치고있다는 말을 들었다.

연·습·문·제 60

다음 문장을 해석하시오.
Jupiter and the Horse (이 이야기에는 지금까지 배운 내용이 거의 다 들어있다.)

(1) Very long ago, people believed there were gods and goddesses with magic powers. Many stories were told about them. In one of the stories it was said that a god named Jupiter made all the animals in the world.

* magic 마법(의), 마술(의)   * magic beauty 이상야릇한 아름다움   * magic powers 괴력, 불가사의한 힘)   * a god named Jupiter 주피터라는 신   * It is said that ~ 사람들이 ~하다고 (~이라고) 말한다.

(2) Soon after he did this, the horse galloped up to Jupiter's mountain palace and call out in a loud voice —"O great god Jupiter, I am told by all other animals that I am the most wonderful creature (which) you have made. I think this must be true, for I am surely more beautiful and stronger and faster than any other animal."

* soon after ~한 후 곧   * gallop (말이) 전속력으로 달리다   * call out 외치다   * in a loud voice 큰 소리로   * I am told by all the animals = All the other animals tell me   ※ surely 틀림없이   * -er than any other animal 어떤 딴 동물보다 더

(3) "I see," Jupiter said, smiling kindly. "And having all this strength and beauty, is there something else (which) you want?" The horse looked himself over, feeling very pleased with what he saw. "Well," he said, "there are just a few changes I would suggest."

* having all this strength 이 모든 힘을 가지고 있음에도 불구하고   * look over ~를 바라다 보다, ~를 훑어보다   * well 글쎄, 저런, 어 ~, 응 ~ 그런데, 그렇지, 그래, 제기랄   * a few changes (which) I would suggest 내가 권하고 싶은 것 두 서너 가지 변화

(4) "Really!" exclaimed the god. "I see nothing wrong, but tell me what changes
정말였다, 저런   내가 보기에는 잘못된 것 없구나   내가 네 모습을 어떻게
do you wish me to make?" The horse lifted one of his handsome legs. "Well,"
변화시켜주면 좋겠느냐?
he said, "if my legs were a little longer and thinner, I would have even more
                   내 다리가 조금 더 길고 가늘다면   더 속도를 낼 건데요
speed than I have now." "You might," agreed Jupiter.
지금보다   그럴지도 모르지

* really? 정말?   * really! 그렇고말고, 물론이지   * exclaim 외치다   * make changes 몇 가지를 바꾸다   * lift 들다   * have more speed 더 많은 속도를 내다   * agree 동의하다   * a little (even) + 비교급은 아래와 같이 사용된다.

		비교급			
Tom is		taller	than	you.	톰은 너보다 키가 크다.
Tom is	a little	taller	than	you.	톰은 너보다 키가 조금 더 크다.
Tom is	even	taller	than	you.	톰은 너보다 한층 더(더욱 더) 키가 크다.
Tom is	much	taller	than	you.	톰은 너보다 키가 훨씬 더 크다.

(5) "And don't you think," asked the horse, stretching his neck, "that I would be
                                                목을 늘여 빼면서
even more beautiful if my neck were longer and more swanlike?"
훨씬 더 아름다워질 것이다   내 목이 더 길고 백조의 목을 더 닮으면
"Perhaps," replied Jupiter.
그럴까
"I am very strong," the horse went on, making his muscles ripple in the
                                    계속해서 말했다   근육에 파문을 일으키면서
sunlight, "but I believe a broader chest would give me even more strength."
햇빛을 받아   가슴이 더 넓어지면   훨씬 더 많은 힘이 생길 텐데요

* stretch (신체, 수족 따위를) 뻗다, 펴다, 기지개를 켜다, (날개 따위를) 펴다, (진실 따위를) 왜곡하다   * muscle 근육   * ripple 잔물결이 일다, 파문을 짓다   * a broader chest would give me 가슴이 더 넓어지면 제가 ~하게 될 텐데요   * chest 가슴

(6) "That's possible," said Jupiter. "And since you made me to carry people,
             그럴 수도있겠구나   사람들을 태우기 위해서 나를 만들었다
wouldn't it be better to have the saddle as a part of my broad back?" "You
~게 하는 것이 더 좋지 않겠습니까?   나의 넓은 등의 한 부분으로 아예 안장을 갖다
may be right," replied Jupiter. "Be patient for a little while, and I will see
너의 말이 옳을지도 모른다   잠깐만 참고 있어라
what I can do."

다음의 보기에서는 made가 사역동사이다.
He made me carry the box. 그는 나로 하여금 그 상자를 운반하게 했다.
* saddle 안장   * back 등   * You may be right. 네 말이 옳을지도 모른다.   * what I can do 내가 무엇을 할 수 있는가를

(7) In a deep voice the great god said a magic word, which rang out from the
    우렁찬 목소리로   마력을 지닌 주문을 외웠다   울려 퍼지다
mountain and echoed among the clouds. The wind blew, and the dust
              구름 속에서 메아리쳤다   하늘에서 먼지가
swirled in the air. The dust whirled and whirled until finally, when the air
소용돌이쳤다   먼지 바람이 빙빙 돌았다   그리하여 마침내 먼지가 가라 앉았을 때
cleared, there stood a camel.

The horse stared at this new animal, wondering why the god had made
          응시했다   왜 ~했을까 궁금해하면서
such an ugly creature.

* a magic word 마법의 주문   * ring out 울려 퍼지다   * echo 울리다, 메아리치다   * swirl 소용돌이치다, 현기증 나다   * whirl 빙빙 돌다, 선회하다   * the air cleared 공기가 깨끗해졌다
* stare at ~를 응시하다   * an ugly creature 추한 동물(피조물)

(8) Jupiter watched the horse, smiling, "Here you are," he said. "Here are
                                 미소를 지으면서   네가 바라던 것이 여기 있다
longer, thinner legs. Here is a long, swanlike neck. And see the broad
                                                                    넓은 가슴이
chest? What strength! And notice how the two humps make a saddle
보이지? 와! 힘이 대단하겠지   보라   두 개의 혹과 혹 사이에   안장을 어떤
between them. Nothing to put on at all. Do you wish your shape to be like
식으로 만들어 놓았는지 아무 것도 전혀 올려놓을 필요 없었지   너의 모습이 이렇게 되기를
this?" The horse shook with fear, but he said nothing.
                  무서워서 몸이 떨렸다

* watch 유심히 바라보다   * Here you are. 네가 바라던 것이 여기 있다.   * see the broad chest? 넓은 앞가슴이 보이지?   * What strength! 힘이 대단하겠네!   * What a boy! 대단한 소년이군!   * What coffee! 기막힌 커피로군!   * hump (등에 생긴) 혹, 육봉, (도로의) 둔덕
* put on 입다, put A on B = B에 A를 올려놓다   * at all 전혀, 조금도   * shook with fear 무서워서 오들오들 떨다

(9) "I see you would not," Jupiter said. "Very well! I have been kinder to you
    네가 그렇게 되고 싶어 하지 않는다는 것을 나는 안다   너의 분수이상으로 내가 너에게
than you deserve. I made this creature only to show you what you might
친절을 베풀어 왔다   다만 너에게 ~을 보여주려고   너의 모습이
look like, but I believe I shall always keep this animal on Earth. I shall call
어떻게 될까   이 동물을 지구상에 그냥 언제나 둘 것이다
it a camel. It will remind you to be happy with what you have." The horse
그것을 낙타라 부르다 그것을 보면 너는 ~이 생각날 것이다 네가 현재 가지고 있는 것으로 행복을 느끼도록
went away, and no one has ever heard him complain since.
                  그 후 아무도 그가 불만을 나타내는 것을 들은 적이 없다

* deserve ~할 (~을 받을) 가치가 있다 deserve praise (attention) 칭찬(주목)을 받을 만하다
  Good work deserves good pay. 훌륭한 일은 좋은 급료를 받을 만하다.
  I have been kinder to you than you deserve. 너는 분수에 넘칠 정도로 나의 사랑을 받아왔다.
* **I shall ~ 나는 ~할 것이다   * You shall ~ 나는 네가 ~하도록 하겠다**
  I shall die tomorrow. 나는 내일 죽을 것이다.   You shall go to Seoul. 나는 네가 서울 가도록 만들겠다.
* remind ~에게 (~을) 생각나게 하다, 일깨우다, 연상(聯想)케 하다

연·습·문·제 61

다음 문장을 해석하시오.

(1) Wise men for hundreds of years have tried to say what religion is; but each man seems to leave out the very things which some of the others think most important. This means, of course, that religion is a word connected with many kinds of experience and that it is impossible to say in a sentence or two what it is. But some of the experiences which are important in most religions can be named. Such a list is one of the best ways of finding out what religion is.

* leave out ~를 빼다, 삭제하다, ~를 고려하지 않다   * the very things 바로 그 사물들
* connected with ~와 관련된   * in a sentence or two 한 두 마디로   * in most religions 대부분의 종교에서   * can be named 거명될 수 있다

◎ I mean that you are a liar. 내말 뜻은 당신이 거짓말쟁이라는 겁니다.
◎ It is impossible to say what it is. 그것이 무엇인지 말한다는 것은 불가능하다.
◎ Some of the experiences which are important in most religion.
   대부분의 종교에서 중요시하는 몇 가지 경험들

(2) ① Almost always there is belief in a power or powers greater than man's.
② This power or these powers are praised, yielded to, feared, sacrificed to, and prayed to by man. He seeks in every way he can to please the good or creative powers, to invite them into his life, and to give himself to their will. He tries equally hard to drive away the evil powers.

* belief in ~이 존재한다는 믿음   * yield to A = A에게 굴복(양보)하다   * sacrifice to A = A에게 제물을 드리다   * pray to A = A에게 소원을 빌다   * seek to ~ 하려고 노력하다   * please 기쁘게 해주다, 비위를 맞추다   * creative 창의력이 있는   * give oneself to ~ = ~에게 자신을 바치다   * drive away 쫓아내다, 몰아내다   * evil powers 악령들, 악신들, 악귀들

◎ to please, to invite, to give는 seek와 연관된 말이다
◎ This power부터 by men까지를 능동태로 전환하면 아래와 같다.
  Man praises, yields to, fears, sacrifices and prays to this power or these powers.

(3) ③ Ceremonies are developed <u>in order that</u> <u>man's sacrifices and prayers</u>
     ~하기위하여, ~하도록   사람이 바치는 제물과 기도
<u>may be offered</u> with fitting beauty, excitement, and dignity.
제공되도록   격에 맞는 미와 흥분과 품위를 곁들여
  ④ <u>Certain places and objects connected with</u> <u>the worship and history of a</u>
     ~와 관련이 있는 장소와 대상물   어느 종교의 예배와 역사
religion <u>are held sacred</u> <u>by its followers</u>.
         신성시 된다   그 종교의 신봉자들에 의하여
  ⑤ <u>In many religions</u> <u>there is hope</u> that <u>through obeying and worshiping the</u>
     많은 종교에   희망이 있다   인간보다 고도의 힘을 지닌 존재에게
<u>higher power</u>, <u>man can have a better life</u> than they have known — <u>in some</u>
순종하고 예배를 드림으로써   인간이 ~보다 더 나은 생활을 누릴 수 있다   어떤
<u>religions</u> <u>a better life on this earth</u>; <u>in others</u>, <u>a better life after death</u>.
종교에서는   이 지상에서의 더 나은 생활을 할 수 있다는 희망이 있고 어떤 종교에서는   사후에 더 나은 생활을 할 수 있다는 희망을 걸고 있다

* ceremony 종교의식, 예식, 식   * a graduation ceremony 졸업식   * congratulatory (funeral) ceremony 축하식 (장례식)   * develop 발달시키다, 계발하다, 개발하다, 조성하다
* in order that 주어 may ~ = ~하기 위하여   * prayer 기도(문)   * offer 제공하다, 권하다
* fitting (격, 분위기 따위에) 적절한, 알맞은, 어울리는   * excitement 흥분, 자극, 야단법석, 소동   * dignity 존엄, 품위   * object (사상, 감정, 행동 따위의) 대상 (인물, 사물), 목적, 목표
* worship 숭배   * hold A sacred = A를 신성시하다   * follower 추종자, 신봉자, 따르는 자

(4) ⑥ <u>Almost always</u> <u>a man's right conduct in all daily matters</u> — <u>especially in</u>
      거의 예외 없이   일상의 모든 문제에서 인간의 올바른 행위   특히 자기 동료들과의 관계에서
<u>his relations with his fellow men</u> — <u>is held to be one of</u> <u>the best methods of</u>
특히 자기 동료들과의 관계에서   ~의 하나로 여겨지고 있다   하느님이나 여러 신들을
<u>pleasing God or the gods</u>, and <u>one of the principal gateways into a better</u>
기쁘게 하는 가장 좋은 방법들   더 나은 미래의 생활로 들어가는 가장 중요한 관문 중의 하나
<u>future life</u>.

     <u>Various other beliefs and practices could be named</u>, but <u>even these</u> are not
     그 외 여러 가지 신앙과 관행적 행위를 열거하려면 열거할 수 있다   심지어 이러한 것들도
all true of every religion.

* right conduct 올바른 행실   * in his relations with ~ = ~와의 관계 속에서   * is held to be one of ~ = ~중의 하나라고 여겨지다   * principal gateways 가장 중요한 관문들
* various 여러 가지의, 다양한   * practice 관행, 관습, 실습, 실기, 연습   * could be named 열거하려고 한다면 열거할 수 있다. (가정법 과거이다)

LESSON 6

LESSON 6

We sailed around the world (전치사 I)

01 전치사의 역할을 눈여겨보아라. ※ sail 항해하다

(1-a)	They sailed	from	Incheon.	(출발점)
(1-b)	They sailed	out of	the harbor.	(나올 때)
(1-c)	They sailed	toward	the island.	(~쪽으로)
(1-d)	They sailed	along	the coast.	(~을 따라)
(1-e)	They sailed	across	the Yellow Sea.	(횡단하는 경우)
(1-f)	They sailed	to	Guam.	(~까지)
(1-g)	They sailed	through	the Panama Canal.	(통과하는 경우)
(1-h)	They sailed	up	the Mississippi.	(~위쪽으로)
(1-i)	They sailed	down	the Mississippi.	(~아래쪽으로)
(1-j)	They sailed	into	the Atlantic Ocean.	(들어가는 경우)
(1-k)	They sailed	round	the world.	(도는 경우)
(1-l)	They sailed	against	the current.	(~에 대항하여)

(1-a)= 그들은 인천으로부터 출항했다.
(1-b)= 그들은 배를 타고 그 항구를 빠져 나왔다. (항구 밖으로 나왔다)
(1-c)= 그들은 배를 타고 그 섬 쪽으로 갔다.
(1-d)= 그들은 해안선을 끼고 (해안선을 따라) 항해했다.
(1-e)= 그들은 배를 타고 황해를 건넜다. (황해를 가로질러 항해했다)
(1-f)= 그들은 배를 타고 괌에 (괌까지) 갔다.
(1-g)= 그들은 배를 타고 파나마운하를 통과했다. (파나마운하를 통하여)
(1-h)= 그들은 배를 타고 미시시피 강을 거슬러 올라갔다. (미시시피 강 위쪽으로)
(1-i)= 그들은 배를 타고 미시시피 강을 내려갔다. (미시시피 강 아래쪽으로)
(1-j)= 그들은 배를 타고 대서양에 진입했다.(대서양 안으로 들어갔다)
(1-k)= 그들은 배를 타고 세계를 한 바퀴 돌았다. (세계 둘레를 돌았다)
(1-l)= 그들은 격류와 (물살과) 싸우며 나아갔다. (물살과 대항하여)

이번에는 때를 나타내는 말 앞에 쓰는 전치사를 눈여겨보시오.

(2-a) The poet died   at   night (dawn, noon).
(2-b) The poet died   at   ten o'clock.
(2-c) The poet died   at   the age of fifty.
(2-d) The poet died   at   the moment.
(2-e) The poet died   on   Sunday (Monday).
(2-f) The poet died   on   the morning of May 1st.
(2-g) The poet died   on   New Year's Day.
(2-h) The poet died   in   1990.
(2-i) The poet died   in   May (June, July).
(2-j) The poet died   in   spring(summer, autumn).
(2-k) The poet died   in   the morning.
(2-l) The poet died   before   dark.
(2-m) The poet died   after   dark.
(2-n) The poet waited till   five.

<해석을 생략함>

※ at night (dawn, noon, sunset) = 밤 (새벽, 정오, 석양)에
※ at the age of fifty = 50세에
※ at the moment = 그 순간에
※ on Sunday (Monday) = 일요일 (월요일)에
※ on the morning of May 1st = 5월 1일 아침에
※ on New Year's Day = 설날에, 신정에
※ before dark = 어두워지기 전에
※ after dark = 어두워진 뒤에

◎ 『아침에』는 『in the morning』이고
　『~날 아침에』는 『on the morning of ~』이다
◎ 『5시까지』라는 말을 영어로는 till five라고 말하는 경우가 있고 by five라고 말하는 경우가 있다. 『5시까지 ~을 계속한다』는 뜻이면 till five를 사용하고 『5시까지 ~을 끝낸다』는 뜻일 때는 by five를 사용한다.
He will be here till five.　　<그는 5시까지는 이곳에 있을 것이다>
He will be back here by five.　<그는 5시까지는 이곳에 돌아올 것이다>
He will not be back here till five. <그는 5시까지 돌아오지 않을 것이다>

 주의 부정문에서는 by를 사용할 수 없다.

above

02

위치상으로 『~의 위에, ~의 위쪽에』라는 뜻을 가지고 있다. 우선 아래의 예문을 본 다음 이 문장에 과연 앞에서 말한 그 뜻이 있는지 따져보자.

(1-a) The peak rises above the clouds.
(1-b) The water is already above our knees.
(1-c) A captain is above a lieutenant.
(1-d) Health is above wealth.
(1-e) All children above six years of age must go to school.
(1-f) He is above telling a lie.
(1-g) His conduct is above all praise.
(1-h) He lives above his means.
(1-i) It is above my comprehension.
(1-j) I am not above asking questions.
(1-k) He is above others in ability.

(1-a)= 그 봉우리는 구름위로(까지) 솟아있다.
(1-b)= 물이 이미 우리들의 무릎위로(까지) 차 올라와 있다.
(1-c)= 대위는 중위보다 위다.
(1-d)= 건강은 재산보다 낫다(위에 있다).
(1-e)= 6살 이상인 (6살 보다 위에 있는) 어린이는 모두 취학해야한다.
(1-f)= 그는 거짓말을 할 사람이 아니다. (그이의 사람됨은 거짓말을 하는 따위의 저질 수준보다는 더 위 수준에 머물러 있다는 뜻이다)
(1-g)= 그이의 행위는 일일이 다 칭찬할 수 없을 정도다. (말로 칭찬할 수 있는 범위를 위쪽으로 훨씬 벗어나 고개를 들고 바라보며 경탄이나 할 뿐 표현할 수는 없는 정도라는 뜻)
(1-h)= 그는 분수에 맞지 않게 산다. (그는 자기의 재력을 넘어가서 즉, 자기의 재력보다 더 높은 수준의 생활을 한다는 뜻)   * means = 재산
(1-i)= 나의 능력으로는 그것을 도저히 이해할 수 없다. (그것은 내가 이해할 수 있는 수준에서 벗어나 나의 이해력을 초월하여 높은 수준에 있음을 나타냄)
(1-j)= 나는 질문하는 것을 창피한 일이라고 생각하지 않는다.
(1-k)= 그는 타인들 보다 뛰어난 역량을 가지고 있다.

about　　　　　　　　　　　　　　　　　　　　03

A. 『~에 대하여 』라는 뜻을 가지고 있다.

(1-a) I know all about it. <나는 그것에 대하여 전부를 알고 있다>

hear, know, say, speak, tell, talk, think, complain뒤에 about A가 오면 A에 대하여 자세히 듣거나 알거나 말하거나 생각하거나 불평한다는 것이고 of A가 오면 A에 대하여 간단히 또는 건성 듣거나 알거나 말하거나 생각한다는 뜻을 나타낸다. 또 전문성이나 학술적인 의미를 가진 경우에는 about대신에 on을 사용한다.

※ a book about gardening <원예에 관한 책>
※ a book on war <전쟁에 관한 책>
※ talk about the dog <그 개에 대하여 말하다>
※ speak on finance <재정문제에 대하여 말하다 또는 연설하다>
※ think about (또는 of) Mother <어머니에 대하여 생각하다, 어머니 생각을 하다>
※ complain about (또는 of) little supply <공급이 적다고 불평하다>

B. 몸 어딘가에

(2-a) He has something strange about him.
　비교: He has something strange in him.
(2-b) He has money about (=with) him.
　비교: He has an umbrella with him.

(2-a) 그는 겉모습 (복장) 어딘가에 이상한 데가 있다.
　비교: 그는 인격 (또는 성격 또는 품성) 어딘가에 이상한 점이 있다.
(2-b) 그는 몸 어딘가에 (지갑, 호주머니 등) 돈을 가지고 있다.
　비교: 그는 몸에 우산을 지니고 있다.
　　　　우산은 호주머니나 지갑에 들어가지 못하므로
　　　　He has an umbrella about him.이라고 할 수 없다.

C. 이곳저곳에, 이곳저곳으로 (= here and there)

(3-a) They sailed about the lake. <그들은 배를 타고 호수를 누볐다>
(3-b) A bee flew about the room. <벌 한 마리가 그 방 이곳저곳을 날아다녔다>

D. 둘레에 (= around), 근처 어딘가에 (= somewhere near)

(4-a) They were standing about (=around) the table. <테이블 둘레에>
(4-b) The dog is about (= somewhere near) the barn. <창고 가까이 어딘가에>

across   04

A. ~를 가로질러, ~의 건너편에

본래 across는 『on + cross』이다. on은 『~한 상태에 있는』이라는 뜻을 가지고 있다.

예를 들면 『on the move = 움직이고 있는』이고 『on the strike = 파업 중에 있는』이다. 이 on이 a로 변한 것이다. 그리고 cross는 『十字』를 의미한다. 따라서 across는 『十』의 형태를 만든다는 속뜻이 들어있다. (awake, aware, afloat, afraid의 a도 on의 변형임)

(1-a) He ran across the street. <그는 그 거리를 뛰어서 건너갔다>
(1-b) He swam across the river. <그는 그 강을 헤엄쳐 건너갔다>
(1-c) a road across the railway <철도를 가로지른 길>
(1-d) A fallen tree lay across my path.
(1-e) She sat with her arms across her breast.
(1-d) 넘어진 나무가 내가 가는 길을 가로막고 누워있었다.
(1-e) 그녀는 가슴에 팔짱을 끼고 앉아있었다.

위 예문에 사용된 across의 분석:

(1-a) 그가 달린(=ran) 코스를 선으로 그으면 그 선과 그 도로(=street)는 十자(字)가 된다.
(1-b) 그가 수영한(=swam) 코스에 선을 그으면 그 강과 그 선은 十字가 된다.
(1-c) 길과 철도는 서로 엇갈려 있으므로 그 길과 철도가 만나는 곳은 十字 형태가 된다.
(1-d) 넘어진 나무가 길의 한쪽 편에서 다른 쪽 편까지 가로막고 있으므로 그 나무와 길은 十字의 형태를 하고 있다.
(1-e) 팔짱을 끼고 있으면 팔이 十字의 형태를 하게 된다.

B. 다음의 문장은 (1-a) (1-b)를 모방하여 비유적으로 사용된 문장이다.

(2-a) The lightening flashed across the sky.
(2-b) A good idea flashed across his brain.
(2-c) I ran across my old teacher in Seoul.

(2-a)= 번개가 하늘에서 번쩍했다.
(2-b)= 묘안이 그의 머리를 스쳐지나갔다.
(2-c)= 나는 서울에서 우연히 나의 은사를 만났다.

C. 건너편에, 건너편에서

(3-a) He lives across the lake.   <그는 호수의 건너편에서 산다>
(3-b) He called to me across the street. <그는 그 거리의 건너편에서 나를 불렀다>

after   05

after는 『~의 뒤에』라는 뜻을 가지고 있다.

(1-a) The letter "B" comes after the letter "A".
(1-b) I paid a visit of condolence after the fire.
(1-c) Our oldest son was named Brown after his uncle.
(1-d) He lives after foreign model.
(1-e) The policeman ran after the thief.
(1-f) She looked after her sick child.
(1-g) He is always seeking after power.

(1-a) B자는 A자 다음에 온다. <B는 A자 다음에 있는 글자다>
(1-b) 나는 그 화재가 있은 후에 위로 방문했다.
(1-c) 우리의 장자(長子)는 그의 삼촌의 이름을 따서 브라운이라고 명명되었다.
(1-d) 그는 외국의 생활양식을 모방하여 산다.
(1-e) 그 경찰관은 그 도둑을 뒤쫓아 갔다.
(1-f) 그녀는 자기의 병든 아이를 돌보았다. (간호했다)
(1-g) 그는 항상(툭하면) 권력을 추구한다. (be always + -ing 툭하면 ~한다)

위 문장에 있는 after를 아래와 같이 분석해 볼 수 있다.

(1-c) : 그이에게 브라운이라고 명명된 것은 그이의 삼촌에게 브라운이라고 명명된 것보다 뒤(after)에 있은 일이다.

(1-d) : 외국 사람들의 생활 model을 모방하는 것은 그 외국 사람들 보다 뒤(after)에 그 생활모델을 실천하고 있는 것이다.

(1-e) : 도둑이 앞에 달려가고 경찰은 그 뒤(after)를 달려가니까 run after가 『쫓아간다』는 뜻이 된다.

(1-f) : 내가 소년시절만 해도 어떤 아낙네는 일터에 나갈 때 어린아이를 데리고 나갔다. 왜냐하면 집에 아이를 돌볼 사람이 없었기 때문이다. 데리고 나간 그 아기를 옆에 놓아두고 일하면서 수시로 뒤돌아보았다. look after는 뒤를(after) 본다(look)는 뜻이므로 결국 『돌본다』는 뜻이 된다.

(1-g) : 권력이나 명성이나 행복 등이 눈으로 볼 수 없는 미지의 곳으로 달아난 뒤에 우리들에게 『나 여기에 있으니 와서 나를 가져가세요』라고 손짓하고 있는 것 같다. 달아난 그것들을 뒤(after) 쫓아가면서 찾아보니(seek), seek after는 『추구하다』라는 뜻이 될 수밖에 없지 않은가?

against   06

A. 『against N』의 첫 째 뜻은 『N에 대항하여』이다.
그러므로, ㉠ N에 부딪힐 때, ㉡ N과 싸울 때 ㉢ N에 거슬리거나 반대할 때, ㉣ N에 불리할 때 against N으로 표현한다.

(1-a) The car ran against a rock. <그 차는 바위를 들이받았다>
(1-b) The people rose against the government.
(1-c) We sailed against the wind.
(1-d) I am strongly against reform. <나는 개혁에 강력히 반대한다>
(1-e) He crossed the street against a red light.
(1-f) She married him against her will.
(1-g) His youth is against him.
(1-h) Everything is against him. <모든 것이 그에게 불리하다>
(1-i) Fortune ran against her.

(1-b) 국민은 정부에 반기를 들고 일어섰다.
(1-c) 우리들은 바람을 안고 항해했다.
(1-e) 그는 빨간 신호등이 켜져 있는데도 그것을 무시하고 길을 횡단했다.
  (그이의 행동은 규칙에 위배되므로 against를 사용한다)
(1-f) 그녀는 자기의 뜻이 아닌데도 그이와 결혼했다.
  (그녀의 의지와 반대되는 결혼이므로 against를 사용한다)
(1-g) 그는 젊다는 것이 오히려 그에게 불리하게 작용한다.
(1-i) 운명은 그녀에게 불리하게 돌아갔다. (그녀는 운이 나빴다)

B. 다음의 문장에 있는 against에는 위에서 말한 뜻이 숨어있다.

(2-a) You must save money against a rainy day.
(2-b) Mt. Halla stands out clear against the blue sky.
(2-c) He is leaning against the wall.

(2-a) 너는 곤궁한 날이 올 것에 대비하여 저축해야한다.
  (곤궁한 날이 오는 것에 반대하거나 저항하므로 against를 사용한다)
(2-b) 한라산이 푸른 하늘을 등에 지고 우뚝 솟아있다.
  (그대가 N을 등에 지고 있다면 N은 그대에게 거슬리는 존재다)
(2-c) 그는 벽에 기대고 있다.
  (만일 벽에도 감정이나 감각이 있다면 벽이 얼마나 괴로워하겠는가?)

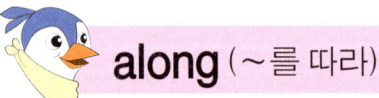

along (~를 따라) 07

along은 「on + long」이다. 이 경우 on에 대해서는 '04'에서 이미 설명했다. 따라서 along은 어떤 일이 줄을 이룬 형태로 되어있거나 어떤 행동이 선(線)이라고 볼 수 있는 것들을 따라가면서 행해지는 경우에 along N이라고 말한다. 다시 말하면 along N에서 N은 「길, 철도, 해안선, 강둑, 가장자리, 가리마, 국경선」 등등이다.

(1-a) We sailed along the coast.
(1-b) He walked along the riverbank.
(1-c) He rode a bicycle along the tree-lined road.
(1-d) There are numerous kinds of plants growing along the riverbank.
(1-e) There were trees along both the banks.
(1-f) Traffic was tied up all along the road.
(1-g) He ran a border along the shelf.   * border 경계, 국경   * shelf 선반

(1-a) 우리들은 해안선을 끼고 (해안선을 따라) 항해했다.
(1-b) 그는 강둑을 따라 걸었다.
(1-c) 그는 자전거를 타고 가로수 길을(따라) 달렸다.
(1-d) 그 강둑에는(강둑을 따라) 별의별 식물들이 자생하고 있다.
(1-e) 양쪽 둑에는(둑을 따라) 나무들이 있었다.
(1-f) 그 길은(그 길을 따라) 교통이 침체상태에 있었다.
(1-g) 그는 그 선반에 (그 선반을 따라) 칸막이를 했다.

among   08

among의 뜻은 『~중에(서), ~사이에(서)』이다.

(1-a) I saw him among the crowd.
(1-b) He is the first among scholars.
(1-c) He hid himself among the trees.

(1-a) 나는 군중 속에서 그이를 보았다.
(1-b) 그는 학자들 중에서 제1인자다.
(1-c) 그는 나무들 사이에 숨었다.

around와 round

around N 또는 round N은 『㉠ N의 둘레에 ㉡ N의 근처에 ㉢ N의 이곳 저곳에』라는 뜻을 가지고 있다. 또 어떤 행동이 N을 회전하는 행동이면 『동사 + around N』이라고 한다. 정지 상태에는 around를 사용하고 운동 상태인 경우에는 round를 사용한다는 설명도 있으나 실은 이러한 구별은 인정되지 않는다. 또 around 뒤에 숫자(數字)가 오면 around를 『약』이라고 해석한다. 이 경우에는 around가 전치사가 아니라 부사다. (단, 영국에서는 ㉠ 회전운동 ㉡ 각(角)진 곳을 돈다 ㉢ 이리저리 라는 뜻일 때는 round를 사용하는 경향이 강하다)

(1-a) We sat around (=round) the fire.
(1-b) A fence runs round (=around) the house.
(1-c) We sailed all round (=around) the world.
(1-d) She put her arms around (=round) his neck.
(1-e) He lingered around (=about) the park.
(1-f) It is a millstone around his neck.
(1-g) The earth goes (or moves, travels) round the sun. (회전운동)
(1-h) Shells burst around (=round) us.
(1-i) He tied a rope around (=round) the tree.
(1-j) It will cost around (= round about, about) 10 pounds.
(1-k) He was born around (=about) three o'clock in the afternoon.
(1-l) He went round the corner. (corner 는 각이 졌음)

(1-a) 우리들은 불을 중심으로 빙 둘러앉았다.
(1-b) 그 집 둘레에는 울타리가 쳐있다.
(1-c) 우리들은 배를 타고 세계를 일주했다.
(1-d) 그녀는 두 팔로 그이의 목을 껴안았다.
(1-e) 그는 그 공원의 이곳저곳을 어슬렁어슬렁 돌아다녔다.
(1-f) 그것은 그를 괴롭히는 무거운 짐이다.
(1-g) 지구는 태양을 돈다.
(1-h) 우리들 근처에서 포탄이 작렬했다.
(1-i) 그는 그 나무에 밧줄을 칭칭 감았다.
(1-j) 그것은 약 10파운드 가량 소요될 것이다.
　　　(그것의 원가는 약 10파운드 될 것이다)
(1-k) 그는 약 오후 3시경에 태어났다.
(1-l) 그는 그 모퉁이를 돌아갔다.

연·습·문·제 62

about의 뜻이 나머지 3개와 다른 것은 어느 것인가?

(1) ⓐ I lost my ring about here.
　　ⓑ Flowers grow all about the house.
　　ⓒ The children gathered about the fireplace.
　　ⓓ There is something strange about him.

(2) ⓐ Papers were lying about the room.
　　ⓑ Wind scattered the leaves about the street.
　　ⓒ She has some money about her.
　　ⓓ He strolled about the village.

연·습·문·제 63

다음 문장을 해석하시오.

(1) His grades are above the average of the class.
(2) You ought to be above cheating in examinations.
(3) She thinks herself above criticism.　　　* criticism 비평, 비판
(4) If you want to learn, you must not be above asking questions.
(5) His voice was heard above the roar of the train.　　* roar 굉음, 으르렁거림
(6) It is above (=beyond) my comprehension.　　* comprehension 이해(력)
(7) We flew above the clouds.
(8) You should put your honor above all else.　　* honor 명예, 영예, 명성

연·습·문·제 64

다음의 질문에 대답하시오.

(1) 다음 문장의 (　)안에 **after**를 사용할 수 없는 것은 어느 것인가?

    ⓐ Close the door (　) you, please.
    ⓑ Don`t speak ill of her (　) her back.
    ⓒ He was named Philip (　) his uncle.
    ⓓ He tried all night and failed (　) all.
    ⓔ She appeared from (　) the curtain.
    ⓕ The hounds ran (　) the fox.
    ⓖ This is a picture (　) Goya.
    ⓗ He is always seeking (　) happiness.

(2) (　)안에 **against**를 사용할 수 없는 것은 어느 것인가?

    ⓐ We will fight (　) the enemy.
    ⓑ She swam (　) the strong stream.
    ⓒ The lightning flashed (　) the sky.
    ⓓ This is (　) nature.
    ⓔ I am insured (　) fire.
    ⓕ He sailed (　) the lake.
    ⓖ He sailed (　) the wind.
    ⓗ Are you for or (　) the proposal?
    ⓘ Passengers are warned (　) pickpockets.
    ⓙ We have saved some money (　) our old age.

(3) (   )안에 보기의 말 중에서 알맞은 것을 골라 넣으시오.

보기의 말 : along, against, among, after, (a)round, across

ⓐ There are a lot of trees (   ) the railway.
ⓑ The earth goes (   ) the sun once a year.
ⓒ He is leaning (   ) the door.
ⓓ He lives (   ) foreigners. (외국인들 속에서)
ⓔ Busan is (   ) the greatest cities in Korea.
ⓕ Be watchful (   ) temptations.
ⓖ My house is just (   ) the street.
ⓗ He told me to live (   ) the world. (세상사람 사는 방식으로)
ⓘ Mt. Halla stands out clear (   ) the blue sky.
ⓙ I came (   ) an old friend in the park this morning.
ⓚ Hide yourself (   ) the trees.
ⓛ Several ladies were (   ) the plan, and, (   ) the rest, Jane.
ⓜ It is (   ) the rules. (규칙에 위배된다)
ⓝ He built the house (   ) the same model.
ⓞ Mother was (   ) my accepting the inheritance.
ⓟ Christmas is just (   ) the corner.

* watchful 빈틈없는, 주의 깊은   * temptation 유혹
* among the rest ~도 그 중에 끼어있다
* accept 수락하다, 받아드리다   * inheritance 상속재산, 유산

연·습·문·제 65

다음 문장을 해석하시오.

(1) Place the ladder against the tree.　　　* ladder 사다리
(2) Put the piano with its back against the wall.
(3) It is a menace against his reputation.　　* menace 위협, 협박　* reputation 명성, 명망
(4) Be on your guard against false money.　　* false money 위조화폐
(5) The trees were black against the evening sky.
(6) You are hoping against hope.
(7) We must provide against a poor crop.　　* provide 공급하다　* crop 작물, 수확물
(8) I have nothing to say against her.
(9) He is above bad behavior.　　* behavior 행실, 거동, 행동
(10) He is above telling a lie.
(11) The child's intelligence is above average.
　　　　　　* intelligence 지성, 지력, 총명　* average 평균(치), 일반 표준
(12) This book is above me.
(13) You should be above all meanness and fraud.　　* meanness 비열, 치사함, 속임
(14) He is above all the other boys in his class.
(15) We scarcely spoke above our breath.
　　　　　　* scarcely 가까스로, 겨우　* above one's breath 숨소리 보다 큰 소리로
(16) It is a painting after the great master.　　* master 대가, 거장
(17) The boy ran after the butterfly.　　* ran after 뒤쫓다
(18) The police are after him.　　* be after 추적하다
(19) We are searching after the lost child.　　* search after 수색하다, 찾아보다
(20) What are you about?
(21) I hope you know what you are about.
(22) She folded her arms about her son's neck.　　* fold 접다
(23) There is something noble about him.　　* noble 고상한, 고결한
(24) The bees buzzed about my head.　　* buzz (벌이) 붕붕거리다
(25) I saw some idlers hanging about the public house.　　* idler 게으름뱅이
(26) Her hair hang about her neck.
　　　　* hang about 얼쩡거리다 배회하다　* hang about one's neck 목까지 늘어져있다
(27) They were standing about (around) the table.
(28) He is much about my stature.　　* stature 키, 신장

as (1) ~로서 (2) 예를 들면   10

(1-a) He lived as a saint.
(1-b) He drinks brandy as medicine.
(1-c) They treated her as one of the family.
(1-d) Some animals, as dogs and cats, eat meat.

(1-a) 그는 성자로(서) 살았다.
(1-b) 그는 브랜디를 약으로(약 삼아) 마신다.
(1-c) 그들은 그녀를 가족의 일원으로(서) 대우했다.
(1-d) 어떤 동물들은— 예를 들면 개와 고양이 같은 것 — 고기를 먹는다.

at   11

A. 좁은 장소 또는 좁다고 생각되는 장소 앞에 사용한다.
그러나 아무리 좁아도 입체적인 것에는 in을 사용한다. 좁다는 것에는 객관적인 기준이 없다.

(1-a) He is standing at the corner. (평면적인 모퉁이)
(1-b) There is an umbrella standing in the corner of the room.

(1-a) = 그는 모퉁이에 서있다.
(1-b) = 그 방의 구석에 우산이 세워져 있다.

다음 문장을 비교해 보기 바란다.

(1-c) There are two churches in the village. (정지상태)
(1-d) Our party arrived at the village. (일시적 행위)

(1-c) = 그 마을에는 교회가 두 개 있다.
(1-d) = 우리 일행은 그 마을에 도착했다.

(1-e) I arrived at London. (런던 역에 방금 도착한 경우)
(1-f) I arrived in London. (런던에 도착하여 숙소를 정하고 나서)

B. 순간적이라고 생각되는 것 앞에 at를 사용하고 순간적인 것이 아니라고 생각되는 것, 또는 긴 세월이라고 생각되는 것 앞에는 in을 사용한다.

예를 들면 과거나 미래는 무한히 길지만 현재는 순간에 불과하다. 또 『아침나절에』는 길다는 느낌이 들지만 『동이 틀 때』, 『석양에』, 『정오에』, 『새벽에』, 『자정에』 등은 순간이라고 느껴진다. 그래서 다음과 같이 사용된다.

(2-a) At present the completion is in the future.
<현재로서는 그것의 완성은 미래에 속하는 일이다>

in the morning	아침나절에	at dawn	새벽에
at daybreak	동이 틀 때	at noon	정오에
at midnight	자정에	at sunrise	일출시에
at the moment	그 순간에	at sunset	일몰시에

★ 1년 동안 전쟁이 계속된다면 그 1년이 야속하게도 길고도 지루할 것이다.
그러나 사람들은 평화로운 10년은 순간처럼 지나간다고 생각한다.

(2-b) We are in war.   = 우리는 지금 전쟁 중이다.
(2-c) We are at war.   = 우리들은 지금 교전 중이다.
(2-d) We are at peace.   = 우리는 지금 평화를 누리고 있다.
(2-e) May he rest in peace! = 고이 잠드소서.
(2-f) He died in peace.   = 그는 평화롭게 죽었다.

C. strike, shoot, catch, kick, grasp, reach, bite 등의 뒤에 at를 사용하면 『겨냥, 조준, 시도』의 뜻을 갖게 된다.
이 경우 at를 빼면 행동의 목적이 달성된 것이다.

(3-a) He caught at a rope thrown to him, but missed and sank.
(3-b) He caught a rope thrown to him, and was saved.

(3-a)= 그는 그에게 던져준 밧줄을 잡으려고 했으나 못 잡고 물속으로 가라앉았다.
(3-b)= 그는 그에게 던져준 밧줄을 잡고 구조되었다.

(3-c) He kicked at me.   = 그는 나에게 헛발질했다.
(3-d) He kicked me.   = 그는 나를 발로 걷어찼다.

(3-e) The dog bit at me. = 그 개가 나를 물으려고 달려들었다.
(3-f) The dog bit me.   = 그 개가 나를 물었다.

D. rush, run throw, drive, aim, look, shoot, grumble, mock, laugh, hint 뒤에 at N을 사용하면 그 행동이 N을 향하고 있다는 것을 나타낸다.
이 경우 N에게 적대적인 감정을 품고 있음을 암시한다. 이 뜻은 C에도 있다.
at 대신에 to를 사용하면 호의적인 감정을 나타낸다.

(4-a) He threw a bone at the dog. (적대적인 감정)
(4-b) He threw a bone to the dog. (호의적인 감정)

(4-a)= 그는 그 개를 때리려고 뼈를 던졌다.
(4-b)= 그는 그 개에게 먹으라고 뼈를 던졌다.

(5-a) The lion rushed at its prey.
(5-b) They rushed to the scene.
(5-c) They rushed for a seat.

(5-a)= 그 사자는 먹이를 잡으려고 돌진했다.
(5-b)= 그들은 현장으로 달려갔다.
(5-c)= 그들은 자리를 먼저 차지하려고 달려갔다. (자리 다툼했다)

E. 『~한 상태에』있거나 『~일에 종사하고 있음』을 나타낸다.

(6-a) The children are at play.
(6-b) She is at work (table, the desk).
(6-c) The countries are at war.
(6-d) He is at leisure.
(6-e) The injured man is now at rest.
(6-f) The waves of the sea are never at rest.
(6-g) They are out at sea. (= They are on a voyage.)

(6-a)= 그 아이들은 지금 놀고 있다.
(6-b)= 그녀는 지금 작업(식사, 집무) 중이다.
(6-c)= 그 나라들은 교전 중이다.
(6-d)= 그는 지금 한가롭다. (한가로운 상태에 있다)
(6-e)= 그 부상당한 사람은 지금은 편안한 상태에 있다.
(6-f)= 바다의 파도는 쉬는 때가 없다.
(6-g)= 그들은 지금 항해중이다.

* feel at home = 편안한 느낌이 들다   * feel at ease = 편안한 느낌이 들다

in = ~에서, ~안에(서)   12

A. 넓은 장소 또는 넓다고 생각되는 장소 앞에 사용한다.
또 넓고 좁고를 불문하고 입체적인 것에는 in을 사용한다.

(7-a) We live in the country during the summer.
(7-b) He has a stick in his hand and a pipe in his mouth.
(7-c) I read it in the newspaper.
(7-d) The boys are playing in the field (street, woods).

(7-a) 우리들은 여름동안 시골에서 산다. (여름방학 동안 언젠가)
(7-b) 그이는 손에는 지팡이를 가지고 있고, 입에는 담뱃대를 물고 있다.
(7-c) 나는 그것을 신문에서 읽었다.
(7-d) 그 소년들은 들판에서(거리에서, 숲에서) 놀고 있다.

in the world	세계에(서)	in Korea	한국에서	in the sky	하늘에(서)
in the sea	바다에(서)	in the mountains	산중에서	in the air	공중에(서)
in the box	상자 안에(서)	in the village	그 마을에서	in the pocket	주머니 안에
in the book	그 책에(서)	in the universe	우주 안에(서)	in the hole	구멍 안에

B. 긴 시간 또는 길다고 느껴지는 시간 앞에 in을 사용한다.

in 1990	1990년에	in the future	미래에
in spring	봄에	in the past	과거에
in May	5월에	in old age	노년기에
in my teens	나의 십대시절에	in the morning	아침나절에
in his reign	그의 재위 시에	in time of war	전시에

C. 길고 짧고를 불문하고 『일분 (일 년, 일주일, 한 시간)이 지나면』이 라고 말할 때도 in을 사용한다. 이 경우 in을 『~안에』라고 해석하지 말 것

(8-a) He will come back   in   a week (a day, an hour).
(8-b) He will come back within a week (a day, an hour).

(8-a) = 그는 일주일 (하루, 한 시간) 지나면 돌아올 것이다.
(8-b) = 그는 일주일 (하루, 한 시간) 이내에 돌아올 것이다.

D. 상태, 환경, 상황 앞에 in을 사용하면 in 뒤에 오는 명사가 나타내는 그 상태, 환경, 상황에서 『~한다거나, 그 상황에 처해있음』을 나타낸다.

(9-a) He went out in the rain.
(9-b) Our car got stuck in the mud.
(9-c) He fell asleep in the sun.
(9-d) He is in debt.
(9-e) The ship is in motion.
(9-f) I was not in the buying mood.
(9-g) His life is in danger.
(9-h) The house is in mortgage.
(9-i) She shed tears in mortification.
(9-j) I found her in tears.
(9-k) He was lost in deep thought for a few minutes.
(9-l) She hid her face in shame.

(9-a)= 그는 우중(雨中)에 나갔다.
(9-b)= 우리 차는 진흙 속에 쳐 박혔었다.
(9-c)= 그는 양지에서 잠들었다.
(9-d)= 그는 빚에 파묻혀 있다.
(9-e)= 그 배는 운항 중이다.
(9-f)= 나는 사고 싶은 기분이 아니었다.
(9-g)= 그이의 목숨은 위험에 처해있다.
(9-h)= 그 집은 저당 잡혀있다.
(9-i)= 그녀는 분해서(억울해서) 눈물을 흘렸다.
(9-j)= 나는 그녀가 눈물을 흘리고 있는 것을 보았다.
(9-k)= 그는 잠시 동안 깊은 생각에 잠겨있었다.
(9-l)= 그녀는 창피해서 얼굴을 가렸다.

E. 『~한 복장을 한』이라는 뜻을 나타낼 때 『in + 복장』이다.
(10-a) The policemen were in uniform.
(10-b) She was dressed in black.
(10-c) My sister is the girl in the pink dress.
(10-a) = 그 경찰관들은 제복차림이었다.
(10-b) = 그녀는 상복을 입고 있었다. (상복차림이었다)
(10-c) = 분홍색 옷을 입은 소녀가 나의 누나다.

F. 방법, 방향을 나타낼 때 in을 사용한다.

(11-a) She answered in a very polite way.
(11-b) The message was in code.   * code 법전, 암호
(11-c) He spoke in such a manner as to offend them.   * offend 성나게 하다
(11-d) She spoke in a low voice.
(11-e) He went in the direction of your house.

(11-a)= 그녀는 매우 공손하게 대답했다.
(11-b)= 그 메시지(전언 문)는 암호로 되어있었다.
(11-c)= 그는 그들이 화가 나도록(화가 나게 하는 방법으로) 말했다.
(11-d)= 그녀는 나지막한 소리로 말했다.
(11-e)= 그는 너의 집이 있는 방향으로 갔다.

G. 영역, 분야, 관련을 나타낼 때 in을 사용한다.

(12-a) He is Japanese in nationality but Korean in blood.
(12-b) He is narrow in opinion.
(12-c) He is a novice in teaching.
(12-d) Her career in films is successful.
(12-e) Korea is poor in natural resources but rich in human resources.
(12-f) Men differ from brutes in that they can think and speak.
(12-g) He is firm in his decision.

(12-a)= 그는 국적은 일본이지만 혈통은 한국인이다.
(12-b)= 그는 소견머리가 좁다.
(12-c)= 그는 가르치는 일에는 풋내기다.
(12-d)= 영화계에서의 그녀의 생애는 성공적이다.
(12-e)= 한국은 천연자원은 빈약하지만 인적자원은 풍부하다.
(12-f)= 인간은 생각할 수 있고 말할 수 있다는 점에서 짐승과 다르다.
(12-g)= 그는 결심이 굳다.

H. 도구, 수단, 재료를 나타낸다.

(13-a) Write in ink (pencil, English).
(13-b) The portrait is in oils, not in water-color.

(13-a)= 잉크로(연필로, 영어로) 쓰시오.
(13-b)= 그 초상화는 수채화가 아니라 유화다.

그 외의 예:
a statue **in bronze** 청동상
He went **in an airplane**. 그는 비행기를 타고 갔다.
It was carved **in oak** (wood, marble) 그것은 참나무(나무, 대리석)에 새겨졌다.

I. 형태, 형상, 배치, 순서, 방법을 나타낸다.

(14-a) Cut the apple **in two**.
(14-b) They danced **in a ring**.
(14-c) Students usually sit **in eight rows** in the classroom.
(14-d) Write the names **in the Alphabetical order**.
(14-e) He is a Hercules **in miniature**.
(14-f) I have never seen him **in the flesh**.

(14-a)= 그 사과를 두 쪽으로 자르시오.
(14-b)= 그들은 둥글게 둘러서서 춤을 추었다.
(14-c)= 학생들은 교실에서 보통 8줄로 앉는다.
(14-d)= 그 이름들을 알파벳 순서로 쓰시오.
(14-e)= 그는 헤라클레스 축소판이다.
(14-f)= 나는 그를 직접 본 적이 없다.

* ring 고리, 바퀴, 반지, 원, 원형
* row ① 줄, 횡렬, 법석, 소동 ② 노를 젓다
* order ① 순서, 질서, 명령, 주문 ② 명령하다
* miniature ① 모형, 축소형, 축도 ② 소형의, 작은
* flesh (뼈, 가죽이 아닌)살, 육체, 골육, 육친
* in the flesh 육체의 형태로, 살아있는 형태로

J. 신체의 어느 부분을 가리킨다.
　즉, 『신체의 어디가 어떻다』라고 말할 때 『in + 신체의 부위』를 사용한다.

(15-a) I have rheumatism **in my left shoulder**.
(15-b) I have a severe pain **in the nerves**.
(15-c) He was stabbed **in the neck**.
(15-d) He was wounded **in the leg**.

(15-a)= 나는 왼쪽 어깨에 류머티즘을 앓고 있다.
(15-b)= 나는 신경이 몹시 아프다.
(15-c)= 그는 목에 칼을 맞았다.
(15-e)= 그는 다리를 다쳤다.

* rheumatism 류머티즘, 관절염
* severe 모진, 통렬한 ※ pain 고통
* nerve 신경, 용기, 냉정, 담력
* stab (칼 따위로) 찌르다

on과 upon   13

A. 『~위에』라고 해석할 때가 많다.
   그러나 사실은 『~위에』라는 뜻이라기보다는 표면, 평면, 선 따위와 붙어있다는 의미를 가지고 있다. on 뒤에 때를 나타내는 말이 오면 『그 때를 맞이하여』라는 뜻이 된다. 왜냐하면 때와의 접촉은 그 때를 맞이함을 뜻하기 때문이다.

(16-a) There is a picture on the wall.
(16-b) Look at the flies on the ceiling.
(16-c) He lay on his back (on his face, on his side).
(16-d) London is situated on the Thames.
(16-e) He left on Sunday (on the morning of May 10).
(16-f) We had a boat race on the lake.
   비교: We swam in the lake.

(16-a)= 벽에 그림이 있다. (그림은 벽에 붙어있음)
(16-b)= 천장에 있는 파리들 (천장에 붙어있는 파리들)을 보시오.
(16-c)= 그는 등을 대고 (엎드려, 옆으로) 누었다.
(16-d)= 런던은 템스 강 변에 위치해 있다.
(16-e)= 그는 일요일 (5월 10일 아침)에 떠났다.
(16-f)= 우리들은 그 호수에서 보트 경주를 가졌다.
   비교: 우리들은 그 호수에서 수영했다.
      수영하면 몸의 대부분이 물속에 잠기니까 in을 사용하고 보트 경주는 물위에서 하기 때문에 on을 사용해야한다.

B. 『on N』은 N에 의존하거나 N에 기댄다는 뜻을 갖는다.
   N에 의존하거나 기대는 행위에는 N과의 접촉성을 함축하고 있다.

(17-a) Children depend on (or upon) their parents.
(17-b) When he gets tired, he rest on his stick.
(17-c) Lean on my arm. <나의 팔에 기대시오>
(17-d) The earth turns on its axis.
(17-e) He walked on tiptoe. <그는 발끝으로 걸었다, 발 거름 소리를 죽이고 걸었다>

(17-a)= 어린이는 부모에게 의존한다.　　　※ rest 쉬다, 기대다
(17-b)= 그는 피곤하면 지팡이에 기댄다.　　※ axis 굴대, 축, 지축
(17-d)= 지구는 지구 축을 중심으로 회전한다.　※ tiptoe 발가락

C. 『~on + 명사』가 「~하고있는」이라는 뜻을 갖는 경우가 있다.

(18-a) The house is on fire.
(18-b) Can you shoot a bird on the wing ?
(18-c) The tide is on the flow.
(18-d) The guard is on duty.

(18-a) = 그 집은 지금 불타고 있다 (불붙어있다).
(18-b) = 너는 날고 있는 새를 쏘아 명중시킬 수 있냐?
(18-c) = 조수(潮水)는 지금 밀물 중이다.
(18-d) = 그 보초는 지금 당직(또는 근무) 중이다.

D. on ~ing, 또는 on + 명사 = ~하자마자

(19-a) On seeing me, she burst into tears.
(19-b) On leaving school, he went into business.
(19-c) On my entrance he started back and stared at me.
(19-d) On receipt of the news I immediately telephoned my solicitor.

(19-a)= 그녀는 나를 보자마자 왈칵 울어버렸다.　　* burst into tears 왈칵 울어버리다
(19-b)= 그는 졸업하자마자 사업에 투신했다.　　* entrance 입장, 들어감 <enter의 명사임>
(19-c)= 내가 들어오자마자 그녀는 움찔하여 뒤로 물러서더니 나를 응시했다.
　　　　　　　　　* start back 놀라서 뒷걸음질 치다　* stare at ~= ~를 응시하다
(19-d)= 나는 그 소식을 받자마자 나의 변호사에게 전화를 걸었다.
　　　　　　　　　* receipt [risíːt] 수령, 영수(증), 받음　* solicitor 사무변호사, 법무관

E. on은 『~에 대하여』 또는 『~에 기반을 두고, ~를 근거로 하여』라는 뜻을 가지고 있다.

(20-a) I had second thoughts on that matter. (= about)
(20-b) It is useless to muse upon past errors. (= about)
(20-c) This movie is based on a popular novel. (근거, 기반)
(20-d) On the doctor's advice, he took a month's holiday. (근거, 기반)

(20-a)= 나는 그 문제에 대하여 재고(再考)해 보았다.
(20-b)= 과거에 저지른 실책에 대하여 골똘히 생각해 보아야 소용없는 일이다.
(20-c)= 이 영화는 인기 있는 소설을 대본(臺本)으로 한 것이다.
(20-d)= 그는 의사의 충고에 따라 한 달 동안 휴식했다.

　* have second thoughts 재고하다　* muse 명상하다　* be based on ~에 기반을 두다

of   14

A. 『of N』을 『N의』라고 해석한다.
　이 경우는 N은 일반적으로 식물이나 무생물이다. 경우에 따라서는 N이 사람이나 동물일 수도 있다.

(21-a) the legs   of the chair <그 의자의 다리>
(21-b) the leaves of the tree <그 나무의 잎들>

B. 『~중에서』

(22-a) one   of them = 그들 중에서 하나
(22-b) many of us   = 우리들 중에서 여러 명

C. 『~of N』에서 N이 of의 앞에 있는 것에 대하여 의미상으로 주격관계를 맺는 경우와 목적격 관계를 맺는 경우가 있다.

(23-a) the love of power = 권력의 사랑 (목적격 관계임)
(23-b) the love of mother = 어머니의 사랑 (주격관계임)

the love of power는 love power<권력을 사랑하다>가 변화한 것이고 the love of mother는 mother loves<어머니가 사랑한다>의 변화이다.

그 외의 예:

(23-c) the sudden death of the leader (⇔ the leader dies suddenly)
(23-d) the retirement of Mr. Kim (⇔ Mr. Kim retired)
(23-e) an exchange of opinions   (⇔ exchange opinions)

(23-c)= 지도자의 돌연사 (「지도자가 죽다」라는 관계이므로 주격임)
(23-d)= 김씨의 은퇴   (김씨가 은퇴하므로 주격관계)
(23-e)= 의견교환   (의견을 교환하므로 목적격관계)

D. 원인과 재료와 구성요소

(24-a) He died **of** cancer. = 그는 암으로 죽었다. (원인)
　비교: He died **from** cold. = 그는 감기로 죽었다. (감기로 시작하여 죽을 병으로 악화됨)

또, 외부의 상처로 죽으면 **of**를 사용하지 않고 **from**을 사용한다.

He died **from** the wound. = 그는 그 부상으로 죽었다.

(24-b) The house is built **of** brick(s). = 그 집은 벽돌로 지어져있다. (재료)
　비교: Wine is made **from** grapes. = 포도주는 포도로 만든다.

E. of = about인 경우
다음의 경우에는 of = about이다.

hear of talk of	say of speak of	think of dream of	inform ~ of remind ~of	treat of certain of	sure of

(25-a) He never **spoke of** his dead wife.
(25-b) Her eyes **remind** me **of** stars.
(25-c) I **informed** her **of** his arrival.

(25-a)= 그는 자기의 죽은 처에 대해서는 절대로 말하지 않았다.
(25-b)= 나는 그녀의 눈을 보면 별이 생각난다.
　　직역: 그녀의 눈은 나에게 별에 대하여 생각나게 한다.
(25-c)= 나는 그녀에게 그가 도착했다는 것을 알려주었다.

F. of = away from<~로부터 떨어져> 또는 of = from <~로부터>

(26-a) She came **of** a noble family. (= from)
(26-b) Don't expect too much **of** him. (= from)
(26-c) The arrow fell short **of** the mark. (= away from)
(26-d) He fell within a yard **of** (= away from) the finish line.
(26-e) Chicago is west **of** New York. (= from)

(26-a)= 그녀는 고귀한 가문에서 출생했다. (그녀는 귀족 출신이다)
(26-b)= 그이한테서 너무 많은 것을 기대하지 마라.
(26-c)= 그 화살은 과녁을 맞히지 못했다. (과녁에 도달하지 못하고 떨어졌다)
(26-d)= 그는 결승선 1야드를 남겨놓고 넘어졌다.
(26-e)= 시카고는 뉴욕의 서쪽에 있다. (뉴욕으로부터 서쪽)

G. 『N of M』에서 N=M의 관계가 성립되는 것이 있다.
   이 경우 일반적으로 『M이라는 N』이라고 해석한다.

	N	of	M	M이라고 하는 N
(27-a)	the city	of	Seoul	서울이라는 도시
(27-b)	the game	of	tennis	테니스라는 경기 = 테니스 경기
(27-c)	the fact	of	your visiting her	네가 그녀를 방문했다는 사실

다음의 것도 N = M이라는 관계가 잠재해 있다.

	N	of	M	N 같은 M
(28-a)	an angel	of	a wife	천사 같은 아내
(28-b)	a girl	of	a teacher	소녀 같은 선생
(28-c)	a beast	of	a husband	짐승 같은 남편
(28-d)	a monster	of	a truck	괴물 같은 트럭
(28-e)	a mountain	of	a wave	산 같은 파도
(28-f)	a skeleton	of	a man	해골 같은 사람
(28-g)	a lamb	of	a girl	양 같은 소녀

H. 다음의 N of M 은 N으로부터 M을 빼앗거나 제거하거나 분리시킨다는 뜻을 가지고 있다.

				N한테서	of	M을
(29-a)	He		robbed	her	of	her jewels.
(29-b)	He		deprived	me	of	my books.
(29-c)	They		cleared	the street	of	snow.
(29-d)	The doctor		cured	him	of	his pain.
(29-e)	It		healed	him	of	the fever.
(29-f)	They		stripped	him	of	his estate.
(29-g)	It	will	relieve	you	of	the pain.
(29-h)	You	must	empty	the bottle	of	the water.
(29-i)	The cat		rid	the house	of	the mice.
(29-j)	You	must	free	the table	of	the dishes.
(29-k)			Quit	yourself	of	doubts.

★ 이것에 속하는 동사: ease <(불안 등을) 제거하다>, scour <일소하다>, bereave <빼앗다>, exorcise <몰아내다>

(29-a)= 그는 그녀로부터 보석을 강탈했다.
(29-b)= 그는 나한테서 나의 책을 빼앗아 갔다.
(29-c)= 그들은 그 거리에서 눈을 치웠다.
(29-d)= 그 의사는 그이의 고통을 치유해 주었다.
(29-e)= 그는 그것을 먹었더니 열이 없어졌다.
(29-f)= 그들은 그이로부터 토지를 빼앗아 갔다.
(29-g)= 그것이 너의 고통을 덜어줄 것이다.
(29-h)= 너는 그 병에서 물을 쏟아내야 한다.
(29-i)= 그 고양이가 그 집에서 쥐를 소탕했다.
(29-j)= 너는 식탁에서 그릇을 치워야 한다.
(29-k)= 의혹을 풀어라.

I. 『of + 추상명사』가 그 추상명사의 형용사 역할을 한다.
   예: of use = useful / of no use = useless / of great use = very useful

(30-a)	a man	of courage	= a courageous man	용감한 사람
(30-b)	a man	of virtue	= a virtuous man	덕 있는 사람 (덕인)
(30-c)	a matter	of importance	= an important matter	중요한 문제
(30-d)	a man	of wealth	= a wealthy man	부유한 사람
(30-e)	a man	of wisdom	= a wise man	슬기로운 사람
(30-f)	a teacher	of ability	= an able teacher	유능한 교사

※ This book is of great use. = This book is very useful.

J. a cup of ~, a piece of ~

단위		명사	
a cup	of	coffee (tea)	커피(차) 한 잔
a glass	of	beer (milk, water)	맥주 (우유, 물) 한 잔
a pound	of	meat (beef, pork)	고기(쇠고기, 돼지고기) 한 파운드
a piece	of	news (chalk, advice)	소식 하나 (분필 한 조각, 충고 한 마디)
a loaf	of	bread	빵 한 덩어리
a slice	of	bread	빵 한 닢
a word	of	advice	충고 한 마디
a pair	of	shoes (socks, gloves)	신발 (양말, 장갑) 한 켤레
a sheet	of	paper	종이 한 장
a herd	of	cattle (cows, elephants, horses)	가축(소, 코끼리, 말)의 떼
a flock	of	sheep (wild ducks, goats)	양 (들오리, 염소) 떼
a school	of	fish	물고기 떼
a swarm	of	locusts (bees, ants, bills)	메뚜기(벌, 개미) 한떼, (청구서 한 뭉치)
a handful	of	sand (rice)	모래 (쌀) 한 주먹
a pocketful	of	nuts (rice)	밤 (쌀) 한 호주머니
a spadeful	of	sand	모래 한 삽
a basketful	of	apples (eggs, rice)	사과 (계란, 쌀) 한 바구니

* a piece of paper = 종이 한 조각   * a ream of paper = 종이 한 연(전지 500장)
* a pair of spectacles = 안경 하나   * a shoal of fish = 한 떼의 물고기

K. 다음의 문장에 있는 **of**는 생략할 수 있다.

We are (of) an age.	우리들은 나이가 같다.
We are (of) a mind.	우리들은 마음이 같다.
His eyes are (of) light blue.	그이의 눈은 밝은 하늘색이다.
The flowers are (of) a beautiful color.	그 꽃들은 하나같이 아름다운 색깔이다.
The chimneys are (of) the same height.	그 굴뚝들은 높이가 같다.
It is (of) no use to do so.	그렇게 해보아도 소용없는 일이다.

L. 다음의 문장에 있는 **of** 앞에 **one, some, a portion**들 중에서 어느 하나를 보충할 수도 있고 **of**를 아예 버릴 수도 있다. **of**가 있는 것과 없는 것은 뜻이 다르다. **of**가 있으면 일부를 의미하고 **of**가 없으면 전부를 의미한다.

He partakes of his father's character.	그는 자기의 아버지를 닮은 데가 있다.
The lion ate of the sheep.	그 사자는 그 양을 나누어 먹었다.
He drank of the wine.	그는 포도주를 나누어 마셨다.
You must give of yourself to others.	너는 너 자신의 일부를 아낌없이 남에게 주어야한다.

비교: The lion ate (up) the sheep.   <그 사자는 그 양을 (다) 먹었다.>

He drank the wine.   <그는 그 포도주를 마셨다.>

You must give yourself to others. <너는 너 자신을 타인에게 바쳐야한다.>

except, except for   15

다음 문장에서 N과 M의 관계, O와 P의 관계를 눈여겨보아라.

(31-a) <u>Everyone</u> was naked except <u>me</u>. (N은 사람, M도 사람)
         N   M

(31-b) <u>He</u> was naked except for <u>loin-cloth</u>. (O는 사람, P는 사물)
        O   P

※ N (N = everyone)과 M (M = me)은 둘 다 사람이다.
   즉, N과 M은 동일 종류에 속한다.

※ O (O= he)와 P (P= loin-cloth)는 같은 종류의 것이 아니다.
   O는 사람이고 P는 허리싸개다.

(31-a) = 나를 제외하고 모두가 벌거숭이였다.
(31-b) = 그는 허리싸개만 둘렀을 뿐 벌거숭이였다.

(31-c) Your composition is good except for a few spelling blunders.
(31-d) All the compositions are good except yours.

(31-c) 너의 작문은 두서너 군데의 철자가 틀린 것 말고는 좋다.
(31-d) 너의 작문을 빼고는 그 모든 작문이 다 좋다. (yours = your composition)

연·습·문·제 66

다음 문장을 해석하시오.

(1) He threw a ball at me.
(2) He threw a ball to me.
(3) He threw a bone at the dog.
(4) He threw a bone to the dog.
(5) She will come back in a week.
(6) She will come back within a week.
(7) I heard guns in the distance.
(8) The picture looks better at a distance.
(9) He died in the sea.
(10) He died at sea.
(11) He saved the girl from drowning at the risk of his life.
(12) He saved the girl from drowning at the cost of his life.
(13) He did it at the expense of his health.
(14) He was educated at his uncle's expense.
(15) They are making merry at your expense.
(16) He shot at the hare, but missed it by a hair's breadth.
(17) He shot the hare dead.
(18) We are at peace with all the world.
(19) He died in peace. May he rest in peace!
(20) A man fell overboard; he caught at a rope thrown to him, but missed and sank.
(21) He caught a rope thrown to him, and was saved.
(22) They used a ladder to get at the apple.
(23) They got the apple by using a ladder.
(24) The dog bit at the mailman.
(25) The dog bit the mailman.
(26) The lion rushed at its prey.
(27) They rushed to the scene.
(28) The road was deserted except for a few cars.
(29) I have a good memory except for names and faces.
(30) You must shoot the apple with an arrow.
(31) He is an ruin of an old man.

연·습·문·제 67

ⓐ문장과 ⓑ문장의 뜻이 같아지도록 ( )에 안에 알맞은 말을 쓰시오.

(1) ⓐ He is an able man.　　　　　　ⓑ He is a man of (　　).
(2) ⓐ He is a very courageous man.　ⓑ He is a man of (　) (　　).
(3) ⓐ The book is useless.　　　　　ⓑ The book is of (　) (　　).
(4) ⓐ He is a very virtuous man.　　ⓑ He is a man of great (　　).
(5) ⓐ It is a monstrous dog.　　　　ⓑ It is a (　) (　) a dog.
(6) ⓐ She is an angelic wife.　　　　ⓑ She is an (　) (　) a wife.
(7) ⓐ He is a brutal man.　　　　　　ⓑ He is a (　) (　) a man.

연·습·문·제 68

(　)안에 있는 말 중에서 알맞지 않거나 관용적인 것이 아닌 것은 어느 것인가?

(1) a cup of (tea, coffee, hot water, milk)
(2) a (glass, pail, spade, drop) of water
(3) a (piece, grain, loaf, slice) of bread
(4) a pair of (shoes, trousers, gloves, coat)
(5) a (swarm, sheet, piece, ream) of paper
(6) a flock of (sheep, goats, wild ducks, bees)
(7) a swarm of (locusts, flies, ants, cows)
(8) a herd of (hens, cattle, cows, horses)
(9) a grain of (rice, corn, pear, barley)
(10) (a word of, a piece of, an) advice

연·습·문·제 69

( )안에 알맞은 것은 어느 것인가?

㉠ at ㉡ in ㉢ as ㉣ to ㉤ on ㉥ of ㉦ except ㉧ except for

(1) A wife can have property independent (   ) her husband.
(2) Children are dependent (   ) their parents for food and shelter.
(3) It can be used (   ) a knife.
(4) The accident robbed him (   ) health.
(5) You had better clear your mind (   ) doubts.
(6) The dress is ready (   ) the buttons.
(7) Every part of the dress is ready (   ) the buttons.
(8) He lay (   ) his back (face, side).
(9) He is utterly destitute (   ) shame.
(10) He aimed a pistol (   ) me.

(11) I am sometimes short (   ) breath.
(12) They left (   ) the morning.
(13) They left (   ) the morning of April 5.
(14) London is situated (   ) the Thames.
(15) They stripped the child (   ) his sweater.
(16) He is a friend, and ought to be treated (   ) such.
(17) He repented (   ) having been idle.
(18) I am (   ) a loss what to say.
(19) I bought them (   ) a low price. (헐값으로)
(20) Every room was obscure (   ) mine. (나의 방만 빼고)

(21) The room was obscure (   ) the light of the fire. (난로불만 있을 뿐)
(22) The waiter is getting (   ) my nerves. (신경에 거슬린다)
(23) He died (   ) heart failure. * heart failure 심장마비
(24) The tide is (   ) the flow. (밀물중이다)
(25) The unemployment is (   ) the increase (or decrease).
(26) He boasted (   ) his success.
(27) Everyone passed (   ) me. (나를 제외하고)
(28) The thesis is finished (   ) the conclusion. (결론만 제외하고)

(29) This medicine is bitter (   ) the taste.
(30) The house is (   ) mortgage. (저당 잡혀있다)
(31) The house is (   ) fire.
(32) The house is built (   ) stone.
(33) His house is (   ) some distance from my house. (좀 떨어진 곳에)
(34) He is standing (   ) the corner of the tennis court.
(35) He is standing (   ) the corner of the room.
(36) I have never seen her (   ) the flesh. (사진은 보았지만 실물은 아직)
(37) All the students rose (   ) one man. (일제히, 한 사람인 것처럼)
(38) Korea is poor (   ) natural resources.
(39) She is a lamb (   ) a girl. (양 같은 소녀)
(40) He was a boy (   ) a captain. (소년 같은 선장)
(41) We had a race (   ) the lake.
(42) We swam (   ) the lake.
(43) He died (   ) cholera.
(44) His breath smells (   ) strong tobacco.
(45) She is (   ) a good birth.
(46) She feels ill (   ) ease in company of strangers.
(47) They are running (   ) full speed.
(48) Einstein was (   ) home with all questions of relativity.
(49) (   ) behalf of the company, I welcome you. (대표하여)
(50) I speak English fluently, but I don't feel at home (   ) French.
(51) They arrived (   ) the village (   ) sunset.
(52) There used to be two windmills (   ) the village.
(53) We rode up the hill (   ) a jeep.
(54) They danced (   ) a ring.
(55) Cut the apple (   ) two.
(56) Write the names (   ) the Alphabetical order.
(57) I was not (   ) the buying mood.
(58) The professor was relieved (   ) his office (   ) a dean.
(59) Let's drink (   ) his success.
(60) We drank success (   ) the enterprise.
(61) I congratulate (   ) your success.
(62) He insisted (   ) her innocence.
(63) She hid her face (   ) shame.

연·습·문·제 70

다음 문장을 해석하시오.

(1) Fiction writing as a means of living is no easy task.
　　　　　　　　　　　　* fiction 소설, 꾸민 이야기　* means 수단　* task 임무, 과업
(2) They declared against overpopulation as a danger to society.
　　　　　　　　　　　* declare 선언(발표, 포고)하다　* overpopulation 인구과잉
(3) I smiled sweetly at her, but she frowned at me, so I guessed she didn't want
　　to be friendly.　　　　　　　　　* frown 얼굴을 찡그리다　* guess 미루어 헤아리다
(4) I am seldom at leisure.
(5) She has fallen in love with him.　* fall in love with ~에게 반하다, ~와 사랑에 빠지다
(6) She did so of her own will.　　　* will 의지　* of her own will 자신의 의지로
(7) Many men who came in despair went away in hope.
(8) What a mountain of a wave it is!　　　* wave 파도
(9) Her son is home on leave at the moment.　* on leave 휴가를 얻어
(10) We have to pay rent at the rate of 5,000 dollars a year.
　　　　　　　　　　* rate 비율, 시세　* at the rate of ~의 시세로, ~의 속도로
(11) He was lost in deep thought for a few minutes.
　　　　　　　　　　　　* be lost in deep thought 깊은 생각에 젖어있다
(12) The arrow fell short of the mark.　　* mark 표적, 점수, 자국
(13) The bomb fell wide of the bridge.　　* fall wide of ~에서 크게 빗나가다
(14) I am in favor of your plan.　　　* be in favor of ~를 찬성하다
(15) He was truly a friend in need.
(16) He murmured words of love in her ear.　* murmur 속삭이다
(17) The fifty-dollar necktie is now on the sale for thirty.　* be on the sale 판매중이다
(18) The medicine acts on the affected part.
　　　　　　　　　* affected part 감염된 부위　* act on ~에 영향을 주다
(19) Adversities will make a jewel of you.
　　　　　　　　* adversity 역경, 불행　* make a jewel of ~를 보석처럼 만들다
(20) Smoking began to tell on his health.　* tell on ~에 영향을 미치다
(21) The man driving the small car was at fault in the accident.
　　　　　　　　　　　　　* be at fault 잘못이다, 과실이 있다
(22) He emptied the bottle of water, and then filled it with beer.　* empty 비우다

연·습·문·제 71

다음 물음에 답하시오.

(1) 잘못 사용된 as가 3개 있다. 어느 것인가?

　　㉠ His career as a soldier was brilliant.　　* career 생애, 경력, 이력
　　㉡ I will act as go-between.　　* go-between 중개인, 중매인
　　㉢ We think him as a capable teacher.　　* capable 유능한, 역량 있는
　　㉣ He is notorious as a dead beat.　　* notorious 악명 높은　* dead beat 빚을 떼어먹는 사람
　　㉤ He is well known as his novels.　　* novel 소설, 신기한
　　㉥ He drank brandy as a medicine.
　　㉦ They did not meet as strangers.　　* stranger 낯선 사람
　　㉧ He is known as missing.
　　㉨ I looked upon him as a fool.　　* look upon A as B　A를 B로 여기다
　　㉩ They treated her as one of the family.　　* treat 다루다, 대우하다
　　㉪ She acted as a model.　　* model 모델, 모범, 모형
　　㉫ He was appointed as governor.　　* governor 총독
　　㉬ The neighborhood is notorious as robbery.　　* robbery 강도행위, 약탈

(2) 잘못 사용된 in이 2개 있다. 어느 것인가?

　　㉠ The students were in uniform.　　* uniform 제복, 군복, 관복
　　㉡ She was dressed in black.　　* black 검은색, 검은 옷
　　㉢ The book is printed in two colors.
　　㉣ I met him in the morning of May 10.
　　㉤ I want you to pay in cash.　　* cash 현금, 현찰
　　㉥ He was moved by her answer in tears.　　* move 감동시키다　* tear[tiər] 눈물
　　㉦ The injured man is now in rest.　　* rest 휴식, 안식　* injured 상처 입은
　　㉧ He told me to write not in ink but in pencil.

(3) 잘못 사용된 at는 어느 것인가?

　　㉠ He aimed at the bird, but missed.　　* aim 겨누다　* miss 놓치다, 빗나가다
　　㉡ He died at sea.　　* at sea 항해 중에
　　㉢ Tom lived at the village.
　　㉣ He threw a ball at me.　　* threw <throw>의 과거

LESSON
7

LESSON 7

He walked before me (전치사 2)

before   01

『before N』은 「N앞에(서), N보다 먼저, N보다 차라리 ~」라는 뜻인데 (ㄱ) 시간 (ㄴ) 위치, 장소 (ㄷ) 순서 (ㄹ) 선택 등과 연관될 때 사용된다.

(1-a)   All the games finished before evening.   (ㄱ)에 해당함
(1-b)   The novel was written before the war.   (ㄱ)에 해당함
(1-c)   He died two years before his father.   (ㄱ)에 해당함
(1-d)   He delivered a speech before the audience.   (ㄴ)에 해당함
(1-e)   Walk before (ahead of, in front of) me.   (ㄴ)에 해당함
(1-f)   His whole life is before him.   (ㄴ)에 해당함
(1-g)   The world is all before us.   (ㄴ)에 해당함
(1-h)   He sat just before me.   (ㄴ)에 해당함
(1-i)   He arrived there before me (= earlier than I). (ㄱ)에 해당함
(1-j)   I would die before yielding.   (ㄹ)에 해당함
(1-k)   He is before others in his class.   (ㄷ)에 해당함

(1-a)= 그 경기는 모두 저녁이 되기 전에 끝났다.
(1-b)= 그 소설은 그 전쟁이 일어나기 전에 쓰여졌다.
(1-c)= 그는 자기의 아버지보다 2년 먼저 죽었다.
(1-d)= 그는 청중 앞에서 연설했다.
(1-e)= 내 앞에 서서 걸어라.(=내가 너의 뒤에서 걸어 갈 것이니 네가 내 앞에서 걸어라)
(1-f)= 그이의 인생은 이제부터다.
(1-g)= 우리들의 앞에는 찬란한 세계가 기다리고 있다.
(1-h)= 그는 나의 바로 앞에 앉았다. (=그이의 자리는 나의 자리 바로 앞이었다)
(1-i)= 그는 나보다 먼저 그곳에 도착했다.
(1-j)= 나는 항복하느니 차라리 죽음을 택하겠다. (= 나는 죽을지언정 항복은 않는다)
(1-k)= 그는 자기 반에서 수석이다.

behind   02

(가) 위치나 장소에 대하여 말할 경우 『~의 뒤에서, ~의 저쪽에』
(나) 후원, 배후조종, 은폐의 뜻으로 『~의 배후에, ~의 이면에』
(다) 『~보다 늦게』
(라) 능력 면에서 『~보다 처진, ~보다 못한』

(1-a) He sat behind the desk.　　　　　＜그는 책상을 앞으로 하고 앉았다.＞
(1-b) He sat behind me.　　　　　　　＜그는 내 뒤에 앉았다.＞
(1-c) He looked behind him.　　　　　＜그는 뒤돌아보았다.＞
　비교: She looked after him.　　　　　＜그녀는 그이를 돌보아주었다.＞
(1-d) Don`t speak ill of me behind my back.　＜뒷전에서 나를 욕하지 마라.＞
(1-e) He left his umbrella behind him.　＜그는 우산을 놓아두고 왔다.(갔다)＞
(1-f) He left five sons behind him.　　＜그는 5명의 자녀를 남겼다.＞
(1-g) He left nothing behind him.　　＜그는 유산 한푼 없이 죽었다.＞
(1-h) The child hid behind the door.　＜그 어린이는 문 뒤에 숨었다.＞
(1-i) Shut the door behind you.　　　＜너의 뒤에 있는 문을 닫아라.＞
　비교: Shut the door after you.　　　＜들어온 뒤에는 문을 닫으시오.＞

(2-a) There is something sinister behind the plan.
(2-b) She is behind the movement.
(2-c) His father is behind him in the venture.
　　　(=He has his father behind him in the venture.
(2-d) Fear lay behind her show of bravery.
(2-e) We are two goals behind the other team.
(2-f) The train arrived ten minutes behind time.
(2-g) Your ideas of dress are behind the times.
(2-h) They are about fifty years behind their neighbors in industry.
(2-i) He came ten minutes behind me.
　비교: He came ten minutes after his father`s death.

* sinister 불길한 (조짐 따위)　 * plan 계획　 * movement 운동, 활동, 행동
* venture 모험(적 사업), 투기　* fear 공포(심), 두려움　* show 보이기, 표시, 전시(회)
* bravery 용기, 용맹　* goal 득점. 골, 목적　* behind time 지각한
* behind the times 시대에 뒤진　* industry 산업, 근면　* death 죽음, 사망, 사신(死神)

앞쪽에 있는 문장의 뜻은 아래와 같다.

(2-a)= 그 계획의 배후(이면)에는 불길한 그 무엇이 도사리고 있다.
(2-b)= 그 운동의 배후에는 그녀가 있다.
(2-c)= 그가 하는 그 모험적인 사업의 배후에는 그의 아버지의 후원이 버티고 있다.
(2-d)= 겉으로 나타내 보이는 그녀의 용기 이면에는 공포심이 숨어있었다.
　　 = 그녀는 겉으로는 용기 있는 체 했지만 내심으로는 무서워하고 있었다.
(2-e)= 우리들은 상대팀보다 두 골이 뒤져있다.
(2-f)= 그 기차는 10분 늦게 도착했다.
(2-g)= 의복에 관한 너의 아이디어(착상, 취향)는 시대에 뒤져있다.
(2-h)= 그들은 산업면에서 인접국들보다 50년이 뒤져있다.
(2-i)= 그는 나보다 10분 늦게 왔다. (비난하는 뜻이 숨어있다)
　　　이 문장에 있는 behind대신에 after를 사용할 수 있다. after를 사용하면 비난하는
　　　뜻이 없다.
비교: 그는 아버지가 운명한지 10분 후에 왔다.
　　　이 문장에 있는 after대신에 behind를 사용할 수 없다.

※ behind his father's death = 그의 아버지의 죽음의 이면에는
※ after　his father's death = 그의 아버지가 죽은 뒤에

between 03

A. between A and B = A와 B사이에, A와 B의 중간에, A와 B간의
　　between A, B and C = A와 B와 C사이에
　　장소, 위치, 정도, 시간, 종류, 교섭에 대하여 말하는 경우에 사용할 수 있다.

(1-a) He sits between Tom and Jane. (장소, 위치)
(1-b) The river runs between the two countries. (장소)
(1-c) a color between pink and red (종류)
(1-d) a war between the two countries (관계)
(1-e) a treaty between the three countries. (관계, 교섭)
(1-f) between two and five in the afternoon (시간)

(1-a)= 그는 톰과 제인 사이에 앉는다. (=그이의 자리는 톰과 제인 사이이다)
(1-b)= 그 강은 그 두 나라 사이를 흐른다.
　　 = 그 두 나라는 그 강을 사이에 두고 있다.
(1-c)= 분홍과 빨강의 중간 색
(1-d)= 그 두 나라간의 전쟁
(1-e)= 그 세 나라 간에 맺은 조약
　　　A와 B와의 조약, B와 C와의 조약, A와 C와 조약을 일괄하여 타결한 조약을 의미한다.
(1-f)= 오후 2시와 5시 사이에

B. 『~중에서,~간에, ~에게』라고 해석할 수 있다.
　　상위(相違), 비교, 선택, 분배(分配)등에 관해서 말하는 경우

(2-a) He divided the money between the five boys.
(2-b) He divided the money among the poor.

(2-a) =그는 그 다섯 명의 소년들에게 그 돈을 나누어주었다.(5명이 빠짐없이 돈을 받았음)
(2-b) =그는 가난한 사람들에게 그 돈을 나누어주었다. (돈을 못 받은 사람도 있음)

(3-a) The five boys had fifty dollars between them.
(3-b) The five boys had fifty dollars among them.

(3-a)와 (3-b)를 다음과 같이 해석한다.
『그 다섯 명의 소년들이 가지고 있는 돈은 모두 합쳐 50달러였다』
(3-a)에는 다섯 명의 소년 중에 돈을 안 가진 소년이 없다는 속뜻이 있고
(3-b)에는 다섯 명의 소년 중에는 돈을 안 가진 소년이 있다는 것이다.

(4-a) Can you tell me the difference between good and evil?
(4-b) It's time that we chose between life and death.
(4-c) There is nothing to choose between the two.

(4-a)= 선과 악의 차이점을 나에게 말해줄 수 있겠니?
(4-b)= 지금은 삶이냐 죽음이냐를 선택해야 할 때다.
　　　 (=지금 우리는 생사(生死)의 기로(岐路)에 있다)
(4-c)= 양자(兩者) 사이에서 선택할 수 있는 것은 아무 것도 없다.
　　　 (=그 양자 간에는 차이점이 아무 것도 없다)

C. 둘이 공유하거나 협력하는 경우

(5-a) They killed six deer between them.
(5-b) They landed the fish between them.
(5-c) They own the property between the two.

(5-a)= 그들은 둘이 사슴 6마리를 잡았다. (협력)
(5-b)= 그들은 둘이 그 고기를 낚아 올렸다. (협력)
(5-c)= 그들은 둘이 그 재산을 공유하고 있다. (공유)

D. 기타
아래의 예문에도 『~사이에(서)』라는 뜻이 숨어있다.

(6-a) Between you and me, he married three times.
(6-b) Between us, I opened the letter.
(6-c) Between teaching and writing, I have no time for fun.
(6-d) Between astonishment and despair, she hardly knew what to do.

(6-a)= 너와 나 사이의 이야기인데 (즉, 비밀인데) 그는 세 번 결혼했다.
(6-b)= 우리끼리의 이야기인데(즉, 비밀인데) 내가 그 편지를 개봉했다.
(6-c)= 가르치는 일과 글 쓰는 일로 나는 놀 시간이 없다.
(6-d)= 그녀는 경악(驚愕)과 절망 사이에서 무엇을 해야 좋을지 몰라 난감했다.

beyond   04

『~의 저편에, ~의 너머에』라는 뜻을 가진 말인데 주로 위치, 장소에 대하여 말하는 경우에 사용된다. 비유적으로는 능력, 한계, 한도, 범위를 벗어나 있음을 나타낸다.

(1-a) They live beyond the hill.   <그들은 그 산 너머에서 산다>
(1-b) beyond the horizon   <지평선(수평선) 저 너머에(로)>
(1-c) from beyond the sea(s)   <해외로부터>
(1-d) beautiful beyond description   <묘사할 수 없을 정도로 아름다운>
(1-e) beyond expression   <말로는 이루다 표현할 수 없는>
(1-f) beyond belief   <도저히 믿을 수 없는>

(1-g) beyond measure   <헤아릴 수 없을 만큼 (많은)>
(1-h) beyond doubt   <의심할 수 없을 정도로 (확실한)>
(1-i) beyond human comprehension <인간으로서는 이해할 수 없는>
(1-j) beyond all praise   <이루 다 칭찬할 수 없을 만큼 (좋은, 잘한)>
(1-k) beyond price   <값으로 따질 수 없을 만큼 (귀중한)>
(1-l) beyond my understanding   <나는 도저히 이해할 수 없는>
(1-m) He lives beyond his income. <그는 분수에 맞지 않는 생활을 한다>
(1-n) He is beyond recovery.   <그는 도저히 회복될 수 없다>
(1-o) He is beyond medical aid.   <그의 병은 의술의 한계에서 벗어나 있다>

by   05

A. 『~의 옆에 (near, close to), ~옆으로』

(1-a) Come and sit by me. 이리 와서 내 옆에 앉아라.
(1-b) They went by me. 그들은 내 옆을 지나갔다.

B. 『~를 이용하여, ~를 수단으로』
    방법이나 수단을 나타내는 전치사이다.

(2-a) Man does not live by bread alone.
(2-b) They worked by the light of a fire.
(2-c) We go to school by bus (taxi, subway, train).
(2-d) travel by land (water, sea, air, airplane, boat, rail)
(2-e) He went out by the front door.

(2-a)= 사람은 먹고만 (밥으로만) 사는 것은 아니다.
         (물질세계만 있는 것이 아니라 정신세계도 있다는 뜻이다)
(2-b)= 그는 불을 피워놓고 그 불빛을 이용하여 일했다.
(2-c)= 우리들은 버스(택시, 지하철, 기차)로 등교한다.
(2-d)= 육로(물길, 해로, 공로, 비행기, 배, 철도)로 여행하다
(2-e)= 그는 앞문으로 나갔다.

다음의 예문에도 방법, 수단이 들어있다.

(3-a)	send A by post	A를 우편으로 보내다
(3-b)	inform of A by letter	A를 편지로 알리다
(3-c)	inform of A by phone	A를 전화로 알리다
(3-d)	learn A by heart	A를 외우다
(3-e)	take A by surprise	A를 기습하다
(3-f)	take A by force	A를 강압적으로 잡다
(4-a)	meet A by chance	A를 우연히 만나다
(4-b)	meet A by good luck	다행히 A를 만나다
(4-c)	take A by mistake	실수로 A를 가져가다
(4-d)	play A by the ear	악보 없이 A를 연주하다
(4-e)	send A by hand	인편으로 A를 보내다
(4-f)	It was made by hand.	그것은 손으로 만든 것이었다.
(5-a)	take A by the arm	A의 팔을 잡다 (= take A`s arm)
(5-b)	seize A by the hand	A의 손을 잡다 (=seize A`s hand)
(5-c)	hold A by the ankle	A의 발목을 잡다 (=hold A`s ankle)
(5-d)	catch A by the tail	A의 꼬리를 잡다 (=catch A`s tail)
(5-e)	grasp A by the ear	A의 귀를 잡다 (=grasp A`s ear)

C. 단위(單位), 표준(標準), 척도(尺度)

(6-a) sell A by the dozen (the yard, the pound) <A를 다스(야드, 파운드)로 팔다>
(6-b) sell A by retail (wholesale) <A를 소매(도매)하다>
(6-c) judge A by appearance (one`s look) <A를 외모로 판단하다>
(6-d) board by the month <월로 정하고 하숙하다>
(6-e) count A by hundreds <A를 100단위로 세다>
(6-f) recognize A by the voice <A를 목소리로 알아보다>
(6-g) I go by the name of Barn- Gown <나는 반가운으로 통한다.>
(6-h) play every game by the rules <모든 경기에서 규칙에 따르다>
(6-i) come by twos and threes <둘씩 또는 셋씩 오다>

D. by five 와 till five
by five를 『5시까지』라고 해석한다. till five도 『5시까지』이다. 그러나 다음과 같이 구별하여 사용한다.

	뜻	구체적인 사례
by tomorrow	내일까지 (완료)	a) 내일까지(by tomorrow) 끝낼 것이다. b) 내일까지(by tomorrow) 돌아올 것이다. c) 내일까지는 ~이 ~게 되어있을 것이다.
till tomorrow	내일까지 (계속)	㉠ 내일까지 (till tomorrow) 기다릴 것이다. ㉡ 내일까지 ~를 계속할 것이다. ㉢ a) b) c) 문장을 부정문으로 고치는 경우

즉, by five 는 완료되는 또는 완료된 시점이고
　　till five 는 계속될 또는 계속된 시점이다.

(7-a)　He will be here　　by five.　　그는 5시까지 이곳에 돌아올 것이다.
(7-b)　He will be here　　till five.　　그는 5시까지는 이곳에 계속 있을 것이다.

(8-a)　She will finish it　by noon.　　그녀는 정오까지 그것을 끝낼 것이다.
(8-b)　She will sleep　　till noon.　　그녀는 정오까지 계속 잘 것이다.

(9-a)　She came back　　by three.　　그녀는 3시까지 돌아왔다.
(9-b)　She waited here　till three.　　그녀는 3시까지 이곳에서 기다렸다.

★ (7-a) (8-a) (9-a)를 부정하는 경우에는 by를 till로 고쳐야한다.

　　She did not came back till three. <그녀는 3시까지 돌아오지 않았다>
　　※ 돌아오지 못한 상태가 3시까지 계속되었기 때문에 till을 사용해야한다.

E. 정도, 차이를 나타낸다. 『~의 차이로』라고 해석하는 경우가 많다.

(10-a) He is older than me by two years.
　　　= He is two years older than me.
　　　☞ than me 대신에 than I am 또는 than I 라고 해도 된다.
(10-b) He won the race by a hair's breadth (by a boat's length).
(10-c) I missed the train by a minute.

(10-d) We must increase the export by 20%. (정도)
(10-e) He was too late by an hour. (정도)
(10-f) She is by far the tallest girl in the class.(차이)
(10-g) little by little <조금씩>　　　one by one <하나씩>
　　　　drop by drop <한 방울 한 방울>　by degrees <점차적으로>

(10-a)=　그는 나보다 2살 많다.
(10-b)=　그는 그 경주에서 간발의 차이로(보트의 길이의 차이만큼) 이겼다.
(10-c)=　나는 일분 늦어서 그 기차를 못 탔다.
(10-d)=　우리들은 수출을 20% 늘려야한다.
(10-e)=　그는 한 시간 늦게 왔는데 그것이 너무 늦은 것이었다.
(10-f)=　그녀는 그 반에서 키가 유별나게 크다.
　　　　　(두 번째로 큰 학생과의 차이가 굉장히 크다)

F. 행위자 앞에 by를 사용한다.

(11-a) The house was destroyed by the fire.
(11-b) He has a son by his first wife.
(11-c) Poems by Keats are difficult for me to understand.
(11-d) It's a picture (painted) by Gogh.
(11-a)=　그 집은 그 화재로 파괴되었다.
(11-b)=　그는 첫 번 째 아내와의 사이에 난 아들이 하나 있다.
(11-c)=　키츠의 시는 나로서는 이해하기가 어렵다.
(11-d)=　그것은 고흐의 작품이다.

G. 부사로 사용되는 by

You must try to put by (=lay by) a little each week.　　　* put by 저축하다
　<너는 매주 조금씩 저축하려고 노력해야한다>
The years quickly pass by. <세월이 유수 같다>　　　* pass by 지나다
Nobody was by. <옆에 아무도 없었다>
By and by you will understand. <너는 곧 이해하게 될 것이다>
I cannot pass it by in silence.　　　* pass by 모르는 체 하다, 너그럽게 봐주다
　<나는 그것을 듣고 잠자코 넘길 수는 없다>

for 06

A. 『~동안에』라는 뜻을 가지고 있다. 시간뿐만 아니라 공간(空間) 즉, 거리(距離)에도 사용된다. during과, while도 『~동안에』라는 뜻을 가지고 있는 말인데 다음과 같이 사용된다.

	차이점	보기	뜻
for	때를 나타내는 말 앞에 a, 숫자, many, some, a few 등을 사용한다.	for a day for two weeks for many years for a few months for a while for a mile	하루 동안에 2주 동안에 여러 해 동안에 두서너 달 동안에 잠시 동안 1마일 동안
during	a) 때를 나타내는 말 앞에 the를 사용한다. b) 행사나 사건앞에 사용된다.	during the day during the week during the night during the war (사건) during the festival (행사) during the vacation (행사)	그 날 동안 그 주 동안 그 밤 동안 그 전쟁동안 그 축제 동안 그 방학 동안
while	a) while 뒤에는 -ing를 사용 할 수 있다. b) while뒤에는 『주어 + 동사』를 사용한다. c) while + 구, 또는 형용사	while reading while sleeping while the sun shines while I was sleeping while in his care while asleep (형용사)	독서하는 동안 자고 있는 동안 햇빛이 있는 동안 내가 잠자고 있는 동안 그의 보호를 받는 동안 잠들어있는 동안

비교:
for	the war	그 전쟁 때문에, 그전쟁을 위하여
during	the war	그 전쟁 동안 (언젠가)
for	the festival	그 축제를 위하여, 그 축제 때문에
during	the festival	그 축제 동안에 (언젠가)

주의 during에는 『~동안 언젠가』라는 뜻이 있다.

It rained during the night.   <그 날밤 동안 언젠가 비가 내렸다>
It rained throughout the night.   <그날 밤 내내 비가 내렸다>

216 • LESSON 7

(12-a) They granted him a pension for life. (평생 동안)
(12-b) I worked for my life. (필사적으로)
(12-c) He ran away for his life. (= He ran away for dear life.)

(12-a)= 그들은 그에게 평생 동안 연금을 주었다.
(12-b)= 나는 필사적으로 일했다.
(12-c)= 그는 필사적으로 도망갔다.

(13-a) He prepared   for   the lesson for two hours.
(13-b) He fell asleep during   the lesson.
(13-c) He was asleep through (=throughout) the lesson.

(13-a)= 그는 2시간 동안 수업 준비했다. = 그는 2시간 동안 수업을 위해서 준비했다.
(13-b)= 그는 그 수업이 진행중에 언젠가 잠이 들었다.(수업하는 동안 내내 잔 것은 아님)
(13-c)= 그는 수업이 진행되는 동안 내내 잠들어있었다.

B. 『~를 위하여,~때문에』
   겉으로는『~ 때문에, ~위하여』라고 해석할 수 없는 경우에도 속에는 그러한 뜻이 숨어있다. 구체적으로 말하면『경향, 찬성, 지지, 이익, 목적, 기대, 추구, 적절함, 대리, 대표, 원인, 이유』등을 나타내는 뜻이 숨어있다.

This letter is for you.   <이 편지는 너에게 온 것이다.(너를 위한 편지)>
I feel sorry for you.   <나는 너 때문에 마음이 아프다.(네가 가엾구나)>
Work for the common good.   <공동의 이익 (만인의 이익)을 위하여 일해라.>
He died for his country.   <그는 나라를 위하여 죽었다.>
She shouted for joy.   <그녀는 기뻐서 외쳤다.>
비교: She shouted with joy.   <그녀는 기꺼이(또는 기뻐서) 외쳤다.>
I have no ear for music.   <나는 음악을 감상할 줄 모른다. (음악을 위한 귀가 없다)>
Say hello for me.   <나 대신에 (즉 나를 위하여) 안부인사 전해주오.>
I went for a swim yesterday.   <나는 어제 수영하러 갔다.(수영하기 위하여)>
They married for love.   <그들은 사랑하기 때문에 결혼했다.>
She cried for pain.   <그녀는 아파서(아프기 때문에) 엉엉 울었다.>

C. 교환(交換), 보상(報償), 상벌(賞罰)
다음의 경우에는 B앞에 for를 사용해야한다.

(1) B를 받고 A를 준다 (지불한다)
(2) B에 대한 보상으로 A를 준다, 또는 A를 받는다
(3) B를 주고 A를 매입한다.

		A	for	B
(14-a)	I paid	1,000 dollars	for	the watch.
(14-b)	I sold	the bicycle	for	1,000 dollars.
(14-c)	I bought	the bicycle	for	1,000 dollars.
(14-d)	He got	a medal	for	saving life.
(14-e)	I gave	a horse	for	a gun.
(14-f)	He gave	blow	for	blow.
(14-g)	I will give you	this	for	nothing.
(14-h)	You shall have	this	for	nothing.

(14-a)= 나는 그 시계 값으로 1,000달러를 지불했다.
(14-b)= 나는 1,000달러를 받고 그 자전거를 팔았다.
(14-c)= 나는 1,000달러를 주고 그 자전거를 샀다.
(14-d)= 그는 인명구조의 공로(功勞)로 훈장을 받았다.
(14-e)= 나는 말을 주고 총을 받았다. (= 말과 총을 맞바꾸었다)
(14-f)= 그는 주먹은 주먹으로 갚았다.
(14-g)= 나는 아무 것도 안 받고(즉, 공짜로) 이것을 너에게 주겠노라.
(14-h)= 나는 아무 것도 받지 않고 (즉, 공짜로) 이것을 네가 갖도록 해주겠다.

■ for nothing =아무 것도 안 받고 , 공짜로

I shall go there. 나는 그곳에 갈 것이다. 1인칭에 사용된 shall의 뜻은 『~것이다』
We shall go there. 우리들은 그곳에 갈 것이다.
He shall go there. 나는 그이가 그곳에 가게 만들겠노라.
She shall go there. 나는 그녀가 그곳에 가게 만들겠노라.
You shall go there. 나는 네가 그곳에 가도록 만들겠노라.

■ 평서문에서 2인과 3인칭에 shall이 있으면 『나는 ~가 ~하게 만들겠다』라고 해석해야한다.

보기: Tom shall do it. <나는 톰이 그것을 하도록 만들겠어요>
= I want Tom to do it. 또는, I will make Tom do it.

D. 목적(目的), 추구(追求), 수색(搜索)
    A를 얻거나 찾으려고 또는 A가 되려고 하는 경우 A앞에 for를 사용한다.

He is always seeking for power. <그는 항상 권력을 추구하고 있다.>
I am waiting for your answer. <나는 너의 대답을 기다리고 있다.>
He asked for money. <그는 돈을 요구했다.>
I studied for a doctor. <나는 의사가 되려고 공부했다.>
He ran for mayor. <그는 시장에 출마했다.>
I sent for a doctor. <나는 의사를 데려 오라고 사람을 보냈다.>
They struck for higher wages. <그들은 더 높은 임금을 위해서 파업했다.>
He is looking for the key. <그이는 그 열쇠를 찾고 있다.>
We are longing for peace. <우리들은 평화를 갈망하고있다.>

E. ㉠ ~를 향하여 ㉡ ~에 비하여, ~치고는

He left	for	Seoul.	그는 서울을 향하여 떠났다.
She looks young	for	her age.	그녀는 나이에 비하여 젊어 보인다.
It is too warm	for	the season.	계절에 비하여(계절치고는) 너무 덥다.

F. 접속사인 경우
    『왜냐하면 ~이기 때문에, 또는 ~하기 때문에』라는 뜻을 가지고 있는데 이 뜻으로 사용되는 경우에는 because와 혼돈하기 쉽다. because와 구별 없이 사용되는 경우도 있지만 다른 부분도 많다.

I went to bed early, because (= for) I was tired.
It is morning, for the birds are singing. (because는 불가)
    <새가 지저귀고 있는 것으로 보아 아침이다>
    ▲ 새가 지저귀는 소리가 들린다고 해서 그것만 가지고 아침이라고 속단할 수 없다. because는 충분한 이유가 되는 경우에 사용한다. 피곤한 것은 일찍 자는 이유가 된다.

물음에 대하여 대답할 경우에는 for를 사용할 수 없다. because를 사용해야한다.

물음: Why did you do it? <왜 그것을 했느냐?>
대답: Because I was hungry. <배가 고파서요> (For는 불가)

연·습·문·제 72

( )안에 알맞은 것을 골라 쓰시오.

before, between, among, behind, by, till, for, during, while, beyond

(1) A newspaper cannot afford to be (　) the times.
(2) She rarely eats (　) meals. (간식을 하는 일이 거의 없다)
(3) They would die (　) surrendering. (항복하느니 차라리 죽음을 택할 것이다)
(4) His English is quite good (　) a beginner. (초보자치고는)
(5) The desert stretches (　) many miles.
(6) Bananas sell at the corner shop (　) a shilling a pound.
(7) (　) this time tomorrow he will arrive here.
(8) (　) this time tomorrow he will not arrive here.
(9) (　) this time tomorrow he will wait here.
(10) He left six children (　) him. (자녀 6명을 남기고 죽었다)
(11) The dying man was (　) help. (살릴 길이 없다)
(12) The money was divided equally (　) the crew.
(13) The chairman will be chosen from (　) the members.
(14) I number him (　) my friends. (그이도 내 친구에 들어간다)
(15) The event took place (　) 1 and 2 o'clock. (1시와 2시 사이에)
(16) We won the match (　) ten points. (10점 차이로)
(17) The sun gives us light (　) the day.
(18) I waited for her (　) a day.
(19) I waited for her (　) the next day.
(20) (　) reading, I fell asleep.
(21) Some people were (　) the war and others against it.
(22) Don't speak ill of me (　) my back. (뒷전에서 내 욕하지 마라)
(23) This is not good (　) food. (식용으로서는 좋지 않다)
(24) (　) young, he worked hard.
(25) (　) you and me, she married three times. (비밀 이야기인데)
(26) He is popular (　) the students. (그 학생들 간에)
(27) She has a great fondness (　) music. (음악을 매우 좋아한다)
(28) There must be some one (　) this affair. (배후에 누군가 있다)
(29) He is always (　) time. (그는 항상 지각한다)
(30) The scene is beautiful (　) description.

연·습·문·제 73

설문을 읽고 대답하시오.

(1) (　)안에 for를 쓸 수 없는 것은 어느 것인가?
ⓐ He was punished (　　) stealing.
ⓑ It is quite warm (　　) January.
ⓒ He has no ear (　　) music.
ⓓ I missed the train (　　) a minute.

(2) ⓐ a book　　(　) girls　　　ⓑ money　　　(　) building
　　ⓒ the key　(　) the lock　　ⓓ a house　　(　) rent
　　ⓔ a suit　　(　) damages　　ⓕ the struggle (　) existence

(3) (　)안에 for가 알맞은 것은 어느 것인가?
ⓐ He gave his cow (　　) a flute.　　소를 플루트와 바꿨다
ⓑ He sold it (　　) a discount.　　할인해서 팔았다
ⓒ He sold it (　　) a profit.　　이윤을 남기고 팔았다
ⓓ He sold it (　　) a loss.　　밑지고 팔았다
ⓔ He sold it (　　) the price of ten dollars. 10달러의 가격으로 팔았다

(4) by를 쓸 수 없는 것은 어느 것인가?
ⓐ I took your umbrella (　　) mistake.　　나는 실수로(착오) 너의 우산을 가져갔다.
ⓑ I took him　　　　　(　　) his brother.　나는 그를 그의 형으로 착각하다
ⓒ I took him　　　　　(　　) the hand.　　나는 그의 손을 잡았다
ⓓ I know him only　　(　　) name.　　　나는 그의 이름만 안다.
ⓔ I won the race　　　(　　) a hair's breadth. 그 경주에서 간발의 차이로 이겼다.

(5) ⓐ I sold it　　　(　) the pound.　　ⓑ I traveled　　(　) moonlight.
　　ⓒ I was taken　(　) surprise.　　　ⓓ It got warmer　(　) degrees.
　　ⓔ Don't judge　(　) appearance.　ⓕ It's a novel　　(　) Hemingway.
　　ⓖ It is hot　　　(　) a degree.　　ⓗ I go to school　(　) foot.

(6) (   )안에 beyond를 쓸 수 없는 것은 어느 것인가?
   ⓐ They live (   ) the hill.   그들은 그 산 넘어 산다.
   ⓑ It is (   ) my power.   그것은 내 힘으로는 안 된다.
   ⓒ Health is (   ) wealth.   건강은 재산보다 낫다.
   ⓓ His honesty is (   ) question.   그가 정직한 것은 의심할 여지없다.
   ⓔ The problem is (   ) me.   그 문제는 나에게 너무 벅차다.

(7) ⓐ The fire was (   ) our control.   그 불은 걷잡을 수가 없었다.
    ⓑ She is kindness itself (   ) expression. 그녀는 이루 말할 수 없을 만큼 친절하다
    ⓒ His thought is (   ) my understanding.   나는 그의 사상을 도저히 이해할 수 없다
    ⓓ He has (   ) 1,000 dollars.   그이는 1,000달라 이상 가지고 있다.
    ⓔ There is an oasis (   ) the horizon.   지평선 저 너머에는 오아시스가 있다.

연·습·문·제 74

해석하시오.

(1-a) I am after him.
(1-b) I am behind him in English.

(2-a) Mr Kim: After you, Jin-ho.   Jin-ho: No, after you.
(2-b) Mr Kim: Where is the bag?   Jin-ho: Behind you.

(3-a) The dog ran behind its master.
(3-b) The dog ran after the hare.

(4-a) The money was divided between the five boys.
(4-b) The money was divided among the five boys.

(5-a) Fifty passed the examination, you among the rest.
(5-b) Between you and me and the gatepost, I broke it.

(6-a) His recovery is beyond all hope.
(6-b) That strange idea is beyond belief.
(6-c) Your work is beyond all praise.

연·습·문·제 75

다음의 우리말을 영어로 말하시오.

(1) 그녀는 그 소식을 듣고 눈이 퉁퉁 붓도록 울었다.   at the news, weep oneself blind
(2) 그녀가 너와 결혼하고 싶어 한다는 것을 도저히 믿을 수 없다.   beyond belief
(3) 그녀는 나에게 5시까지 돌아오라고 말했다.   come back, by five, told
(4) 그녀는 내가 5시까지 기다려야한다고 말했다.   till five, said
(5) 네가 그것을 5시까지 끝낸다는 것은 전혀 불가능하다.   by five, quite impossible
(6) 그녀는 5시까지 돌아오겠다고 나에게 약속했다.   promised
(7) 그들이 5시까지 돌아온다는 것은 전혀 불가능한 일이다.
(8) 어머니는 내가 그것을 10달러에 팔아야한다고 말했다.   said, for 10 dollars
(9) 나는 네가 그것을 할인해서 파는 것을 원치 않는다.   at a discount
(10) 나를 본 순간 그는 필사적으로 도망갔다.   at the sight of, on seeing
(11) 그는 평생 동안 누구에게도 반해본 적이 없었다.   fall in love with, in his life
(12) 톰은 방바닥에 반듯이 누어있었고 존은 엎드려 누어있었다.   lie, on one's back(face, side)
(13) 그의 천사 같은 부인은 1999년에 암으로 죽었다.(die of)   an angel of his wife
(14) 그는 그녀의 눈물어린 대답에 감동했다.   move, her answer in tears
(15) 그녀는 나를 보면 자기의 어머니 생각이 난다고 말했다.   remind A of B
(16) 나는 네가 나의 고통을 치유해 줄 거라는 것을 의심하지 않는다.   doubt, cure A of B
(17) 이것은 땅을 파기 위한 도구로 이용될 수 있다.   as a tool, dig the ground
(18) 뒷전에서 그녀를 비방하는 것은 나쁜 일이다.   speak ill of, behind one's back
(19) 그는 자기에게 던진 밧줄을 잡으려다 놓치고 물속으로 침몰했다.   throw, catch at, miss, sink into
(20) 나는 네가 너의 뒤에 있는 문을 닫기를 바란다.   behind you
(21) 여러분들은 나간 뒤에는 어김없이 문을 닫아야 합니다.   after you, without fail
(22) 그들은 둘씩 셋씩 와서 그녀에게 춤을 추자고 요구했다.   by twos and threes, ask
(23) 그는 나에게 그 문에 기대어 서있지 말라고 지시했다.   instruct, lean against
(24) 그는 배우중의 배우고 그의 형은 학자 중의 일인자다.   an actor among actors, the first
(25) 나는 그에게 여생동안 그것을 참아야 될 거라고 말했다.   put up with, for the rest of his life
(26) 어느 날 그는 바닷가 해변에서 옆으로 누워있었다.   on the beach by the sea
(27) 그는 잠시 동안 매우 가엾은 마음으로 그녀를 바라보았다.   in great pity, look at
(28) 그가 지하의 토굴 감옥에서 보낸 10일은 10년처럼 느껴졌다.   as a prisoner in the dungeon, seem
(29) 그녀는 가슴에 팔짱을 끼고 나에게 미소를 지었다.   with her arms across her breast
(30) 너의 지능이 평균 이상이라는 것은 의심할 여지가 없다.   above average, beyond question

from   07

A. ~로부터

『from A = A로부터』인데 이 경우 A는 출발점, 기점(起點), 기원, 출처, 판단, 근거, 원인, 이유, 자료 등이다.

(1-a)   He started from Seoul for Busan.   그는 서울에서 출발하여 부산을 향했다.
(1-b)   He works from nine to five o'clock.   그는 9시부터 5시까지 일한다.
(1-c)   A: Where are you from ?   A: 당신은 어디 출신입니까?
        B: I'm from Busan.   B: 나 부산 출신입니다.
(1-d)   She suffered from a headache.   그녀는 두통으로 고생했다.
(1-e)   It's a gift from Providence.   그것은 천부의 재능이다.
(1-f)   Take 3 from 7.   7에서 3을 빼시오.
(1-g)   It's a letter from Mother.   그것은 어머니한테서 온 편지다.
(1-h)   Don't judge from appearance.   외모로 판단하지 마시오.

(2-a) I parted from   him in tears.
(2-b) I parted with   it for 10,000 dollars.

(2-a)= 나는 눈물을 흘리면서 (울면서) 그이와 작별했다.
(2-b)= 나는 그것을 10,000달러에 내놓았다.

(3-a) He died from hunger (a wound, a cold, starvation).
(3-b) He died of   cancer (heart failure, cholera, consumption).

(3-a)= 그는 굶어 (상처로, 감기로, 굶어) 죽었다.
(3-b)= 그는 암(심장마비, 콜레라, 폐결핵)으로 죽었다.

☞ die from A는 죽음이 A로부터 시작되었다는 뜻이므로 A는 직접적인 사인(死因)이 아니라는 것을 알 수 있다. A는 죽음의 출발점일 뿐이다. die of A는 A 그 자체가 죽음의 원인이다.

(4-a) Flour is made from wheat, rice, corn, and dried fish. (화학반응 안 일어남)
      <flour(곡물가루)는 밀, 쌀, 옥수수, 그리고 말린 생선으로 만들어진다.>
(4-b) The box is made of plastic. <그 상자는 플라스틱으로 만들어져있다>

☞ M is made from N.에서는 M에서 N의 원형을 볼 수 없지만 M is made of N.에서는 M에 N의 원형이 그대로 남아있다. 화학적 변화가 일어나면 from을 사용한다는 이론은 옳지 않다.

B. 외워두어야 할 숙어

(1) know (or tell) N from M   N과 M을 구별하다(구별할 줄 알다)
(2) distinguish N from M   N과 M을 구별할 줄 알다
(3) refrain from ~ing   ~를 삼가다
   = keep oneself from ~ing   ~를 스스로 삼가다
(4) choose the best apple from the basket   그 바구니에서 제일 좋은 사과를 고르다
(5) choose the best apple from among these   이것들 중에서 제일 좋은 것을 고르다
(6) N prevents (or keeps) M from ~ing   M은 N 때문에 ~하지 못하다
(7) N differs from M   N은 M과 다르다
   = N is different from M   N은 M과 다르다
(8) dissuade her from marrying him   그녀를 설득하여 그이와 결혼하지 못하게 하다
   비교: persuade her to marry him   그녀를 설득하여 그이와 결혼하게 하다
   = persuade her into marrying him
(9) live from hand to mouth   근근이 (호구지책으로) 살아가다
(10) fly from flower to flower   이 꽃에서 저 꽃으로 날아다니다
(11) beg from door to door   이 문전 저 문전 구걸하면서 살다
   = beg from house to house   이 집 저 집 구걸하면서 살다

C. from + 전치사 또는 부사

(1) He looked from above his spectacles.   그는 안경너머로 내다보았다.
(2) He spoke from behind the door.   그의 목소리는 문 뒤에서 들려왔다.
(3) He came from beyond the mountains.   그는 첩첩 산중을 넘어왔다.
(4) It appeared from under the table.   그것은 그 탁자 밑에서 나타났다.
(5) Rain falls from above.   비는 상공에서 내린다.
(6) from within   안으로부터
(7) from far and near   먼 곳과 가까운 곳으로부터
(8) from outside (= from without)   밖으로부터
(9) from long ago   오랜 옛날부터
(10) a voice from below   아래로부터 들려오는 목소리

over

A. ~의 바로 위쪽에 (닿아있지 않은 상태, 닿아있으면 **on**을 사용한다)

(1-a) There was a lamp over the table. <탁자 위에 램프가 있었다>
(1-b) A sign hang over the inn door.   <여관의 문 위쪽에 간판이 걸려있었다>

B. ~의 위에 온통, ~의 전면(全面)에, ~의 이곳저곳을

(2-a) She spread a cloth over the table. (닿아있음)
(2-b) The broken bottles lay all over the floor.
(2-c) He travelled all over the country.

(2-a) = 그녀는 식탁에 식탁보를 깔았다.
(2-b) = 마루에 온통 깨어진 병 조각이 널려있었다.
(2-c) = 그는 그 나라를 두루두루 돌아다녔다.

C. ~의 너머로, ~의 저쪽에, ~의 저쪽으로

(3-a) Jump over the precipice.   <그 절벽을 뛰어 넘어라.>
(3-b) He fell over the precipice.   <그는 그 절벽에서 굴러 떨어졌다.>
(3-c) Leap over this fence.   <이 울타리를 뛰어 넘어라.>
(3-d) I talked to him over my shoulder. <나는 어깨 너머로 그에게 말했다.>
(3-e) The lands over the sea are beautiful. <바다 건너에 있는 그 나라들은 아름답다.>

D. ~하면서

(4-a) We talked an hour over a cup of coffee.
(4-b) We discussed the matter over a game of billiards.
(4-c) He fell asleep over his work.

(4-a)= 우리들은 커피 한 잔을 마시면서 한 시간 동안 대화했다.
(4-b)= 우리들은 당구를 치면서 그 문제에 대하여 토의했다.
(4-c)= 그는 일을 하다가 잠이 들었다.

E. 지배관계, 승리, 우위의 뜻을 나타낸다.

(5-a) He ruled over an empire (millions, a tribe).
(5-b) They wanted a strong man over them.
(5-c) He presided over the meeting.
(5-d) He tyrannized over the weak.

(5-a) =그는 제국 (수백만, 한 부족)을 다스렸다.
(5-b) =그들은 자기들을 다스려 줄 강력한 자를 원했다.
(5-c) =그는 그 회의의 사회를 맡았다.
(5-d) =그는 약자들에게 폭군 노릇을 했다.

F. ~에 대하여

(6-a) We talked over the matter.   <우리들은 그 문제에 대하여 노닥거렸다.>
(6-b) They quarreled over the matter.   <그들은 그 문제로(그 문제에 대하여) 언쟁했다.>
(6-c) It is no use crying over spilt milk.   <기왕지사는 후회해도 소용없는 일이다.>

through

A. ~를 통하여, ~를 두루두루

(1-a) He bored (a hole) through the board.   <그는 그 널빤지에 구멍을 하나 뚫었다.>
(1-b) We passed through a tunnel.   <우리들은 터널을 지나갔다.>
(1-c) They marched through the street.   <그들은 그 거리를 행진했다.>
(1-d) A bullet passed through his hat.   <총알이 그이의 모자를 관통했다.>
(1-e) The birds flew through the sky.   <그 새들은 하늘을 날아갔다.>
       (= The birds flew across the sky.)
(1-f) I travelled through the country.   <나는 그 나라 이곳저곳을 돌아다녔다.>
       (= I travelled all over the country.)
(1-g) Look through the telescope.   <그 망원경을 통해서 보아라.>
(1-h) He sees through a brick wall.   <그의 눈은 예리하다. 그는 천리안이다.>
(1-i) He wandered through the jungle.   <그는 밀림을 헤맸다.>
(1-j) She smiled through tears.   <그녀는 울면서 미소를 지었다.>
(1-k) He waded through blood to a throne.   <그는 유혈참극을 거쳐 천하를 얻었다.>

B. 처음부터 끝까지

(2-a) The rain lasted through the night. <비가 밤새도록 내렸다.>
(2-b) He is busy through the year.   <그는 일 년 내내 바쁘다.>
(2-c) He enjoyed health through life.   <그는 평생 동안 건강했다.>

C. ~ 때문에, ~ 로 인하여, ~에 의하여, ~를 통하여
  『수단, 원인, 동기, 이유』를 나타낸다.

(3-a) I heard of you through Tom.   <나는 톰한테서 너의 소식을 들었다.>
(3-b) I succeeded through your help.   <나는 너의 도움으로 성공했다.>
(3-c) He lost his place through neglect of duty. <그는 의무태만으로 직장을 잃었다.>
(3-d) He ran away through fear.   <그는 무서워서 도주했다.>

to   10

A. to N = N까지(이 경우 N은 종착점), N쪽으로

(1-a) He went to the library.   <그는 도서관에 갔다.>
(1-b) Please turn to the right.   <오른 쪽으로 돌아가시오.>
(1-c) You should keep to the right. <너는 우측 통행해야한다.>
(1-d) To worship God is only way to glory.
       <하나님을 경배하는 것이 영광으로 가는 유일한 길이다.>
(1-e) The tree fell to the ground.   <그 나무는 땅에 쓰러졌다.>
(1-f) go to law   <법에 호소하다>
(1-g) go to church   <(예배 보러) 교회에 가다>
(1-h) go to sea   <뱃사공이 되다 (go to the sea = 바다에 가다)>
(1-i) go to war   <전쟁하다, 전쟁으로 해결하다>
(1-j) go to school   <(공부하러) 학교에 가다>
(1-k) go to hospital   <입원하다 (go to the hospital = 병원에 가다)>
(1-l) To horse!   <말에 올라타라!>
(1-m) To arms!   <무기를 잡아라!>

B. 도달점, 변화의 정도 등을 나타낸다.
　『~할 정도로, ~까지』라는 뜻이 들어있다.

(2-a)　The apple is rotten to the core.　　<그 사과는 속까지 썩었다.>
(2-b)　I was sick to death.　　<나는 죽고 싶을 정도로 질렸다.>
(2-c)　He was wet to the skin.　　<그는 흠뻑(피부까지) 젖었다.>
(2-d)　He is punctual to the minute.　　<그는 일분도 어김없이 정확하다.>
(2-e)　The room is hot to suffocation.　　<그 방은 숨이 막힐 정도로 덥다.>
(2-f)　They fought to the last time.　　<그들은 최후까지 싸웠다.>
(2-g)　Things went from bad to worse.　　<사태가 악화일로(惡化一路)에 있었다.>
(2-h)　He sank to poverty.　　<그는 몰락하여 가난뱅이가 되었다.>
(2-i)　They put him to death.　　<그들은 그이를 사형에 처했다.>

C. 행동의 결과나 목적을 나타낸다.

(3-a)　Mother rocked the baby to sleep.　　<어머니는 아기를 흔들어 재웠다.>
(3-b)　He was frozen to death.　　<그는 동사했다. (얼어 죽었다)>
(3-c)　He was flattered to ruin.　　<그는 아첨에 속아 패가망신했다.>
(3-d)　We drank to his health.　　<우리들은 그의 건강을 위해 축배 했다.>
(3-e)　To my surprise, he failed the exam.　<놀랍게도 그는 그 시험에서 실패했다.>

D. ① 결합, 부착 ② 부수, 부가
　②의 뜻에 해당하면 of로 바꿀 수 있는 것도 있다.

(4-a)　The paper stuck firmly to the wall.　<그 종이는 벽에 단단히 붙었다.>
(4-b)　He tied the flag to the stick.　　<그는 기를 막대기에 묶었다.>
(4-c)　He hasn't a penny to his name.　<그는 자기의 명의로 된 돈은 한 푼도 없다.>
(4-d)　the vest to this suit　　<이 옷의 조끼>
(4-e)　the key to this lock　　<이 자물통의 열쇠>
(4-f)　Where is the top to this box ?　<이 상자의 뚜껑이 어디 있냐?>
(4-g)　The tongue is an index to the heart.　<혀는 마음의 거울이다.>

■ (4-d)부터 (4-g)까지의 문장에 있는 to를 of로 바꿀 수 있다.
　즉, the vest to this suit = the vest of this suit

* vest 조끼　　* tongue 혀, 말, 언어　　* index 색인, 목록, 표시, 징조, 지표, 손가락표(☞)

E. 비교, 대비, 대항

(5-a) This wine is second to none. <이 포도주는 최상품이다.>
(5-b) He's quite rich to what he used to be. <그는 지난날에 비해 꽤 부자다.>
(5-c) He will be late ten to one. <그는 십중팔구 지각할 것이다.>
(5-d) Our team won by a score of three to one. <우리 팀이 3:1의 점수로 이겼다.>
(5-e) The ratio of 10 to 5 is 2 to 1. <10 : 5는 2 : 1과 같다.>

※ (5-a)의 속뜻을 살펴보면 이러하다.
　이 포도주는 어느 포도주에게도 first 자리를 내주고 second 자리에 앉지 않는다.

F. 일치, 조화, 수반, 대상, 반응

(6-a) We danced to lively music. <우리들은 경쾌한 음악에 맞추어 춤을 추었다.>
(6-b) He sang to his guitar. <그는 자기의 기타반주에 맞추어 노래를 불렀다.>
(6-c) This is new (strange) to me. <이것은 나에게는 새롭다(이상하다).>
(6-d) He did not attend to the lecture. <그는 그 강의를 경청하지 않았다.>
(6-e) He kept the room to himself. <그는 그 방을 독차지했다.>
(6-f) He did not reply to the letter. <그는 그 편지의 답장을 쓰지 않았다.>
(6-g) Please apply soap to your face. <얼굴에 비누를 묻혀라.>
(6-h) Please apply oil to the machine. <그 기계에 기름을 치시오.>
(6-i) Please apply plaster to the wound. <그 상처에 연고를 바르시오.>
(6-j) He applied himself to his studies. <그는 공부에 몰두했다.>

under

A. 『~의 밑에』라는 뜻을 가지고 있는데 사물의 밑뿐만 아니라
　비유적으로는 세력이나 영향의 밑에 있는 상황에도 under를 사용한다.

　　즉,　　~의 지배하에　　　~의 세력하에　　　　~의 영향하에
　　　　　~의 보호하에　　　~의 감독하에

　다음의 표현도 위의 것과 일맥상통하는 바가 있다.

■ under a torture <고문 받고 있는>　　under construction <건설 중에 있는>
　under repair <수리 중에 있는>　　under the knife <수술 받고 있는>

(1-a) There is a tunnel under the river.　　<그 강 밑에 터널에 있다.>
(1-b) There is nothing new under the sun.　<이 세상에는 새로운 것이라고는 아무 것도 없다.>
(1-c) He struck me under my left eye.　　<그는 나의 왼쪽 눈 밑을 타격했다.>
(1-d) The boat is under the bridge.　　<그 보트는 그 교량 밑에 있다.>
(1-e) The boat is below the bridge.　　<그 보트는 그 교량보다 하류 쪽에 있다.>
(1-f) He is under my protection.　　<그는 나의 보호를 받고 있다.>
(1-g) He is under a torture.　　<그는 고문을 받고 있다.>
(1-h) He is under the influence of alcohol. <그는 술에 취해있다.>
(1-i) He is under ether.　　<그는 에테르에 마취되어있다.>
(1-j) Don`t walk under the ladder.　　<그 사다리 밑을 걷지 마시오.>
(1-k) All the crops were under water.　　<모든 농작물이 물에 잠기어 있었다.>
(1-l) Don`t stand under the wall.　　<그 담 밑에 서있지 마시오.>
(1-m) under the cover of ~　　<~를 틈타, ~라는 미명하에, ~를 빙자하여>
(1-n) the class under us　　<우리들의 지배를 받는 계급>
(1-o) the class below us　　<우리들 보다 낮은 계급>
(1-p) The car is under repair.　　<그 차는 지금 수리 중이다.>
(1-q) He is under the knife.　　<그는 지금 수술을 받고 있다.>
(1-r) They are under fire.　　<그들은 지금 집중 포화를 받고 있다.>

B. 연령, 가격, 수량 등에 대하여 말하는 경우 『~의 미만』라는 뜻.

(2-a) She spoke under her breath.　　<그녀는 낮은 목소리로 말했다.>
(2-b) They sell it under 100 dollars.　　<그들은 그것을 100달러 미만에 팔았다.>
(2-c) Children under six years old　　<6세 미만의 어린이들>

C. 의문, 부담, 속박 등에 대하여 다음과 같이 말할 수 있다.

(3-a) It broke under the weight of the books.　　<그것은 그 책의 무게로 깨졌다.>
(3-b) He walked under a heavy load.　　<그는 무거운 짐을 지고 걸었다.>
(3-c) He is sinking under a burden of taxation. <그는 무거운 세금으로 허덕이고 있다.>

with   12

A 『~와 함께, ~와 더불어』
　동반, 협력관계를 나타내는 말이다.

I went (walked, traveled) with him.	나는 그이와 함께 갔다(걸었다, 여행했다).
I played (studied, worked) with him.	나는 그이와 함께 놀았다(공부했다, 일했다).
He rises with the sun.	그이는 해뜰 때 일어난다(해와 함께 일어난다).

B. 도구 앞에 사용하여 『~를 가지고』라고 해석한다.

Write with a pencil.	연필로 쓰시오.
He cut a branch with a knife.	그는 칼로 가지 하나를 잘랐다.
He filled the glass with water.	그는 물로 그 잔을 채웠다.
The street is paved with stone.	그 거리는 돌로 포장되어있다.
The garden is enclosed with a fence.	그 정원은 울타리가 둘러 있다.
She was choked with emotion.	그녀는 가슴이 메지도록 감격했다.
※ choke 질식시키다, (감정을) 억누르다	(= 그녀는 격정으로 목이 메었다)

C. 소유를 나타내는 뜻이 있다. 『~를 가지고 있는, ~를 지니고 있는』이라고 해석한다.
　『~를 가지고 있다 =have』와 혼동해서는 안 된다.

a vase with a handle	손잡이가 있는 꽃병
He walked with a stick in his hand.	그는 손에 지팡이를 들고 걸었다.
the man with a hat on	모자를 쓴 그 사나이

D. 조화, 일치, 동의, 연결, 부합, 공동, 혼합의 뜻을 가진 말과 함께 사용된다.

I agree with you there.	나는 그 점에서는 너의 생각과 일치한다.
I sympathize (or feel) with you.	나는 너를 동정한다. (네가 가엽다.).
wine mixed with water	물을 탄 술, (물이 섞인 술, 물을 섞은 술)
The thieves mingled with the crowd.	그 도둑들은 군중 속에 들어갔다(군중 속에 숨었다).
He lives in harmony with his neighbors.	그는 이웃들과 사이좋게 지낸다.

(1) Will you please connect me with Mr. White ?
(2) Alice has many interests in common with John.
(3) They communicate with each other often by mail.

(1) = 화이트씨와 연락이 닿도록 해주시겠습니까?
(2) = 앨리스는 여러 가지 점에서 존과 이해관계가 일치한다.
(3) = 그들은 자주 우편으로 연락을 주고 받는다.

E. with + 추상명사
　　with + 친절 = 친절을 가지고, 즉 친절하게
　　with + 용기 = 용기를 가지고, 즉 용감하게

with ease	= easily	쉽게
with courage	= courageously	용감하게
with kindness	= kindly	친절하게
with rapidity	= rapidly	신속하게, 빠르게
with fluency	= fluently	유창하게
with calmness	= calmly	침착하게
with warmness	= warmly	따뜻하게, 열성적으로
with difficulty	difficultly와 다름	어렵게, 간신히, 겨우
with energy	= energetically	힘차게, 활기차게

※ difficultly는 -able, -ible, -uble로 끝나는 형용사 앞에서만 사용된다.
　　a difficultly solvable problem　　<잘 안 풀리는 문제>
　　difficultly soluble salt　　<잘 안 녹는 소금>

F. 『①~하면서, ② A를 ~게 하고』 ②의 경우 A는 신체의 한 부분이다.

(1) She sat with her back against the wall.　　그녀는 등을 벽에 기대고 앉아있었다.
(2) He spoke with his mouth full.　　그는 입에 음식을 가득히 넣고 말했다.
(3) He walked with his eyes closed.　　그는 눈을 감고 걸었다.
(4) He roasted the meat with his mouth watering.　　그는 침을 흘리면서 고기를 구웠다.
(5) She spoke with tears in her eyes.　　그녀는 울면서 (눈물을 흘리면서) 말했다.
(6) What a lonely world it will be with you away.　　네가 없는 세상은 얼마나 쓸쓸할까!

without   13

A. 『~없이, ~없는』

(1) I drink tea without sugar.   <나는 설탕을 타지 않고 차를 마신다.>
(2) He traveled without a ticket.   <그는 기차표 없이 여행했다.>
(3) He went to bed without supper.   <그는 저녁식사를 거르고 잠자리에 들었다.>
(4) The meeting ended without results.   <그 회의는 성과 없이 끝났다.>
(5) I can't do it without your help.   <너의 도움 없이는 나는 그것을 할 수 없다.>
(6) He will come without fail.   <그는 틀림없이 올 것이다.>
(7) without fear   <두려움 없이>
(8) without doubt   <의심 없이>
(9) without mercy   <가차없이, 인정사정 안 두고>
(10) without difficulty   <어려움 없이, 무난히>
(11) without reserve   <사양하지 않고>
(12) without hesitation   <망설이지 않고>

B. ㉠ without ~ing = ~하지 않고
   ㉡ not 또는 never + ~ing = ~하면 반드시 ~한다.

(1) He went away without saying goodbye.
(2) He went away without so much as saying goodbye.
(3) You have no right to take it without leave.
(4) You cannot do so without hurting his feeling.
(5) I never see you without thinking of my brother.
    (= Whenever I see you, I think of my brother.)

(1) = 그는 인사를 하지 않고 가버렸다.
(2) = 그는 인사조차 없이 가버렸다.
(3) = 너는 허가를 받지 않고 그것을 가질 권리가 없다.
(4) = 너는 그이의 감정을 상하지 않고는 그렇게 할 수 없다.
    (= 너는 그렇게 하면 그이의 감정을 상하게 한다)
(5) = 나는 나의 형 생각이 나지 않고서는 너를 보는 일이 절대 없다.
    (= 나는 너를 볼 때마다 나의 형 생각이 난다)

연·습·문·제 76

( ) 안에 over를 쓸 수 없는 것이 2개 있다. 그것은 어느 것인가?

(1) We discussed the matter (　) dinner.　　* discuss 토의하다
(2) She suffered (　) neuralgia.　　* suffer ~을 겪다,~으로 고생하다
(3) I pulled the blanket (　) me.　　* neuralgia 신경통
(4) The flood spread (　) the whole district.　　* blanket 담요, 모포
(5) The doctor leaned (　) the body.　　* flood 홍수
(6) She spread a cloth (　) the table.　　* district 지역, 지구, 구역
(7) I have no ear (　) music.　　* body 시체
(8) Virtue triumphs (　) vice in the end.　　* cloth 천, 식탁보
(9) I traveled all (　) the world.　　* triumph 승리하다

연·습·문·제 77

( )안에 to, for, on 중에서 골라 쓰시오.

(1) He is punctual (　) the minute.　　* punctual 시간을 잘 지키는
(2) She looks young (　) her age.
(3) We drank (　) his success in the exam.
(4) Have you got the key (　) this lock?
(5) (　) my joy, he passed the examination.
(6) He shouted (　) joy.
(7) I argued with him not to go, but (　) no purpose.
　　　　　* argue 논의하다, 논쟁하다　* purpose 목적　* to no purpose 전혀 헛되이
(8) Some of the students of the university leaned (　) the left.
　　　　　* lean 기대다, 기울다　* lean to the left 좌경화하다
(9) Lean (　) my arm, and I will support you.　　* support 지지하다, 부양하다
(10) We all danced (　) lively music.　　* to music 음악에 맞추어

(11) He is quite healthy (　) what he once was.
(12) All former wars were mere child's plays (　) World War II.
　　　　　　　　* former 전의, 지난번의　* former flame 옛 애인　* former minister 전직 장관
(13) He kept all the money (　) himself　　* keep N to oneself = N을 독차지하다
(14) The drinks are (　) me. (술값은 내가 냅니다.)
(15) He was burned (　) death.　　　　* be burned to death 타죽다
(16) The twins were alike (　) a hair.　　* twin 쌍둥이　* alike 같은, 동일한
　　　　　　　　　　* N is like M. = N and M are alike. = N과 M은 동일하다.

연·습·문·제 78

for, at, of, during 중에서 적당한 것을 골라 써라.

(1) We should have respect (　) parks and other public property.
　　　　* have respect for ~를 존중하다　* public 공공의, 공중의　* property 재산, 자산, 소유(권)
(2) He fell asleep (　) the lesson.
(3) Some people were (　) the war and others were against it.
　　　　　　　　　　　　　　　　* be against N = N에 반대하다
(4) You must send (　) a doctor.　* send for N = N을 데려오기 위하여 사람을 보내다
(5) They fought (　) independence.　　* independence 독립
(6) He is just the man (　) the position.　* position 위치, 지위, 신분
(7) It is too beautiful (　) words.
(8) He is a man (　) wisdom.　　　* wisdom 지혜, 슬기
(9) You shall have this (　) nothing.　* for nothing 거저, 헛되이
(10) He died (　) heart failure.
(11) It is clever (　) you to solve the problem.
(12) I take it (　) granted that you like him.
　　　　* grant 주다, 인정하다　* take N for granted = N을 당연하다고 생각하다
(13) You had better take him (　) his word.　* take him at his word 그이의 말을 곧이듣다

연·습·문·제 79

보기에서 알맞은 것을 골라 써라.

보기: from, through, with, without, under, to

(1) I want you to get (   ) the exam.
(2) She spoke (   ) tears in her eyes.
(3) Can you tell Tom (   ) his twin brother?
(4) My car is (   ) repair.
(5) I will visit you tomorrow (   ) fail.
(6) Don't compare your car (   ) your father's.
(7) (   ) the sun, nothing could live.
(8) A heavy rain prevented the fire (   ) spreading.
(9) Life is often compared (   ) a voyage.
(10) She spoke (   ) her breath.
(11) The nurse asked me to refrain (   ) smoking in the room.
(12) He met (   ) an accident.

연·습·문·제 80

(   )안에 알맞은 전치사를 쓰시오.

(1) Your English is quite good (   ) a beginner.
(2) Would you please act (   ) me in the matter?
(3) All hands (   ) work! <모두 작업 시작!>
(4) This is not an occupation (   ) my taste.
(5) There is a ratio of two girls (   ) one boy in this class.

(6) (   ) the best of my knowledge, he is a hypocrite.
(7) He gained the victory (   ) a superior foe.
(8) You are old enough to distinguish good (   ) bad.
(9) Your answer is far (   ) satisfactory.
(10) He was (   ) an engagement to make a speech.

(11) I laughed him (   ) good humor again.
(12) The stick turned (   ) a snake. (둔갑하다)
(13) Please cut the apple (   ) two.
(14) I have nothing to do (   ) the accident. (관계가 없다)
(15) I have a disgust (   ) the odor.

(16) She is very anxious (   ) him to succeed.
(17) I don't think her the wife (   ) you.
(18) I tried to dissuade him (   ) buying the used car.
(19) I persuaded him (   ) buying the used car. (사도록)
(20) I persuaded him (   ) buying the used car. (안 사도록)

(21) You must abstain (   ) spitting in public. (삼가다)
(22) You should not speak ill (   ) him behind his back.
(23) You must make up (   ) lost time. (만회하다)
(24) The boy was named John (   ) his grandfather.

(2) act 행동하다, 활동하다 대행하다 (for)   (4) occupation 직업   * taste 취미, 맛   (5) ratio 비율   (6) hypocrite 위선자   (7) superior (수적으로) 우세한, 더 나은, 고품질의   * foe 적, 적군, 원수   (8) distinguish A from B = A와 B를 구별하다   (10) engagement 약혼   (11) humor 기질, 성질, 유머   * laugh him into good humor 웃음으로 그의 기분을 전환시키다   (14) have nothing to do with A = A와 관계가 없다   (15) odor 냄새   (18) dissuade 만류하다, (~하지 않도록) 말리다   (21) abstain 삼가다   * in public 대중 앞에서   (23) make up for 만회하다, 보충하다

연·습·문·제 81

영어로 말하시오.

(1) 그들은 눈물을 흘리면서 자비를 베풀어 달라고 왕에게 애원했다.
   (with tears in their eyes/ beg/ have mercy on ~)
(2) 그녀는 나이에 비하여 젊어 보인다는군. (looks young for one's age)
(3) 그녀가 비 때문에 학교에 가지 않은 것은 사실이다. (prevent, It is true)
(4) 너는 잠이 죽음에 비유될 수 있다고 생각하느냐? (compare A to B)
(5) 우리들은 저녁식사를 하면서 그 문제에 대하여 토의했다. (over dinner)
(6) 우리들은 그 나라 방방곡곡을 두루 돌아다녔다. (all over the country)
(7) 우중에 나가지 말아. 그렇지 않으면 흠뻑 젖을 것이다.
   (in the rain/ get wet/ be soaked to the skin)
(8) 너는 일분도 어김없이 시간을 잘 지켜야한다는 것을 명심해야한다.
   (punctual to the minute/ keep it in mind)
(9) 톰은 제인의 성공을 위하여 건배하자고 우리들에게 제의했다.
   (drink to one's success/ propose that we ~)
(10) 그가 영어에서 제 일인자라는 것은 말할 필요조차 없다.
   (second to none/ It goes without saying that ~, there is no need to ~)
(11) 그는 나에게 그 상처에 연고를 바르라고 말했다. (apply plaster to)
(12) 그녀의 피아노에 맞추어 춤춘다는 것은 즐거운 일이다. (to her piano)
(13) 그녀가 지금 수술을 받고 있다는 것을 나는 들어 알고 있다.
   (I hear/ under the knife)
(14) 그에게 너의 차가 지금 수리 중이라고 말해주어라. (under repair)
(15) 입에 음식을 가득히 넣고 말하는 것을 삼가세요. (abstain/ with mouth full)
(16) 당뇨(diabetes)로 고생하는 사람은 설탕을 타지 않고 차를 마셔야한다.
   (suffer from/ without sugar/ drink tea)
(17) 그녀는 나를 볼 때마다 빙긋이 웃는다. (beam/ without ~ing)
(18) 비밀인데, 그는 어제 돌아왔다. (between us)
(19) 그 경치는 묘사할 수 없을 정도로 아름답다. (beyond description)
(20) 그는 다섯 시까지 돌아오겠다고 약속했다. (by five)
(21) 그는 다섯 시까지는 이곳에서 기다리겠다고 말했다. (till five)
(22) 그는 그 학생들 간에는 인기가 있다. (among/ popular)
(23) 그이의 말을 곧이듣는다는 것은 어리석은 일이다. (take one at one's word)

연·습·문·제 82

다음 문장을 해석하시오.

(1) Scientists want to discover facts, and nothing but facts, about the universe, while philosophers try to gather both facts and values. Philosophers want to know the meaning and the worth of facts. Scientists limit their study to an examination of aspects of the world which can be measured exactly. Scientists seek knowledge; philosophers seek wisdom. – Britannica Junior Encyclopaedia –

* scientist 과학자 * nothing but = only * nothing but facts 오직 사실만 * while 그러나 한편 * philosopher [filəsəfər] 철학자 * meaning 의미, 뜻 * worth 값어치, 가치 * limit 제한하다, ~에 한계를 정하다 * limit their study to ~그들의 연구의 대상(범위)을 ~에 국한시키다 * examination 조사, 검사, 검토, 시험 * aspect (문제 따위의) 측, 측면, 양상, 외관, 현상 * aspects of the world 세상의 여러 현상 * measure 측정하다, 재다 * exactly 정확하게, 정밀하게 * seek (원인, 의미 따위를) 탐구하다, 추구하다 (이익, 명성을) 바라고 찾다

(2) Alchemy was the beginning of chemistry. It was a combination of superstition, experiment, and philosophy. The alchemists concerned themselves with two unrealistic goals: they wanted to transmute, or change, the cheap metals into gold, and they wanted to find the Elixir of Life, which would cure all ailments and prolong life. They believed that the magical philosophers' stone, if discovered, would give its owner the power to achieve both of these goals. Alchemy was practiced in ancient Egypt and China, but no one knows when it first began. – Britannica Junior Encyclopaedia –

* alchemy [ǽlkəmi] 연금술 * chemistry [kémistri] 화학 * combination [kàmbinéiʃən] 결합, 짜 맞추기, 연합, 동맹 * superstition [sù:pəstíʃən] 미신, 미신적인 행위 * experiment [ikspérimənt] (이론을 시험하는) 실험 * alchemist [ǽlkəmist] 연금술사 * concern [kənsə́:n] 관계하다, 관계가 있다, concern oneself with ~ 에 관여하다, ~에 관심을 갖다 * unrealistic [ʌ̀nri(:)əlístik] 비현실적인 * goal 목적, 목표 * metal 금속 * transmute [trænsmjú:t] (어떤 물질 성질 형상 따위를 다른 물질, 성질, 형상 따위로) 바꾸다 * ailment [éilmənt] (가벼운 만성적인) 병, 편찮음 * prolong [prəlɔ́:ŋ] 연장하다, prolong life 생명을 연장하다 * Elixir [ilíksə] 만병통치약, 영약 * philosophers's stone 현자의 돌 (비(卑)금속을 금, 은으로 바꾸는 힘이 있다고 믿어져 중세의 연금술사가 찾아다니던 돌) * owner 소유자, 소유주 * achieve [ətʃí:v] 이루다, 성취하다, 달성하다

- 해답 및 풀이 -

연습문제 1

(1-a) She believes in God.   (1-b) She believed in God in the past.
(1-c) She has believed in God since her childhood.
(2-a) My mother is in the kitchen garden.
(2-b) My mother was in the kitchen garden just now.
(2-c) My mother has been in the kitchen garden all day.
(2-d) My mother cannot be in the kitchen garden.
(2-e) My mother must be in the kitchen garden.

(3-a) She works for him like a slave.
(3-b) She worked for him like a slave all her life.
(3-c) She has worked for him like a slave all her life.
(4-a) I live in Seoul.   (4-b) I lived in Busan ten years ago.
(4-c) I have lived in Seoul since my childhood.

(5-a) The cottage stands (or is, or is located) under the hill.
(5-b) The cottage stood (or was, or was located) under the hill.
　　또는 The cottage used to stand under the hill.
(5-c) The cottage has stood (or has been) under the hill since my childhood.
(6-a) We know each other well.
(6-b) We knew each other well in the past.
(6-c) We have known each other well (for) many years.

(7-a) I hate mice and snakes. (7-b) I hated mice and snakes when a girl.
(7-c) I have hated mice and snakes since my girlhood.

연습문제 2

(1-a) 어머니는 우리들의 가슴속에 사랑을 쏟아 붓는다.
(1-b) 어머니는 우리들의 가슴속에 사랑을 쏟아 부었다.
(1-c) 어머니는 우리들의 가슴속에 사랑을 쏟아 부어오고 있다.
(2-a) 그이는 어려운 처지에 있다.   (2-b) 그이는 작년에 어려운 처지에 있었다.
(2-c) 그이는 현재 2년 동안 계속 어려운 처지에 있다.
(3-a) 나는 담배를 심하게 피운다.   (3-b) 나는 젊었을 때에는 담배를 심하게 피웠다.
(3-c) 나는 대학을 졸업한 때로부터 담배를 피우고 있다.
(4-a) 이곳은 비가 오지 않는다.   (4-b) 이곳에는 오래 동안 비가 오지 않았다.

(4-c) 이곳에는 현재까지 오래 동안 비가 오지 않고 있다.
(5-a) 그 어린이가 바다에서 수영하지 못하게 하세요.
(5-b) 그들은 그 어린이가 바다에서 수영하지 못 하게 했다.(과거에 그랬다는 뜻임)
(5-c) 그들은 그 어린이가 바다에서 수영하지 못하게 하고 있다. (현재까지 계속 그렇게 하고 있다는 뜻임)
(6-a) 무엇 때문에 그이는 이곳에 오지 못하는가요?
(6-b) 무엇 때문에 그는 이곳에 못 왔습니까?
(6-c) 무엇 때문에 그는 이곳에 오지 못하는 사정이 계속되나요?
(7-a) 나의 가르침을 성실하게 따르시오.   (7-b) 너는 나의 가르침을 성실하게 따랐다.
(7-c) 너는 나의 가르침을 성실하게 따라왔다. (지금도 그렇고)

연습문제 3

(1) 너 사랑해본 적 있냐?   (2) 너는 돈 꾸어본 적 있냐?
(3) 그는 두 손을 긁고 긁어서 손이 까졌다. (손이 짓물러져있다)
(4) 나는 그이의 이름이 방금 생각났다.   (5) 나는 그 편지를 써놓았는데 아직 부치지는 않았다.
(6) 그 문에 손을 대지 마시오. 내가 방금 페인트칠을 했습니다.
(7) 나는 (현재) 모든 희망을 다 잃었다. 그러니까 하나님이 나를 죽여도 상관없다.
(8) 그는(하나님은) 나를 잡기 위하여 덫을 쳐놓았다.
(9) 그는 (하나님은) 나의 삶을 쓰라린 고통으로 꽉 채워 놓았다.
(10) 나는 하나님이 원하시는 길을 걸어왔고 그 길에서 이탈한 적이 없다.

(11) 나는 여러분들이 생명을 누리도록 하기 위하여 이 땅에 와있습니다.
(12) 나는 당신을 위하여 (지금까지) 노예처럼 일해 왔다.
(13) 그는 현재 4일간 묻혀있다(=죽은지 4일이 되었다).
(14) 나는 당신이 이루어놓은 일로 인하여 항상 당신에게 감사를 드릴 겁니다.
(15) 그는 나의 전 재산을 빼앗아갔고 나의 명성을 짓밟아 놓으셨다.
      (그래서 현재 나는 빈 털털이고 내 체면은 굴욕적이다)
(16) 나는 (오늘날까지) 장수를 누리고 있으며 그 동안 생각에 젖을 시간을 가져왔다.
(17) 그녀는 오늘날까지 차를 운전한 적이 없다. 그녀는 지금 처음으로 운전해보는 거야.
(18) 나는 이처럼 아름다운 집은 본 적이 없다.
(19) 하나님이 이루어놓은 일을 생각해보세요. 하나님이 구부려놓은 것을 누가 똑바로 펴 놓을 수 있겠습니까?
(20) 그러니 내가 이처럼 슬기로워진 것에서 무슨 득을 보았단 말인가요?
      (아무 득을 본 것이 없다는 뜻임)

(21) 먹을 것 좀 드릴까요? 아닙니다. 방금 점심을 먹고 왔어요.
(22) 나의 이모(또는 고모)는 지금 휴가에서 돌아왔다. 이모님은 중국에 다녀오셨다.
(23) 나는 여인을 절대 탐욕스러운 시선으로 보지 않겠다고 엄숙하게 약속했다.

(24) 나는 하루하루 괴로운 나날을 보내고 있다.
(25) 나의 피부는 검게 변해버렸다. 나는 열로 몸이 불같다.
(26) 나는 항상 공정하고 정당하게 행동해왔다.
(27) 그들의 조상들은 예나 지금이나 무가치하다.
(28) 하나님은 나를 허약하고 고립 무원한 신세로 만들어 놓았다.
(29) 나는 나의 원수들이 괴로워할 때 절대로 고소하다고 생각한 적이 없다.
(30) 나는 그들이 재난을 당할 때 기뻐한 적이 절대 없다.

(31) 맹세코 하는 말인데 나는 그들을 속이려고 한 적이 없다.
(32) 나는 열병을 앓고 난 후 몸이 이렇게 허약합니다.
(33) 나는 재화(財貨)를 신뢰한 적도 없고 나의 재산을 자랑한 적도 없다.
(34) 나는 당신 외에는 딴(다른) 신을 경배한 적이 없다.
(35) 나는 그들(딴 신들, 다른 신들)을 경배하기 위하여 엉뚱한 길로 이탈해본 적이 없다.
(36) 나는 가난한 사람들을 돕는 일을 거절한 적이 없다.
(37) 나는 평생 동안 그들을 보살펴오고 있다.
(38) 내가 과부들이 절망 속에 살도록 방치한 적이 있거나 고아들이 굶주리며 살도록 방치한 적이 있다는 말입니까?
(39) 그들은 의로운 길에서 이탈해있다.
(40) 우리들은 배가 고파서 분노로 몸이 항상 이글거리고 있다.

(41) 나는 이 세상에 심각한 불의가 자행되고 있음을 간파했다.
(42) 우리가 할 수 있는 최상의 것은 하나님이 우리들에게 주신 이 덧없는 생애에서 우리가 부단히 일해서 얻은 그 무엇인가를 즐기는 것이다.

연습문제 4

(1) She reads the Bible every day.   (2) She is reading the Bible (now).
(3) Have you ever read the Bible ?
(4) She has promised to read the Bible as often as possible.
(5) She has decided (or is resolved) to read the Bible every day.
(6) Tom was absent from school yesterday.   (7) Tom is absent from school today.
(8) Tom has been absent from school since Monday.
   = Tom has absented himself from school since Monday.
(9) Tom will probably be absent from school tomorrow.
(10) Have you ever been absent from school ?

(11) Have you ever driven a car ? No, I have never driven a car so far.
(12) Have you ever ridden a horse ? Yes, this is the third time I have ridden a horse.

(13) Tom is phoning (to) Jane now. That is the third time he has (tele)phoned (to) her this morning.
(14) I saw Ann on May 1st, but I have never seen her since.
(15) Last winter it snowed a lot , but this winter it hasn't snowed as yet.
　　또는 Last winter we had much snow, but this winter we have not had snow at all as yet.
(16) Last year the company made a great profit, but this year it hasn't made a profit at all as yet. It has made a (small) loss.
(17) Susan, would you like some coffee ? No, thank you. I have had three cups of coffee today.
(18) I heard from my aunt a year ago, but I have never heard from her since.
(19) She is sick in bed. She has overworked herself sick.
(20) I'm as hungry as a hawk. I have not eaten anything since yesterday.

(21) Where have you been ? I have been to the station to see Tom off.
(22) Have you ever been to America ? Yes, I've been there three times.
(23) Have you finished (or done) your homework ?
　　　No, I have not finished it as yet.
(24) He has been beaten black and blue.
(25) I have opened the door for you to go out.
(26) Her sickness has left her weak.
(27) My mother has washed my shoes clean.

연습문제 5   뜻은 사전을 참조

(1) took, taken　　(2) held, held　　(3) sang, sung
(4) wept, wept　　(5) caught, caught　　(6) flew, flown
(7) dug, dug　　(8) grew, grown　　(9) broke, broken
(10) rode, ridden　　(11) forbade, forbidden　　(12) brought, brought
(13) knelt, knelt 또는 kneeled, kneeled　　(14) lost, lost
(15) stole, stolen　　(16) shook, shaken　　(17) flung, flung
(18) swept, swept　　(19) left, left　　(20) forgot, forgot 또는 forgotten
(21) spent, spent　　(22) froze, frozen　　(23) drew, drawn
(24) fought, fought

연습문제 6

(1-a) 그는 산업계에서 중요한 역할을 했다.
(1-b) 그는 산업계에서 중요한 역할을 담당해오고 있다.
(2-a) 그 엘리베이터는 그저께 고장 났다.
(2-b) 그 엘리베이터는 지금 고장 나있다.
(3-a) 나는 일주일 전에 나 혼자 그 차를 깨끗이 세차했다.
(3-b) 나는 방금 나 혼자 그 차를 깨끗이 청소해 놓았다.
(4-a) 나는 2,3일 전에 그 숲에서 늑대들을 보았다.
(4-b) 나는 그 숲에서 늑대들을 여러 번 본 적이 있다.
(5-a) 당시의 사람들은 윤리의식이 없었다.
(5-b) 오늘 날 사람들은 윤리의식이 땅에 떨어졌다.
(6-a) 그 이야기는 네가 들어왔을 때 절정에 이르렀다.
(6-b) 그 이야기는 이제 절정에 이르렀다.
(7-a) 나의 아버지는 미국에 가서 안 계신다.
(7-b) 나의 아버지는 미국에 가본 적이 있다.
(8-a) 나는 작년에 돈이 완전히 바닥났었다.
(8-b) 나는 지금 돈이 완전히 바닥났다.
(9-a) 너는 내가 작년에 너를 보았을 때 살이 매우 많이 빠져있었다.
(9-b) 너는 과거보다 살이 훨씬 많이 빠졌구나.
(10-a) 김기수는 2년간 군대생활을 했다. (10-b) 김기수는 현재 2년 동안 군대생활을 하고 있는 중이다.
(11-a) 나는 너와 헤어져 있을 때 네가 정말로 그리웠다. (11-b) 나는 네가 떠난 후 계속 너를 그리워하고 있다.

연습문제 7

(1) is playing → has been playing
(2) is containing → contains
(3) have been knowing → have known
(4) 틀린 것이 없음
(5) is standing → stands
(6) is consisting → consists
(7) are belonging → belong
(8) have been loving → have loved
(9) is working → has been working
(10) am living → have lived 또는 have been living

연습문제 8

(1-a) It is raining now. (1-b) It began to rain at noon.
(1-c) It has been raining since noon.
(2-a) Tom and I are friends. (2-b) I met Tom for the first time when I was a freshman.
(2-c) I have known Tom since I was a freshman.
(3-a) Jane is sick. (3-b) Jane fell sick a few days ago.
(3-c) Jane has been sick for a few days.
(4-a) Tom is working in a department store.
(4-b) Tom began to work in a department store in July.
(4-c) Tom has been working in a department store since July.

연습문제 9

(1) 나의 아버지는 3개월 전에 직장을 구하기 시작했다. 나의 아버지는 지금도 직장을 구하고 있다. 나의 아버지는 3개월 동안 직장을 찾아 헤매고 있는 중이다.
(2) 우리들은 30분 전에 제인을 기다리기 시작했다. 우리들은 지금도 그녀를 기다리고 있다. 우리들은 그녀를 30분 동안 기다리고 있는 중이다.
(3) 나의 삼촌은 5월 20일에 서울에서 일하기 시작했다. 그이는 지금도 여전히 서울에서 일하고 있다. 그이는 5월 20일 이래 그곳에서 일하고 있다.
(4) 너 어디 갔다 (있다) 오는 거냐? 지금까지 테니스 치고 있었느냐?
(5) 나는 1990년부터 테니스를 치고 있다. 너 테니스 쳐 본 적 있냐?
(6) 너 이 책 얼마동안 읽고 있는 거냐?
(7) 너 이 책 지금 몇 쪽까지 읽은 거냐?
(8) 그는 요사이 담배를 너무 많이 피우고 있다. 그는 담배를 덜 피워야한다.
(9) 석유산업(계)는 거대한 과제에 직면해 있다.
(10) 앤은 6월 10일 교통사고에서 다쳤다. 그녀는 아직도 입원 중이다. 그녀는 6월 10일부터 입원하고 있다.
(11) 톰은 대학 1학년 때 제인에게 반했다. 그는 대학 1학년 때부터 그녀를 사랑하고 있다.
(12) 너는 자주 휴가를 갖느냐? 아니야, 나는 1년 동안 휴가를 가져본 적이 없다.
(13) 너는 자주 외식하느냐? 아니, 나는 오래 동안 외식한 적이 없다.
(14) A: 너는 그 상점에서 얼마동안 근무하고 있냐? B: 나는 그 상점에서 10개월 동안 일하고 있다. 나는 작년 3월에 그곳에 일하기 시작했다.
(15) A: 나는 지금 운전교습을 받고 있다. B: 너 얼마동안 운전교습을 받아왔니?
(16) 전등이 꺼져있었다. 지금은 켜져 있구나. 누군가가 그 전등을 켜놓았구나.
(17) A: 나의 아버지는 작가입니다. B: 너의 아버지는 지금까지 책을 몇 권 저술했느냐? C: 저의 아버지는 지금까지 책을 5권 저술했습니다. 그분은 1990년부터 저술활동을 하고 있습니다.

연습문제 10

(1) make(s) (2) made (3) will make
(4) is making (5) was making (6) will be making
(7) do(es) not make (8) did not make (9) will not make
(10) can make (11) may make
(12-15) must make, has to make, should make, ought to make

(16) had better make (17) used to make
(18-19) cannot help making, cannot but make
(20) need not make (21) may have made (22) must have made
(23) cannot have made (24-25) should have made, ought to have made

(26) need not have made (27) has (just) made (28) have been making
(29) had made (30) will have made (31) is used to making
(32) is going to make (33) must not make (34) may make
(35) feel like making

연습문제 11

(1) repair(s) (2) repaired (3) will repair
(4) is repairing (5) was repairing (6) will be repairing
(7) do(es) not repair (8) did not repair (9) will not repair
(10) can repair (11) may repair
(12-15) must repair, have to repair, should repair, ought to repair
(16) had better repair (17) used to repair
(18-19) cannot help repairing, cannot but repair
(20) need not repair (21) may have repaired
(22) must have repaired (23) cannot have repaired
(24-25) should have repaired, ought to have repaired
(26) need not have repaired (27) have (just) repaired
(28) have been repairing (29) had (already) repaired
(30) will have repaired (31) is used to repairing
(32) is going to repair (33) must not repair
(34) may repair (35) feel like repairing

연습문제 12

(1) 나는 톰의 집에 갔다. 그러나 톰은 없었다. 그는 이미 외출하고 없었다.
(2) 나는 어제 밤 극장에 갔다. 나는 늦게 도착했다. 상영이 이미 시작되었었다.
(3) 나는 오랜 이별 후 다시 톰을 보게 되어 참으로 기뻤다. 나는 여러 해 동안 그이를 보지 못했었다.
(4) 그녀는 우리와 함께 영화관에 가기를 원하지 않았다. 왜냐하면 그 영화를 이미 보았기 때문이었다.
(5) 비행기에서 내 곁에 앉아있던 사람은 전에 한 번도 비행기를 타본 적이 없다고 나에게 말했다.
(6) 나는 제인에게 음식을 권했다. 그녀는 배가 고프지 않다고 말했다. 그녀는 방금 아침식사를 했던 것이다.
(7) 나는 그 사람이 누구인지 보는 순간 알았다. 왜냐하면 전에 그이를 본 적이 있었기 때문에.
(8) 내가 2시간을 기다리고 있었더니 그녀가 도착했다.
(9) 내차가 또 고장 났었다. 나는 그 차를 2005년부터 갖고 있다.
(10) 모든 것은 내가 예상한대로 되어갔다.

(11) 그이는 내가 해놓은 일에 대하여 감사했다.
(12) 그녀는 나에게 차를 3개월 전에 샀다고 말했다.
(13) 그녀는 자기가 전에 톰을 사랑한 적이 있다고 말했다.
(14) 그녀는 자기가 톰을 사랑한다고 말했다.
(15) 처음에는 내가 그 일을 올바로 했다고 생각했다. 그러나 이윽고 나는 중대한 실수를 했다는 것을 깨달았다.
(16) 저 여인은 누구입니까? 나는 그 여인을 지금까지 본적이 없습니다.
(17) 나는 그녀가 누구인지 몰랐다. 그녀를 본적이 없으니까.
(18) 우리들은 사이좋은 친구였다. 우리들은 오랜 세월에 걸쳐 서로를 알고 지냈다.
(19) 톰은 땅바닥에 앉아있었다. 그는 숨을 헐떡거리고 있었다. 그는 달리기를 했기 때문이었다.
(20) 내가 도착했을 때 제인은 나를 기다리고 있었다. 내가 늦게 왔고 또 그녀는 장시간동안 기다리고 있었기 때문에 그녀는 약간 짜증이 나있었다.
(21) 지금 해가 지고 있다. 그러니까 네가 집에 도착하는 시간에는 해가 완전히 넘어가 있을 거야.
(22) 그 꽃들은 지금 시들고 있다. 크리스마스가 되면(까지) 다 시들어버리고 없을 거야.
(23) 6시에서 7시 사이에는 나에게 전화 걸지 마라. 우리들은 그 시간에는 저녁 식사하고 있을 것이다.
(24) 7시 이후에 나에게 전화해라. 그때는 식사가 끝나 있을 거니까.
(25) 톰은 휴가 중이다. 그런데 톰은 돈을 매우 헤프게 쓰고 있다. 그가 앞으로도 헤프게 돈을 쓰면 휴가가 끝나기 전에 그는 빈 털털이가 될 것이다.
(26) 톰이 3년 전에 미국에서 한국으로 왔다. 다음 월요일은 그가 한국에 온지 정확하게 3년이 되는 날이다. 그러니까 월요일이 되면 그는 정확하게 3년 동안 한국에 있는 셈이 된다.
(27) 제인은 미국 출신이다. 그녀는 이 순간에는 유럽을 여행하고 있다. 지금까지 그녀는 5,000마일을 돌아다녔다. 여행이 끝나게 되면 아마 그녀는 9,000마일 이상을 여행한 것이 될 것이다.
(28) 제인은 항상 아침 8시에 직장을 향하여 집을 나선다. 그러니까 그녀는 9시에는 집에 없을 것이다. 그 시간에는 그녀는 직장에 가있을 것이다.
(29) 우리들은 늦은 거야. 우리가 영화관에 도착하는 그 시간에는 영화는 이미 시작되었을 거야.
(30) Tom: 내가 7시 무렵에 오면 되겠니?   Ted: 아니야, 그 시간에 나는 축구경기를 보고 있을 거야.
     Tom: 그러면 9시면 어때?   Ted: 좋아. 그때는 축구시합이 끝나있을 거니까.
(31) 끝나자마자 바로 갈게.
(32) 우산이 안 보이는 구나. 간밤에 그 가게에 놓고 온 게 틀림없다.
(33) 제인은 아무 말도 하지 않고 내 옆을 지나갔다. 그녀가 나를 보았을 리가 없었다.
(34) 아무 곳에도 제인이 안 보이는구나. 그녀는 쇼핑하러 갔는지도 모르겠는데.
(35) 비가 오지 않았다. 그러니까 너는 우산을 지니고 갈 필요가 없었다.
(36) 그 파티는 굉장했다. 너도 왔어야 해. 왜 안 왔니?

연습문제 13

(1) I have lost my wallet. I may have left it in the taxi.
(2) She is a complete stranger to me. I have never seen her before.

(3) She said that she had read the book three times.
(4) She said that she had been reading the book (for) three hours.
(5) She said that she was reading the book.
(6) Was Jane at the party when you arrived ? No, she had already gone home.
(7) When I arrived at the party, Jane had been waiting (for) an hour. She was rather annoyed with me.
(8) He is sick. He has been sick since Monday.
(9) He had been sick for long before he died.
(10) Tomorrow he will have been sick for a week.
(11) She said that Tom studied hard.
(12) She said that her father had studied hard when he was young.
(13) She said that Tom was studying.
(14) She said that when she arrived at the library, Tom had been studying (for) two hours.
(15) When you arrive at the library, Tom will have been studying (for) three hours.
(16) I moved to Seoul in 1990. I have been living in Seoul for 8 years. When we first met, I had been living in Seoul for 3 years.
(17) It is raining now. It has been raining since noon.
(18) When we went out, it was not raining. The sun was shining.
(19) When we went out, it had been raining (for) an hour.
(20) The ground is wet. It has been raining.
(21) Tom started fixing my car at 3 (o'clock). He is fixing it now.
(22) Tom was fixing your car this time yesterday.
(23) What will Tom be doing this time tomorrow ?
(24) Ted has been fixing the car since 2 (o'clock).
(25) When you phoned Ted, he had been fixing the car for an hour.
(26) Ted will have finished fixing the car by 5 (o'clock).
(27) I hope that the bus will come soon. I have been waiting for 30 minutes.
(28) At last the bus came. I had been waiting for 40 minutes.
(29) The bus will come at 3 (o'clock). If you wait until the bus comes, you will have been waiting for 2 hours.
(30) When the boy came home, his hands were dirty. He had been playing on sand.
(31) I gave up smoking 7 years ago. I had been smoking for 30 years.
(32) When I got home, Mother was studying English.
(33) When I got home, Mother had been studying English for two hours.
(34) The restaurant cannot be very good. It is seldom full of people.
(35) The restaurant must be very good. It is always full of people.
(36) Tom passed the exam without studying hard. The examination cannot have been difficult.
(37) The phone rang, but I did not hear it. I must have been asleep.

(38) She knows everything about our plan. She must have overheard our conversation.
(39) I wonder why Jane did not say hello (to me). She may (or might) not have seen me.
(40) A: Do you think that Jane saw you?
　　 B: No, she was too far away. She cannot have seen me.
(41) We have plenty of time. We need not hurry.
(42) Why did you hurry ? (또는 Why did you make haste?) You had plenty of time. You need not have hurried. 또는 You need not have made haste.
(43) I am feeling sick. I ate too much. I should not have eaten so much.
(44) When we arrived at the restaurant, there were no free tables. We had not reserved. We should have reserved one.
(45) Tom and Jane got married 3 years ago. They are going to divorce. They should not have got married.
(46) I have been painting a portrait for 2 hours. When I started painting a portrait, she had been painting a portrait for 2 hours.

연습문제 14

(1) ⓑ　　(2) ⓑ　　(3) ⓑ　　(4) ⓑ　　(5) ⓑ
(6) ⓐ　　(7) ⓑ　　(8) ⓐ　　(9) ⓐ　　(10) ⓐ
(11) ⓑ　　(12) ⓐ　　(13) ⓐ　　(14) ⓑ　　(15) ⓐ
(16) ⓑ　　(17) ⓑ　　(18) ⓑ　　(19) ⓑ　　(20) ⓐ
(21) ⓐ　　(22) ⓑ　　(23) ⓑ　　(24) ⓑ　　(25) ⓑ

연습문제 15

(1) 이것이 나의 결점이라는 것을 나는 오래 전부터 알고 있고 또 그 결점을 고치려고 노력해왔으나 잘 되지 않는구나.
(2) 금은 전쟁과 범죄의 원인으로 작용(作用)해오고 있다. 그러나 금은 동시에 문명을 확산시키는 데에도 일익(一翼)을 담당해오고 있다.
(3) 요전 날 있었던 지진을 네가 감지했을 리가 없다. 왜냐하면 그것은 미진(微震)이었거든.
(4) 나의 부모님은 30년대 초반에 미주리로 이사했다. 당시에는 그것은 멀고먼 여행길이 었고 그래서 고되고 험난한 여행이었을 것임에 틀림없다.
(5) 그는 멀미에 대해서는 걱정할 필요가 없었다.(그런데 걱정했다는 뜻임) 왜냐하면 대양이 호수처럼 잔잔했으니까.
(6) 너는 그 편지를 속달로 보냈어야 했다. 요사이 우편배달이 지연된다는 사실을 감안했어야지.

(7) 우리들은 7시까지는 저녁식사를 끝내게 될 것이고 수잔(Susan)은 식탁을 말끔하게 해놓을 것이다. 그러니까 너는 취침시간 전에 한 시간 동안 공부할 수 있다.
(8) 스위스는 세계에서 가장 번영을 누리고 있는 나라 중의 하나이다. 스위스 국민들은 100여 년 동안 전쟁을 피해오고 있고 그들의 나라를 자유의 나라로 지켜오고 있다.
(9) 숲 속은 고요했다. 나무들은 우람하고 새까맣게 보였다. 그는 걸으면서 휘파람을 불었다. 그가 어두워진 후에 숲 속에 온 것은 이번이 처음이었다.
(10) 최근의 과학의 발달 덕분에 우리들은 가까운 장래에 무슨 일이 벌어질지에 대하여 어느 정도 예측(豫測)을 할 수 있게 되었다. 그러한 발달로 우리들의 삶이 또한 훨씬 수월해졌다.
(11) 하나님의 보살핌 덕분(德分)에 나는 위대한 인물이 되어있고 하나님의 권세가 나를 안전하게 지켜주시고 있습니다. 하나님은 저를 포로가 되지 않도록 지켜주시고 계시며 그래서 저는 몰락한 적이 없습니다.
(12) 그것이 바로 하나님께서 폐하를 선택하신 이유이며 어떤 다른 왕에게 보다 폐하에게 더 많은 행복을 베풀어 오신 이유입니다.
(13) 하나님께서는 저의 슬픔을 즐거운 춤으로 바꾸어 놓으셨습니다. 하나님께서는 저의 슬픔을 거두어 가시고 저의 온 주변을 즐거움으로 에워싸 놓았습니다.
(14) 저희들은 하나님을 잊은 적이 없고 하나님께서 저희들에게 하신 약속을 어긴 적이 없는데도 이러한 일이 벌어지고 말았습니다. 저희들은 하나님에게 불충(不忠)한 적이 없습니다. 저희들은 하나님의 명령을 거역한 적도 없습니다.
(15) 저는 주님의 율법에 순종해왔습니다. 저는 저의 하나님에게 등을 돌린 적도 없습니다. 저는 하나님의 모든 율법을 준수(遵守)해왔습니다. 저는 하나님의 율법을 어긴 적이 없습니다. 하나님은 제가 허물이 없다는 것을 알고 계시며 비행(非行)을 저지르지 않는다는 것을 알고 계십니다.

연습문제 16

(1-a) The woman lives next door to me.
(1-b) the woman who lives next door to me
(1-c) The woman who lives next door to me is good at speaking English.
(1-d) Have you ever seen the woman who lives next door to me ?

(2-a) The boy got injured in a traffic accident.
(2-b) the boy who got injured in a traffic accident
(2-c) The boy who got injured in a traffic accident is in hospital.
(2-d) We should help the boy who got injured in a traffic accident.

(3-a) The woman asked me the way to the station.
(3-b) the woman who asked me the way to the station
(3-c) The woman who asked me the way to the station was dressed in white.

(4-a) The man is washing my car.
(4-b) the man who is washing my car
(4-c) The man who is washing my car wants to emigrate to America.
(4-d) Please have perfect trust in the man who is washing my car.

(5-a) The man lost his job some time ago.
(5-b) the man who lost his job some time ago
(5-c) The man who lost his job some time ago has been looking for a job since.
(5-d) The man who lost his job some time ago is low-spirited (=deeply depressed).

연습문제 17

(1) the problem which   너무 어려워서 내가 풀 수 없는 문제
(2) the teacher who   나의 고충을 귀담아 들어 준 그 선생님
(3) the heavy rain which   농작물에 많은 피해를 입힌 그 폭우
(4) the car which   고장 난 그 차
(5) the boy who   일등상을 타게 될 그 소년
(6) the farmer who   곤드레만드레 취한 그 농부
(7) the policeman who   우리들에게 길을 일러준 그 경찰관
(8) the lady who   어제 나에게 전화한 그 숙녀
(9) the fire which   어제 밤 부산에서 발생한 그 화재
(10) the house which   그 화재로 무너진 그 집
(11) the teacher who   영어 회화에 능숙한 그 선생님
(12) the bright star which   지붕 바로 위에서 반짝이는 그 밝은 별
(13) the tree which   상쾌한 그늘을 드리우는 그 나무
(14) the student who   어제 나를 방문한 그 학생
(15) the boy who   너처럼 열심히 공부하는 그 소년
(16) the traffic accident which   어제 이곳에서 일어난 그 교통사고
(17) the old man who   일어서려고 헛되이 발버둥만 치다만 그 노인
(18) the war which   그에게서 가정을 빼앗아간 그 전쟁
(19) the bus which   공항으로 가는 버스
(20) the book which   대 선풍을 몰고 온 그 책
(21) the people who   절도죄로 체포된 사람들
(22) the secretary who   그 노크소리에 응답한 비서
(23) the rain which   많은 농부들로 하여금 헐벗고 살게 해놓은 그 비
(24) the driver who   뺑소니친 그 운전사
(25) the burglars who   간밤에 나의 집에 침입한 도둑들

연습문제 18

(1) This is one of the problems which are too difficult for me to solve.
(2) The teacher who listened to my complaints wants to read the book which has created a great sensation.
(3) The heavy rain which did much damage to the crop has caused a lot of farmers to go hungry.
(4) The car which has broken down is under repair.
(5) The lady who phoned me yesterday is good at speaking English.
(6) The boy who studies as hard as you will win the first prize.
(7) I sometimes meet with (or run across) the farmer who has drunk himself silly.
(8) Why do you like the policeman who told us the way?
(9) The fire which broke out in Busan last night has left him homeless.
(10) The house which was destroyed in the fire has now been rebuilt.
(11) The old man who tried in vain to rise to his feet is lying under the tree which makes a pleasant shade.
(12) They are looking for the driver who drove away.
(13) Do you know the student who called on me yesterday?
(14) Did you witness the traffic accident which took place here yesterday?
(15) The star which shines just above the roof is called Sirius.
(16) His father was killed in the war which has left him homeless.
(17) The bus which goes to the airport is crowded with passengers.
(18) Tom has fallen in love with the secretary who answered the knock.
(19) The burglars who broke into my house last night have been arrested for theft.
(20) The teacher who teaches me English used to help the student who won the first prize.
(21) The student who has read the novel which has created a great sensation in Korea is absorbed in thought.

연습문제 19

(1-a) The student read a lot of books in the library.
(1-b) the student who read a lot of books in the library
(1-c) What is the name of the student who read a lot of books in the library?
(1-d) the good books (which) Tom read in the library
(1-e) Tom thought about the good books (which) he has read in the library.

(2-a) Tom is looking for the keys.
(2-b) the keys (which) Tom is looking for
(2-c) Are these the keys (which) Tom is looking for ?
(2-d) The girl who is looking for the keys seems rather annoyed.

(3-a) Tom wrote a letter with the fountain pen yesterday.
(3-b) the fountain pen (which/ that) Tom wrote a letter with yesterday 또는 the fountain pen with which Tom wrote a letter yesterday
(3-c) Where is the fountain pen which Tom wrote a letter with yesterday ?
(3-d) The girl who wrote a letter with the fountain pen yesterday is good at speaking English.

(4-a) Tom is waiting for the doctor.
(4-b) the doctor (whom) Tom is waiting for
(4-c) the patient who is waiting for the doctor.
(4-d) The doctor (whom) Tom is waiting for starts to make sick calls at ten.
(4-e) The patient who is waiting for the doctor seems to feel uneasy.

(5-a) Jane is looking at the picture.
(5-b) the picture (which/ that) Jane is looking at = the picture at which Jane is looking
(5-c) the artist who is looking at your picture
(5-d) The picture (which) Jane is looking at is worth 5,000 dollars.

연습문제 20

(1-a) The boy's mother is a judge.
(1-b) the boy whose mother is a judge
(1-c) The boy whose mother is a judge studies very hard.

(2-a) the boy who knows you very well
(2-b) the boy (who/ whom) you know very well
(2-c) the boy whose brother knows you very well
(2-d) the boy whose brother you know very well
(2-e) I met a man who knows you very well.
(2-f) I met a man whose brother knows you very well.

(3-a) I want to see (or meet) the woman.

(3-b) the woman (who/ whom) I want to see (or meet)
(3-c) the woman who wants to see me

(4-a) the woman whose son wants to see me
(4-b) the woman whose son I want to see
(4-c) Where is the woman whose son wants to see me ?

(5-a) The roof of the house is red.
(5-b) the house whose roof is red
    = the house of which the (=whose) roof is red
    = the house the roof of which is red
(5-c) She lives in the house whose roof is red.

(6-a) the judge whose son emigrated to America
(6-b) the student whose mother was killed in a traffic accident last year
(6-c) Help the student whose mother was killed in a traffic accident last year.

(7-a) I teacher English to the farmer's son.
(7-b) The farmer to whose son I teach English
(7-c) Have you ever seen the farmer to whose son I teach English ?
(7-d) The farmer to whose son I teach English works hard.

연습문제 21

(1) 그는 자기의 소년시절에 대하여 말했다.
(2) 톰이 들어오는 시각을 나에게 알려다오.
(3) 우리들이 떠나는 시간은 정해지지 않았다.
(4) 4월은 비가 많이 오는 달이다.
(5) 내가 부산으로 이사 간 날은 흐렸다.
(6) 누구나 외로움을 느끼는 때가 있는 것이다.
(7) 나는 나의 삼촌이 사망한 해에 그녀를 만났다.
(8) 우리가 처음 만난 날을 너는 아직도 기억하고 있느냐?
(9) 내가 그녀를 마지막으로 보았을 때 그녀는 아주 건강해 보였다.
(10) 그이는 우리들이 (한국에) 도착한 날 한국을 떠났다.
(11) 나는 내가 그이를 처음 보았을 때 그것을 알았다
(12) 그가 들어오자마자 우리들은 입을 다물고 말을 하지 않았다.
(13) 우리들이 처음 만난 곳을 너는 기억하고 있나?
(14) 이것이 내가 태어난 집이다.
(15) 나는 범죄가 없는 나라에서 살고 싶다.
(16) 런던은 도시계획이 되지 않은 도시다.
(17) 시카고는 갔다하면 길을 잃기 쉬운 도시이다.
(18) 그이가 그것을 한 이유는 분명하지 않다.
(19) 이것이 내가 일찍 떠난 이유다.
(20) 그녀가 너를 버린 이유를 너는 아느냐 ?
(21) 네가 지금 돌아온 이유를 나에게 말해라.
(22) 네가 그 질문에 대답한 그 솜씨에 나는 감탄이 나왔다.

(23) 이것이 우리가 서로 알게 된 사연이다.
(24) 그것이 그이가 그 문제를 푼 방식이다.
(25) 네가 그것을 후회할 때가 올 것이다.

연습문제 22

(1) when/ that   <지금은 우리가 싸워야할 때다>
(2) how   <이것이 우리가 서로 알게 된 사연이다, 우리들은 이렇게 하여 서로 알게 되었다>
(3) why/ that   <네가 가야할 이유가 없다>
(4) where   <이것이 그 시인이 태어난 집이다>
(5) which/ that 또는 생략 <그 시인이 태어난 집은 어디에 있냐?>
(6) which/ that 또는 생략 <그 시인은 네가 찾고 있는 집에서 태어났다>
(7) when/ that   <그러자 내가 학교에 돌아가야 할 날이 왔었다>
(8) why/ that   <너는 그녀가 너를 버린 이유를 아느냐?>
(9) which   <나는 그이가 말하는 태도가 마음에 안 듭니다>
(10) that 또는 생략   <그것이 그이가 그 문제를 푼 방법이다>
(11) which/ that   <산에 위치한 그 집은 전망이 좋다>
(12) when/ that   <그는 내가 도착한 날 세상을 떠났다>
(13) why/ that   <내가 성적이 나빴던 이유는 내가 공부를 안 했기 때문이다>
(14) which/ that 또는 생략 <그이의 아버지가 그에게 남긴 그 집은 20만 달러의 값어치가 있다>
(15) whose/ of which the <나는 담이 무너져 내린 그 집에서 살았었다>
(16) who/ that   <나는 이웃집에 사는 그 소년을 보는 일이 거의 없다>
(17) whose   <나는 아버지가 나의 이웃에 사는 그 의사와 우연히 마주쳤다>
(18) whose/ of which the <우리들은 아직도 정상이 구름에 덮혀있는 그 산에 올라가곤 했다>
(19) where   <우리들은 치열한 전투가 벌어졌던 그 산 중에 가볼 생각이다>
20) which   <우리들은 우리들의 아늑한 생활을 가능하게 해주는 그 산들을 깨끗하게 보존해야한다>
(21) whose   <나는 이름이 '타이거'라는 고양이를 가지고 있다>
(22) which   <나는 놀라운 정도로 쥐를 잘 잡는 고양이를 가지고 있다>
(23) when/ that 또는 생략 <나는 귀하가 이혼한 해에 결혼했습니다>
(24) who/ that   <너에게 방금 전화한 처녀는 나의 애인이다>
(25) whose   <언니가 너에게 방금 전화한 그 처녀는 나의 애인이다>

연습문제 23

(1) Tell me the reason why / that Tom did not come.
(2) What is the reason why / that you were absent from school yesterday?

(3) I don't know the (exact) time when / that she will come back.
(4) I know the reason why / that Yuri moved to Seoul.
(5) I remember the day when / that she moved to Seoul.
(6) I don't remember the year when / that she moved to Seoul.
(7) I have been to the village where / in which I was born.
(8) We can have a really good meal in the restaurant.
(9) Is there any good restaurant nearby where we can have a really good meal ?
(10) I bought three books at the bookstore where you went yesterday.
(11) The bookstore where I bought three books yesterday is located near City Hall.
(12) Do you know the name of the hotel where / in which Tom is staying ?
(13) I'll always keep in mind the day when / that I first met you.
(14) I shall never forget the day when / that my mother passed away (or died).
(15) The reason why / that they haven't got a car is that they do not need a car.
(16) The place where we spent our holidays was very beautiful.
(17) A man who / that knows your father very well has come to see you.
(18) A man who / whom / that your father knows very well is waiting outside.
(19) The man whose son is a friend of yours is waiting outside.
(20) The park which / that is near the town where I live is very beautiful.
(21) The park where / in which the children are playing is very beautiful.
(22) The farmer whose son won the first prize is industrious and devoted.
(23) The war broke out in the year when (that) you were born.
(24) Tell me the reason why / that you did not phone (to) me.
(25) The minute when / that you phoned (to) me is obscure

연습문제 24

(1) 아무 것도 의심하지 않는 자는 아무 것도 아는 것이 없다.
(2) 뱃사공이 되는 자는 죽음과의 거리를 겨우 4인치 두고 있다. (죽음을 끼고 산다)
(3) 그는 이른바 걸어 다니는 사전이다. (만물박사다)
(4) 나는 그녀를 기쁘게 해주는 일만을 골라서 한다.
(5) 우리들은 미력(微力)이나마 그이를 도와주었다.
   = 우리들이 그에게 줄 수 있는 도움이 미미(微微)했지만 그 미미한 도움이라도 그에게 주었다.
(6) 오늘날의 그이가 되게 한 것은 그이의 노력이다.
   = 그이의 노력이 그이를 오늘날의 그이로 만들어 놓았다.
(7) 그는 그가 가지고 있는 얼마 되지 않은 책을 모두 다 읽었다.
(8) 엎지른 물은 쓸어 담을 수 없다. = 일단 행해진 것은 원상대로 되돌려놓을 수 없다.
(9) 햇빛과 꽃의 관계는 사랑과 여인과의 관계와 같다.

(10) 그녀는 친절하다. 게다가 더욱 좋은 것은 매우 아름답다.
(11) 사람이 부유하고 가난한 것은 그 사람의 인격에 좌우되는 것이지 그 사람의 재산에 의하여 결정되는 것이 아니다.
(12) 그이는 이제는 과거의 그이가 아니다.
(13) 설상가상 그이는 자기의 주소를 남겨 놓지 않았다.
(14) 한편으로는 그이의 충고덕분에 또 한편으로는 나 자신의 노력으로 나는 마침내 성공했다.
(15) 잎과 식물의 관계는 허파와 동물과의 관계와 같다.
(16) 한편으로는 과로 때문에 또 한편으로는 영양실조로 그는 병으로 쓰러졌다.
(17) 이 땅과 이 땅에 사는 모든 이는 그이(하나님)의 것이다.
(18) 나는 네가 사는 집과 너의 영광이 있는 곳을 사랑한다.
(19) 나는 그이가 이루어 놓은 일로 인하여 그이를 찬양하리라.
(20) 나를 미워하는 모든 이가 나에 대하여 서로 수군거린다.
(21) 나는 당신을 잘 모시고 당신의 법도를 지키는 모든 사람의 친구입니다.
(22) 교회에 가는 사람은 누구나 선량해 보인다.
(23) 하나님이 창조하신 모든 나라의 민족이 와서 하나님에게 엎드려 절할 것입니다.
(24) 그녀는 자기가 쥐뿔도 모르는 일에 관하여 툭하면 간섭했다.

연습문제 25

(1-a) Your friends keep away from you.
(1-b) Do you know the reason that (or why) your friends keep away from you ?
　　　= Do you know why your friends keep away from you ?

(2-a) There used to be a well near the house where I lived when (I was) young.
(2-b) This is the house where (or in which) she was born.
　　　= This is the house (which) she was born in.

(3-a) The way that (or in which) you teach English is different from the way that she teaches English.
(3-b) This is the way (that) Tom earns his living.
　　　= This is how Tom earns his living.
(3-c) The only way that (or in which) we can reach the island is by helicopter.
(3-d) Nobody likes the way (that or in which) you behave.

(4-a) You must learn the way (that or in which) you (should) live.
　　　= You must learn how to live.
(4-b) You must swim (in) the way (that) Jane does.

(5-a) I miss the old days when I played hide-and-seek.
(5-b) Tuesday is the day when I am busiest.
(5-c) There was a time that (or when) she loved me.

(6-a) Tell me what Tom wants.
(6-b) This is what Tom wants.

(7-a) She was a third-rate singer. She is a top singer now.
(7-b) She is not the singer (that) she was.

(8-a) He is not what he was. = He is not what he used to be.
(8-b) My parents have made me what I am.

(9-a) He is, what is called, the brain of the company.
(9-b) He is, what is called, a walking dictionary.

(10-a) I must sell what few chickens I have.
(10-b) I gave him what little rice I had.

(11-a) The desert is to camels what the sea is to ships.
(11-b) He went broke, and what was worse, fell sick.

연습문제 26 ( ) 안에 있는 것은 생략할 수 있음

(1) whose   (2) who   (3) whose   (4) where   (5) when
(6) why   (7) what   (8) (which) (9) where   (10) what
(11) who   (12) whose   (13) (that) (14) (which 또는 that)
(15) when 또는 that   (16) (that) ⟨나는 네가 그것을 하는 방법을 너에게 가르쳐 주겠다⟩
(17) who   (18) which   (19) (when 또는 that)   (20) (when)
(21) (that) (22) where   (23) whose
(24) where ⟨불행한 사태가 전혀 엉뚱한 곳에서 오는 경우가 비일비재하다⟩

연습문제 27

(1) 부산에 거주하는 나의 동생은 교사이다.   (2) 나의 동생 세진이는 부산에 사는데 교사이다.

(3) 너 영어 잘하는 사람 (회화에 능한 사람) 아는 분 있니?
(4) 그는 나에게 소설을 한 권 빌려주었는데 그것을 읽어보았더니 매우 재미있었다.
(5) 그녀는 여러 명의 아들 중에 교사인 아들도 3명 있다.
(6) 그녀는 아들이 3명 있는데 모두가 교사이다.
(7) 나는 이전에 나를 나루터 건너편에 건너다준 적이 있는 그 사공을 만났다.
(8) 나는 한 사공을 만났는데 그 사공이 나를 나루터 건너편으로 건너 주었다.
(9) 중상을 입지 않은 승객은 거의 없었다.
(10) 승객이라고는 거의 없었는데 그들 모두가 증상을 입지 않았다.
(11) 그는 린다를 사랑했다. 그러나 그녀는 그이를 사랑하지 않았다.
(12) 내가 너에게 이 책을 빌려줄게. 그 책이 재미있으니까.
(13) 나는 그 산에 있는 호텔에 투숙하곤 했다.
(14) 나는 그 호텔에서 투숙하곤 했는데 그 호텔은 간밤에 화재로 붕괴되었다.
(15) 그는 한 시간 늦게 도착했는데 그것이 나를 몹시 짜증나게 했다.
(16) 우리들은 부산에 갔는데 그곳에서 이틀을 머물렀다.
(17) 7월은 비가 많이 오는 달인데 매우 중요한 달이다.
(18) 핀란드는 그이가 휴일을 보내는 곳인데 호수가 많다.
(19) 핀란드는 호수가 많은데 역사적으로 보면 스웨덴의 한 부분이었다.
(20) 그 배는 나무로 건조(建造)되었는데 폭발물이 터져 불에 탔다.
(21) 그녀의 아버지는 사업상 지금 도쿄(東京)에 있는데 내일 귀국할 것이다.
(22) 네가 휴가를 보낸 곳의 이름이 무엇이냐?
(23) 우리들은 농가에 도착했다. 그리고 그 농가에서 그날 밤을 보냈다.
(24) 평화로 가는 길은 하나뿐이다. 그런데 그것(하나뿐인 길)은 진실이라는 것이다. 너 그 길로 가라.

연습문제 28 (   )안에 있는 것은 생략할 수 있다.

(1) I stayed at a family-run hotel (which) Tom had recommended me to stay at.
(2) I stayed at a family-run hotel, which Tom had recommended me to stay at.
(3) I stayed at the hotel where Tom was staying.
(4) The woman who lives next door is a nurse.
(5) My friend Hong-gi, who lives in Gang-reung, is a professor.
(6) She is the singer (who/whom) your brother fell in love with.
(7) Your brother fell in love with the singer, who had the alluring look of a woman.
(8) The house where we played hide-and-seek is surrounded with trees.
(9) The house (which) I visited (or called at) yesterday is surrounded with trees.
(10) She got married again, which surprised everyone.
    = She got married, and it surprised everyone.
(11) Jane, whose father is in England on business, is a would-be singer.

(12) Ann, whose children are at school all day, is trying to get a job.
(13) I caught sight of a girl whose hair came down to her waist.
(14) I caught sight of a charming girl, whose hair came down to her waist.
(15) I want you to forgive the driver who spoke ill of you yesterday.
(16) I came across the boy whose sister likes you.
(17) I met with (or came across) a traveler, who asked me the way to Seoul Station.
(18) I met with three travelers, one of whom was American.
(19) I gave flowers to Jane, which made her burst into tears.
(20) He likes to drink beer, which will make him grow fat.
(21) I threw the ball to Tom, which Tom threw to Ann.
(22) The wine which is in the cellar has gone bad.
  (지하 저장실에 있는 포도주만 상했다는 뜻이다. 딴 곳에 있는 포도주는 괜찮다는 뜻이다)
(23) The wine, which is in the cellar, has gone bad.
  (포도주는 모두 지하 저장실에 있고 그 포도주가 모두 못쓰게 되었다는 뜻이다)
(24) The clock struck thirteen, which made everyone laugh.
(25) The car, whose hand brake was not very reliable, began to slide backwards.

연습문제 29

(1) 노동자는 손으로 일하는 사람이고, 장인은 손과 머리로 일하는 사람이며 예술가는 손과 머리와 가슴으로 일하는 사람이다.
(2) 나를 보았거나 나에 대한 소문을 들은 사람은 다 저마다 내가 전에 행한 행위에 대하여 좋은 이야기 거리를 가지고 있었다. 가난한 사람들이 통곡을 할 때 나는 그들을 도와주었다. 나는 의지할 데 없는 고아들을 도와주었다.
(3) 그것이 하나님에게 삿대질하고 전능하신 분에게 대드는 자가 맞이할 운명이다. 그러한 사람은 오만하고 반항적이다. 그는 자기의 방패를 완강하게 치켜들고 하나님과 대적하기 위하여 돌진한다.
(4)(a) 우리가 언어를 글로 쓰는 방식이 그 언어를 말로 표현하는 방식과 항상 정확하게 같은 것은 아니다.
  (b) 공동묘지란 죽은 사람들의 시체나 유골이 매장되어있는 곳이다.
  (c) 그는 사회라는 것은 적자만이 살아남는 정글 같은 곳이라는 생각을 갖고 있다.
(5) 아틀란타는 매우 아름다웠기 때문에 많은 사내들이 그녀와 결혼하기를 원했다. 그녀는 이렇게 약속했다. 누구든 나와 달리기 시합을 해서 나를 이기는 자와 결혼하겠습니다. 그러나 지는 자는 죽음을 당할 것입니다. 이러한 악조건에도 불구하고 많은 젊은이가 그녀에게 도전했고 모두 죽음을 당했다.
(6) 팬지라는 아름다운 꽃이 있는데 그 꽃은 정원에서 자란다. 팬지가 애당초 어디에서 왔는가를 말해주는 동화가 있다. 그 동화 속의 이야기는 이러하다. 한 고약한 왕비가 있었는데 그녀는 왕자인 자기의 아들이 궁중에서 부엌일을 하는 아름다운 처녀와 결혼하기를 원한다고 해서 화를 냈다는 것이다.
(7) 마르코폴로의 도움으로 지도(地圖) 제작자(製作者)들은 지도를 제작했는데 그 지도에는 마르코폴로가 처음으로 본 여러 곳이 나와 있었다. 마르코는 그가 가본 곳 중에 신기하고 때로는 위험하기도 했던 여러

곳에 대하여 책을 썼다. 그러나 그는 자기가 보고 행한 모든 것들을 다 말할 수는 없었다. 왜냐하면 세상 사람들이 그이의 말을 믿으려고 하지 않았기 때문에.
(8) 옛날에 인디언 족들은 고기를 풍성(豊盛)하게 잡을 수 있는 강가에서 살기를 좋아했다. 그러나 서구의 이주민들이 최초로 댐을 건설하게 되자 고기들은 인디언 족들이 사는 곳까지 거슬러 올라갈 수 없게 되었다.
(9) 하나님의 거룩한 산에 올라가 경배를 드려도 되는 사람은 누구일까? 매사(每事)에 하나님 말씀에 순종하는 사람이요, 의로운 일을 행하는 자이며 언행(言行)이 참되고 성실(誠實)하며 남을 비방하지 않는 자이다. 그러한 사람은 자기의 친구들에게 허물이 되는 일을 하지 않으며 자기의 이웃에 대한 소문을 유포(流布)하지 않는다. 그러한 사람은 하나님한테 버림을 받는 사람을 무시한다. 그러나 주님의 말씀에 순종(順從)하는 사람들을 존경한다.
(10) 나는 어린이들이 제 이름도 쓸 줄 모르고, 학교에서 하루에 보내는 시간이 한 두 시간 밖에 안 되고, 청년 단체를 조직하여 운영하는 것이 급선무도 아닌 그러한 시골에 갔다.

연습문제 30

(1) 물에 빠져 허우적거리고 있는 사람은 지푸라기라도 잡으려고 하는 법이다.
(2) 사람은 울면서 태어나고 불평하면서 살다가 신음하면서 죽는다.
(3) 그녀는 얼마동안 종전 그대로 그냥 서있었다.
(4) 그들은 모두 불 옆에 앉아 몸을 녹이고 있었다.
(5) 한 명의 부상병이 누워서 피를 흘리고 있었다.
(6) 불에 데어본 아이는 불을 무서워한다.
(7) 그 새들은 창문의 주변을 깡충깡충 뛰면서 다가왔다.
(8) 그는 살아 움직이는 사전이다 (만물박사다).
(9) 자고 있는 그 아기를 깨우지 마시오.
(10) 그녀는 자기의 아들이 그린 그림을 보고 감탄했다.
(11) 그 마을은 잠들어 있었다.
(12) 그 땅은 낙엽으로 덮여있었다.
(13) 경찰이 탈옥수 한 명을 찾고 있다.
(14) 너는 은퇴한 그 교장선생님을 아느냐?
(15) 나는 그 차를 수리해보려고 세 시간을 보냈다.
(16) 나무 밑에 앉아있는 그 학생은 나의 사촌이다.
(17) 구르는 돌에는 이끼가 끼지 않는다. = 직업을 자주 바꾸면 성공하지 못한다.
(18) 에스컬레이터는 움직이는 계단이다.
(19) 나는 사납게 짖고 있는 그 개가 무섭다.
(20) 그녀는 그 먼 길을 내내 기차 안에서 서서 왔다.
(21) 나의 아버지는 일요일마다 낚시질하러간다.
(22) 그녀는 그곳에 서서 나에게 빙긋이 웃었다.
(23) 그녀는 모자를 쓰고 있었는데 나에게 방긋 웃으면서 또 덩실덩실 춤을 추면서 왔다.
(24) 나는 수업준비에 많은 시간을 보내곤 했다.
(25) 나는 소풍 준비하느라 바쁘다.

연습문제 31

(1) Jane is busy doing her washing.
(2) They are busy preparing for the party.
(3) He came running.
(4) She came dancing.
(5) He lay watching TV.
(6) He sat smoking.

(7) Would you come fishing with us ?
(8) He came hurrying downstairs.
(9) My mother sat sewing.
(10) She sat leaning on the cushion.
(11) Did you go shopping last Sunday ?
(12) He walked whistling to his dog.
(13) They stood looking on the fire.
(14) He came in unnoticed.
(15) He sat buried in thought.
(16) He stood surrounded by his bodyguards.
(17) Being busy preparing for the picnic, let's go swimming.
(18) She spent all the money buying clothes.
　　= She spent all the money on clothes.
(19) I spent three hours (in) doing my homework.
(20) He kept (on) making a signal.
(21) She lay humming a hymn.
(22) The farmer (who is) working in the garden is my father.
(23) Anyone needing (or who needs) a rest had better take a rest.
(24) Who is the man (who is, or that is) waiting for you under a tree ?
(25) The girl (who was) scolded just now by her mother sat sobbing.

연습문제 32

(1) made　　　　(2) cut　　　　(3) pulled　　　　(4) discussed
(5) understood　(6) waiting　　(7) called　　　　(8) examined
(9) washed　　　(10) trembling　(11) wounded　　(12) knitting
(13) repaired　　(14) coming　　(15) boiled　　　(16) stealing
(17) broken　　　(18) to plant　(19) planting　　(20) reading
(21) to read　　　(22) praised　 (23) hurt　　　　(24) ripped
(25) ripping

문장의 뜻은 아래와 같다.
(1) 그녀는 파티를 위하여 대형 케이크를 주문(만들게)했다.
(2) 너 언제 이발했냐?　　　(3) 너는 그 충치를 뽑아야한다. (치과의원에 가서)
(4) 나는 그러한 주제들이 논의되는 것을 좋아하지 않는다.
(5) 너는 영어로 의사소통할 수 있냐?　(6) 숙녀가 먼저 와서 기다리게 하지 마라.
(7) 나는 나의 이름을 부르는 소리를 듣지 못했다.
(8) 너는 너의 부인이 그 의사의 검진을 받도록 해야 한다.
(9) 나는 그 커튼을 세탁해 받아야한다.　(10) 나는 그 집이 흔들리는 것을 느꼈다.
(11) 나는 그이가 부상당해 있는 것을 발견했다.
(12) 나는 그녀가 털실로 긴 양말을 짜고 있는 것을 보았다.

(13) 너 언제 너의 차를 수리했느냐? (정비소에서)
(14) 나는 어려운 일이 오고 있다는 낌새를 느낄 수 있었다.
(15) 그 계란을 삶아서 주세요.   (16) 나는 한 소년이 나의 정원에서 꽃을 훔치고 있는 것을 보았다.
(17) 어제 밤 나의 집에 도적이 들었다.   (18) 나는 그이가 정원에 나무를 심기를 바란다.
(19) 나는 그이가 정원에서 나무를 심고 있는 것을 발견했다.
(20) 나는 그이가 나의 일기를 읽고 있는 것을 보았다.
(21) 나는 그이에게 그 책을 읽으라고 말했다.   (22) 모든 부모는 자기의 자녀가 칭찬 받는 것을 좋아한다.
(23) 나는 그 사고에서 왼쪽 발을 다쳤다.   (24) 나는 그 책에서 한 페이지가 뜯기어 나간 것을 발견했다.
(25) 나는 그이가 그 책에서 한 쪽을 뜯어내고 있는 것을 발견했다.

연습문제 33

(1) 나는 그녀를 깜짝 놀래주고 싶어서 그 문을 가만히 열었다.
(2) 전등이 모두 나갔기 때문에 우리들은 사물을 볼 수 없었다.
(3) 젊기 때문에 그는 매우 활력이 왕성하다.
(4) 그는 어찌 할 바를 몰라 망설였다.
(5) 우리들은 통지를 안 받았기 때문에 전혀 모르고 있었다.
(6) 우리들은 매우 자주 만났음에도 불구하고 친구가 되지 못했다.
(7) 나의 차가 시동이 걸리지 않아서 나는 버스를 타고 갔다.
(8) 그 노파는 사환의 부추김을 받으면서 승강기까지 걸어갔다.
(9) 그는 즐겁게 휘파람을 불면서 차를 운전하고 있었다.
(10) 이것에 관해서는 합의가 이루어졌기 때문에 그들은 그 회의를 끝마치었다.
(11) 그는 저녁식사를 마치고 급히 그 집에서 나갔다.
(12) 젊은이들이 10여 명 씩 그녀에게 다가와서 춤을 추자고 요구했다.
(13) 나는 창문을 열어놓고 그 방에서 앉아 일했다.
(14) 그는 명명백백(明明白白)한 실수를 했는데도 실수를 인정하지 않았다.
(15) 할 일이 없었기 때문에 그는 귀가해도 좋다는 허락을 받았다.
(16) 예술작품이라고 본다면 그 건물은 실패작이다.
(17) 이것저것 다 고려해보면 그는 팔자 좋은 녀석이었다.
(18) 이러한 일이 전시(戰時)에 일어나면 엄청난 불행이 될 것이다.
(19) 동물들은 비록 우둔하고 상상력이 없지만 사람보다 훨씬 슬기롭게 행동하는 때가
     비일비재(非一非再)하다.
(20) 계속되는 폭풍우로 약화된 그 교량은 이제는 안전하지 않았다.
(21) 그는 두 번 실패한 적이 있기 때문에 또 다시 해보고 싶지 않았다.
(22) 그는 학생이므로 당연히 양서(良書)에 관심이 끌렸다.
(23) 증명이 되던 안 되던 그것은 사실이다.
(24) 나는 약속을 지키지 않았기 때문에 호되게 야단맞았다.

(25) 그들은 허기(虛飢)지고 목이 탔기 때문에 어머니에게 아우성을 쳤다.
(26) 차 한 대가 뒤로 매연을 품어내면서 질주해갔다.
(27) 온 가족이 미국을 여행 중이므로 그 집은 텅 비어있는 것 같다.
(28) 서울로 전화하려거든 전화번호 앞에 02를 눌러라.
(29) 두들겨 맞고 수모를 당했지만 우리들은 그것을 모두 받아들여야한다.
(30) 몸의 상태가 안 좋아서 톰은 눕기로 작정했다.
(31) 그는 주의를 기울여 들었기 때문에 많은 것을 배웠다.
(32) 꽤 바빠서 나는 시간 가는 줄을 몰랐다.
(33) 물가가 이렇게 뛰니 우리들은 사치품을 가질 여유가 없다.
(34) 그날은 매우 청명해서 우리들은 수영하러가기로 마음을 정했다.
(35) 서랍을 열고 그는 권총을 꺼냈다.
(36) 우리들은 신발을 벗고 복도를 따라 살살 기어갔다.
(37) 그녀는 문을 쾅 닫고 나가버렸다.
(38) 그는 총을 쏘았다. 그리고 그 강도들 중 하나에게 총상을 입혔다.
(39) 일반적인 기준으로 판단한다면 그는 실패한 사람이다.
(40) 그는 한 손으로는 밧줄을 움켜잡고 또 한 손은 물에 빠진 그 소년에게 쭉 내밀었다.
(41) 일단 열면 내용물을 2일 이내로 다 소모해야 한다.
(42) 비타민 정제는 매일 복용하면 건강을 향상시킬 수 있다.
(43) 날씨만 허락하면 우리들은 바깥에서 식사할 계획이다.
(44) 그 아기는 혼자 있게 되자 울기 시작했다.
(45) 시위(데모)로 체포되거든 즉시 변호인을 불러라.

연습문제 34

(1) Coming up the steps, he fell over.
(2) Feeling (or Being) tired, I went to bed early. = Tired, I went to bed early.
(3) He had a strain in a leg playing volleyball.
(4) Having finished the work, I went home. = After finishing the work, I went home.
(5) Though living next door, I seldom see him.
(6) Taking the key out of his pocket, he opened the door.
(7) Filling his glass, he took a long drink.
(8) We rushed about serving tea to everyone.
(9) Not knowing what to do, I called the police.
(10) The picture, if genuine, will be worth 10,000 dollars.
(11) Generally speaking, women like gossiping.
(12) She went out, slamming the door.
(13) Feeling ill (or Being ill), I stayed at home.

(14) Turning to the right, you will find the school.
(15) While staying in Tokyo, I met a friend (of mine).
(16) Please don't sit with your legs crossed.
(17) I slipped (in) getting out of a bus. (getting out of = getting down from)
(18) I fell asleep watching television.
(19) Having had dinner, they resumed their journey.
　　= After having dinner, they resumed their journey.
(20) Not knowing his address, I was not able to contact him.
(21) They dumped waste into the river, killing all the fish.
(22) Being young, he is very energetic. = As he is young, he is very energetic.
(23) Though (being) the richest of all, he is not happy.
　　또는 Though being the richest of all, he is far from happy.
(24) Being a foreigner, she is not used to hot kimchi.
(25) Strictly speaking, he is not an artist.

연습문제 35

(1) 처음에는 태양광선이 에너지의 제2차원으로만 사용될지 모른다. 그러나 어떤 조건만 갖추어지면 태양광선은 가장 주요한 에너지원이 될 수 있다.
(2) 그들은 울부짖거니 욕지거리를 하거니 소원을 빌거니, 웃거니 노래하거나 또는 신음소리를 내거니 하면서 나란히 쏜살 같이 지나갔다.
(3) 응접실에 들어갔을 때 나는 그 신사가 소파의 한 구석에 앉아있는 것을 보았다. 그는 나를 보자 자리에서 일어서 오른 손을 내밀었다.
(4) 그는 갑자기 자전거에 올라타더니 어두운 거리를 쏜살같이 달려 시외 쪽으로 갔다. 눈에서는 눈물이 줄줄 흘러내리고 있었고 입으로는 실성한 듯 나지막한 소리로 마구 욕을 퍼붓고 있었다.
(5) 개괄적(概括的)으로 말하면 인간은 3가지 부류로 나눌 수 있다. 죽도록 뼈가 빠지게 일하는 사람들과 노심초사(勞心焦思)하는 사람들과 무료(無聊)하여 죽겠다고 생각하는 사람등이다.
(6) 그는 미운 감정으로 돌아버린 병사처럼 공격한다. 나는 상복을 입고 애도한다. 그리고 나는 패전(敗戰)한 몸으로 이곳 흙먼지 속에서 앉아있다. 오오, 이 땅이여, 나에게 가해진 부당한 행위를 은폐(隱蔽)하지 말아다오.
(7) 소크라테스는 이 세상에 대하여 매우 많이 생각하고 매우 골똘히 생각했기 때문에 무언(無言)과 요지부동(搖之不動)의 자세로 생각에 잠기어 여러 시간동안 한 자리에 서 있곤 했다는 것이다.
(8) 성공의 비결(祕訣)을 말해달라는 부탁을 받고 아인슈타인은 이렇게 말했다. 인생의 성공을 A라 한다면 성공의 공식(公式)을 이렇게 말하고 싶군요. A(성공) = x + y + z. 단, x = 일/ y = 유희(遊戱). 그런데 z가 무엇이냐구요? 그것은 입을 다무는 것이지요.
(9) 철학(哲學)이라는 단어는 2개의 그리스어(語)를 조합한 말인데 하나는 사랑을 의미하고 하나는 지혜를 의미한다. 철학이라는 말은 피타고라스가 새로 만들어 낸 것으로 생각된다. 피타고라스는 자기가 슬기로운

사람이냐는 질문을 받았을 때 이렇게 대답했다. "아니오, 그러나 나는 지혜를 사랑하는 자입니다"라고.

(10) 모녀(母女)는 부엌에서 설거지하고 있었고 부자(父子)는 거실에서 독서하고 있었다. 갑자기 마룻바닥에 접시가 쾅하고 떨어지더니 깨지는 소리가 났다. 그리고 침묵이 흘렀다. "어머니가 그랬군요." 마침내 아들이 말했다. "너 그것을 어떻게 아느냐?" 아버지가 물었다. "어머니가 아무 말도 안 하고 있네요.!"

(11) 어떤 유치원 교사가 버스에 탔을 때 낯익어 보이는 한 신사 옆에 앉게 되었다. 그녀는 기분 좋게 웃으면서 그 신사에게 말을 걸으려는 듯 돌아앉았다. 그 신사가 아무 반응을 보내지 않음을 간파하고 그녀는 이렇게 말했다. "죄송합니다. 저는 귀하를 딴 사람으로 착각했어요. 귀하가 나의 유치원 아동의 아버지라고 생각했어요."

(12) 솔직하고 이제는 젊지 않은 사람에게 당신이 물어본다면 그는 이렇게 대답할 가능성이 농후하다. "이 세상에서 단맛 쓴맛을 다 보았기 때문에 딴 세상에서 다시 태어나 인생을 다시 시작하고 싶은 소원 따위는 없다"라고.

연습문제 36

(1) 나에게 많은 돈이 있다면 나는 세계 일주 여행을 하겠는데.
(2) 나는 그 정답을 모른다. 그 정답이 무엇인지 내가 안다면 나는 너에게 말해주겠는데.
(3) 네가 나처럼 열심히 공부하면 너는 그 시험에 합격하련만.
(4) 내가 너라면 나는 그 차를 사겠는데.
(5) 비가 오고 있다. 만일 비가 오고 있지 않다면 나는 외출하겠는데.
(6) 그 차는 매우 비싸다. 그 차가 그렇게 비싸지 않으면 나는 그 차를 사겠는데.
(7) 나는 배가 고프지 않다. 내가 배가 고프다면 나는 그 빵을 먹겠는데.
(8) 그녀는 차를 운전할 줄 모른다. 그녀가 차를 운전할 수 있다면 내가 그녀를 채용하겠는데.
(9) 너는 피곤해 보인다. 만일 네가 조금만 더 일찍 자면 너는 전혀 피곤을 느끼지 않을 것이다.
(10) 이 김치는 좀 매운 편이다. 만일 이 김치가 조금만 덜 매우면 맛이 좋아질 것이다.

연습문제 37

(1) c   (2) d   (3) a

연습문제 38

(1) c   (2) b

연습문제 39

(1-a) 그가 직장이 있으면 그 돈을 갚을 것이고 없으면 갚지 않을 것이다.
(1-b) 그가 직장을 가지고 있다면 그 돈을 갚을 터인데. (직장이 없어서 갚지 못한다)
(2-a) 그녀가 음악에 관심이 있다면 그녀는 그 콘서트에 갈 것이고 관심이 없으면 안 갈 것이다.
(2-b) 그녀가 음악에 관심이 있다면 그 콘서트에 갈 건 데 (관심이 없어서 안 간다)
(3-a) 그이가 수영할 수 있다면 그는 우리와 함께 수영하러 갈 것이고 수영할 수 없으면 안 갈 것이다.
(3-b) 그이가 수영할 수 있다면 우리와 함께 수영하러 갈 건 데.
   (수영할 수 없기 때문에 우리와 함께 수영하러 가지 않는다)
(4-a) 그이가 직장을 구하게 되면 그녀는 그와 결혼할 것 같다. (구하지 못하면 결혼하지 않을 것이고)
(4--b) 그이가 직장을 구하게 되면 그녀는 그이와 결혼할 텐데. (그런데 직장을 구하게 될 가능성이 없다)
(5-a) 네가 톰처럼 열심히 공부한다면 너는 그 시험에 붙을 것이고 그렇지 않다면 붙지 못할 것이다.
(5-b) 네가 톰처럼 열심히 공부한다면 그 시험에 붙을 텐데.
   (톰처럼 열심히 공부하지 않으니까 너는 그 시험에 붙을 가능성이 없다)
(6-a) 그이가 죽어있는 것을 그녀가 발견하면 그녀는 기절할 것이다.
(6-b) 그이가 죽어있는 것을 그녀가 발견하면 그녀는 기절할 것이다.
   (그런데 그이가 죽어 있는 것을 그녀가 발견할 가능성은 없다)
(7-a) 우리가 그 버스를 타게 되면 우리들은 점심시간 까지는 서울에 도착할 것이다.
(7-b) 우리가 그 버스를 타게 되면 점심시간까지는 서울에 도착할 텐데.
   (그런데 그 버스를 타게 될 가능성이 없으니까 점심시간까지 서울에 도착하기는 틀렸다)

연습문제 40

(1) knew, would call
(2) were, would not buy
(3) were , would be astonished
(4) were, would buy
(5) were not raining, could play
(6) were not, would not be
(7) had, would live

연습문제 41

(1) If I were you, I would marry her.
(2) He doesn't know that the place is dangerous.
   If he knew that the place is dangerous, he would not go there.
(3) The car is too expensive. If it were not so expensive, I would buy it.
(4) He doesn't study so hard as you.

If he studied as hard as you, he would succeed in the exam.
(5) I don't know whether he studies as hard as you.
If he studies as hard as, he will succeed in the exam.
(6) It is raining. If it were not raining, the children would play outdoors.
(7) I have no time. If I had time, I would go to the concert.
(8) Tom is not rich. If he were rich, he would lend me some money.
(9) Perhaps Tom may be rich. If he is rich, he will not turn down your offer.
(10) Tom has no money. If he had much money, he would travel abroad.
(11) Perhaps Tom has a lot of money. If he has a lot of money, he will travel abroad.
(12) I don't know Jane's (telephone) number. If I knew her number, I would call her.
(13) Perhaps Jane knows my number. If she knows my number, she will call me.
(14) If you were in my place, you would not say so.
(15) It is uncertain whether he will come back or not.
If he comes back, things will turn worse.
(16) It is certain that he will not come back.
If he came (should come, were to come) back, things would turn worse.
(17) Tom does not do his best in his study.
If he did his best in his study, he would win a scholarship.
(18) If we could swim like fish, we should (or would) have power over the sea.
(19) If there were a waterfall as grand as Niagara Falls in Korea, a great number of tourists would visit Korea.

연습문제 42

(1) b   (2) a

연습문제 43

(1) were, would go
(2) had been, would have gone
(3) does, have, will, buy
(4) did, have, did, buy
(5) knew, would (or could) call
(6) had known, would have called
(7) had taken, would have got

연습문제 44

(1-a) 그녀가 그곳에 있다면 그녀는 너에게 전화를 걸 것이다.
(1-b) 그녀가 그곳에 있다면 너에게 전화를 걸텐데. (그녀는 그곳에 없다)
(1-c) 그녀가 그곳에 있었더라면 그녀는 너에게 전화를 걸었을 텐데. (그녀는 그곳에 없었다)

(2-a) 네가 나의 충고를 받아드린다면 사태는 호전될 것이다.
(2-b) 네가 나의 충고를 받아들인다면 사태는 호전 될 텐데. (네가 나의 충고를 받아들이지 않으니 딱하다)
(2-c) 네가 나의 충고를 받아들였더라면 사태는 호전되었을 것이다.

(3-a) 네가 그녀에게 부탁하면 그녀는 너를 도와줄 것이다.
(3-b) 네가 그녀에게 부탁한다면 그녀가 너를 도와주련만. (네가 부탁할 마음이 없으니 딱하다)
(3-c) 네가 그녀에게 부탁했더라면 그녀는 너를 도와주었을 것이다.

(4-a) 네가 오늘 온다면 너는 그 책을 구하게 될 것이다.
(4-b) 네가 오늘 온다면 그 책을 구하게 되련만. (네가 오늘 오지 않는다니 그 책을 구할 수 없게 되었다)
(4-c) 네가 그때 왔더라면 너는 그 책을 구했을 것이다.

(5-a) 네가 6시에 떠나면 너는 시간 안에 도착할 것이다.
(5-b) 네가 6시에 떠나면 시간 안에 도착할 텐데. (6시에 떠나지 않는다니 시간 안에 도착하기는 틀렸다)
(5-c) 네가 6시에 떠났더라면 너는 시간 안에 도착했을 것이다.

(6-a) 톰에게 더 많은 시간이 있다면 톰은 한국어를 공부할 것이다
(6-b) 톰에게 더 많은 시간이 있다면 톰은 한국어를 공부할 텐데. (톰은 시간이 없다)
(6-c) 톰에게 시간이 더 있었더라면 톰은 한국어를 공부했을 것이다.

(7-a) 그녀가 너의 주소를 안다면 그녀는 너에게 편지를 쓸 것이다.
(7-b) 그녀가 너의 주소를 안다면 그녀는 너에게 편지를 쓸 텐데. (그녀는 너의 주소를 모른다)
(7-c) 그녀가 너의 주소를 알았더라면 그녀는 너에게 편지를 썼을 것이다.

연습문제 45

(1) had taken, would have got <톰은 택시를 타지 않았다. 그가 택시를 탔더라면 그곳에 시간 안에 도착했을 것이다>
(2) were not raining, would go <비가 오고 있다. 비가 오고 있지 않다면 우리들은 소풍 갈 건데>
(3) had been, would (or should) have got <버스 편이 없었다. 만일 버스 편이 있었더라면 우리들은 그곳에 시간 안에 도착했을 것이다>

(4) could drive, would buy <나는 운전할 줄 모른다. 운전할 수 있다면 새 차를 사겠는데>
(5) had been, would have told <톰은 5피트 5인치였다. 그의 키가 2미터였더라면 나는 그에게 농구선수가 되라고 말했을 것이다>
(6) were, would tell <톰은 키가 크지 않다. 만일 그이 키가 2미터라면 나는 그에게 농구선수가 되라고 말할 건데>
(7) is <나는 제인이 몇 살인지 모른다. 그녀가 21살이라면 그녀는 그 직업을 갖게 될 것이다>
(8) were <제인은 30살이다. 그녀가 24살이라면 그 직장을 갖게 될 건데>
(9) had been, would have got <제인은 30살이었다. 그녀가 25세였더라면 그녀는 그 직장을 얻게 되었을 것이다>
(10) had read, would (or should) have learned <나는 그 책을 읽지 않았다. 내가 그 책을 읽었더라면 나는 많은 것을 배웠을 텐데>
(11) did not walk, would not be <나는 매일 7마일을 걷는다. 만일 내가 매일 그처럼 장거리를 걷지 않는다면 나는 지금처럼 건강하지 못할 것이다>
(12) had not helped, would have been <톰은 나를 도와주었다. 만일 톰이 나를 도와주지 않았더라면 나는 속수무책이었을 것이다>

연습문제 46

(1) If I were you, I would not say so.
(2) If I had been you, I would not have said so.
(3) I have no time. If I had time, I would go with you.
(4) If I had had a car, I would have traveled more.
(5) If it had not been so expensive, I would have bought it.
(6) If I had studied hard, I would have passed the exam.
(7) If he had not lost his job, he would not have killed himself.
(8) If you had come ten minutes earlier, you would have witnessed the scene.
(9) If you had not been so excited, you would have won.
(10) If you had kept yourself cool, the accident would not have been brought about.

연습문제 47

(1) were   <제인은 우리와 함께 있지 않다. 그녀가 우리와 함께 있다면 좋겠다>
(2) had been <네가 어제 우리들과 함께 있었더라면 얼마나 좋았겠냐>
(3) had taken <내가 너의 충고를 받아들이지 않은 것은 어리석은 일이었다. 너의 충고를 받아들였어야 하는데>

(4) had learned <나는 프랑스어를 배우지 않았다. 프랑스어를 배웠어야하는데 안 배워서 후회가 된다>
(5) had known <내가 그것을 하는 방법을 알았더라면 나는 그것을 했을 것이다>
(6) would have met <그가 그 기차를 탔더라면 그는 그 사고를 당했을 것이다>
(7) had helped <만일 그가 그녀를 도와주었더라면 그녀는 그것을 완수했을 것이다>
(8) knew <내가 얼마나 괴로운지 만일 네가 안다면 너는 나를 동정할 것이다>
(9) would (or should) have missed <내가 서두르지 않았더라면 나는 그 기차를 놓쳤을 것이다>
(10) went <너 잠자리에 들어야할 시간이다>
(11) had <내가 충분한 돈을 가지고 있다면 너에게 약간 빌려주겠는데>
(12) were <그는 부자가 아니다. 그런데 백만장자인 것처럼 생활한다>
(13) could fly <내가 날 수 있다면 얼마나 좋을까>
(14) for <공기와 물이 없다면 일체(一切)의 생명체는 생명을 잃을 것이다>
(15) for <태양이 없다면 우리들은 절대로 살 수 없다>
(16) Should <만일 우리가 실패한다면 다음에 어떻게 될까?>
(17) Had <그이의 충고가 없었더라면 나는 실패했을 것이다>
(18) did not rain <이곳은 비가 많이 온다. 그렇게 자주 비가 안 왔으면 좋겠다>
(19) Were <내가 너의 처지에 있다면 나는 그러한 짓을 안 할 것이다>
(20) Were <설사 그가 온다 해도 나는 그이를 만나지 않을 겁니다>
(21) Had <시간이 있었다면 나는 그 파티에 참석했을 텐데>
(22) for <위기일발의 순간에 그가 구조해주지 않았더라면 나는 물귀신이 되었을 것이다>
(23) would be <어제 밤 그 파티에 갔더라면 나는 지금 피곤할 것이다>
(24) would (or should) have met <어제 밤 그 파티에 갔더라면 나는 수많은 사람들을 만났을 것이다>

연습문제 48

(1) If I had heard the knock, I would have answered.
(2) If I had not swum very well, I would have been drowned.
(3) If you don't work as hard as you can, you will never succeed in life.
(4) If Tom studied hard, he could get a scholarship.
(5) If Jane had not got up early, she would have missed the train.
(6) If he had not been very (or so) lazy, he would not have lost his job.
(7) If I had known your number, I would have phoned.
(8) If I knew her number, I could (or would) phone her.
(9) If I had been hungry, I would have eaten something.
(10) If I had known you were in hospital, I would have called on you.
(11) If I had had much money with me, I would have bought the watch.
(12) If it had not been raining, we would have gone on a picnic.
(13) If I had known your address, I would have written to you.

(14) If the watch were not so (or too) expensive, I would buy it.
(15) If he were not unfriendly, we would like him.
(16) If he had worked hard in his youth, he would be living a happy life.
(17) If it were not raining, we could have lunch in the garden.
(18) If I did not have to work tomorrow evening, I could meet you.
(19) If I had seen you, I would have said hello.
(20) If I had had a camera, I would have taken some photographs.
(21) (How) I wish I had studied hard in my school days.
(22) He lives as if he were a billionaire.
(23) If he had not been so drunk, he would have remembered to lock the door.
(24) It is high time he went to school.
(25) I wish she had passed the exam.
(26) I wish you could go to the party.
(27) If Tom had not spoken so fast, I should (or could or would) have understood him.

연습문제 49

(1) 나의 가족이 없다면 나는 이 자리를 내놓을 것이다.
(2) 사이비(似而非) 정치가(정상배)가 없다면 이 세상은 이렇게 뒤죽박죽이 되지는 않을 텐데.
(3) 그는 아내가 없었다면 직장을 바꾸었을 것이다.
(4) 만일 네가 그 잔치에 참석하게 된다면 너는 무슨 옷을 입을 거냐?
(5) 내가 기차를 놓쳤더라면 나는 지금 그곳에서 기다리고 있을 것이다.
(6) 내가 너에게 말해준 대로 네가 했더라면 너는 성공했을 것이다.
(7) 그녀가 그곳에 없다는 것을 내가 알았더라면 나는 그곳에 가지 않았을 것이다.
(8) 내가 이놈의 물고기라면 좋겠다.
(9) 네가 먼 곳에서 살지 않는다면 좋겠다.
(10) 시험 따위는 이 세상에 없으면 좋겠다.
(11) 네가 그렇게 많이 먹지 않았더라면 너는 지금 그렇게 졸리지 않을 것이다.
(12) 내가 귀하로부터 영어를 배웠더라면 나는 지금 영어를 말할 수 있을 겁니다.
(13) 그녀는 아무 근심이 없는 것처럼 노래를 부르고 있었다.
    (근심거리가 있었는지 없었는지 불확실함)
(14) 너에게 열쇠가 없다는 것을 내가 알았더라면 나는 그 문에 자물쇠를 채우지 않았을 것이다.
(15) 그녀의 전화번호를 적어 놓았어야하는데.
(16) 게으르지 않았더라면 그는 부자가 될 수 있었는데.
(17) 내가 알고 있는 모든 것을 너에게 털어놓으면 너는 어안이 벙벙해질 것이다.
    (내가 절대 털어놓을 생각이 없다)
(18) 텔레비전에 불만한 것이 있으면 나는 집에 있겠는데. (불만한 것이 없다)

(19) 그 새벽 열차를 타게 되면 우리는 점심시간에는 서울에 있게 될 텐데. (새벽열차를 탈 가능성이 없다)
(20) 그것이 무엇인지 모르니 유감이다.
(21) 네가 택시를 탔더라면 너는 시간 안에 이곳에 도착했을 것이다.

연습문제 50

(1) If you were to see (or meet) him, tell him to go back home.
(2) The weather is cold. (How) I wish it were warm.
(3) The weather was cold. I wish it had been warm.
(4) (How) I wish there were such a beautiful place as this in my country.
  = How I wish my country had such a beautiful place as this.
(5) If I were you, I would not help him.
(6) If I had been you, I would not have helped him.
(7) I wish I were in your shoes (or in your place).
(8) Even if the sun were to rise in the west, I would not do so.
(9) He is not rich, but he talks as if he were rich.
(10) He was not rich, but he talks as if he had been rich.
(11) She has no money, but she spends money as if she had a lot of money.
(12) She talks as if she had had a lot of money.
(13) It is time we fought. = It is time for us to fight.
(14) It is time we were thrifty and economical.
(15) If it were not for you (or But for you), I would (or should) have no friends at all.
(16) If it were not for the money, I would (or should) go hungry.
(17) If it had not been for your help, I would (or should) have failed.
(18) If I were helpless, I would turn to my parents for help.
(19) If anyone pointed a gun at me, I would (or should) be frightened.
(20) I wish I could drive a car.
(21) It is raining. (How) I wish it were not raining.
(22) I live in a big city. I wish I lived in the country.

연습문제 51

(1) 당신이 나를 저승에 숨겨주시면 오죽이나 좋겠는가.
  * the dead 죽은 사람들   * the world of the dead 죽은 자들의 세계 = 저승

(2) 하나님이 너를 꼼꼼하게 살펴본다면 너에게는 이렇다고 내세울만한 것이 없을 것이다.
(그가 너에게서 좋은 것을 발견할 수 있겠느냐? 없다는 뜻임)
(3) 일단 독사한테 물린 다음에야 독사를 다루는 법을 안들 무슨 소용이 있겠는가?   * bite 물다
(4) 나의 고민과 비애를 저울에 단다면 그 고민과 비애는 바다의 모래를 다 합친 것보다도 그 무게가 더 할 것이다.   * trouble 근심, 걱정, 고민, 괴로움, 고심, 재난, 불운, 분쟁
(5) 네가 돈을 사랑한다면 너는 만족할 줄을 모르게 될 것이며 네가 부자가 되기를 갈망한다면 너는 네가 원하는 모든 것을 다 수중에 넣지는 못 하게 될 것이다. 그러한 행위는 헛되고 헛된 것이다.   * useless 무익한, 쓸모없는
(6) 내 상대 (나의 적)가 나를 고발하는 내용을 낱낱이 적어 내가 그것을 볼 수 있다면 나는 그것들은 내 어깨에 달고 보란 듯이 다닐 것이며 그것들을 왕관처럼 머리에 쓰고 다닐 것이다.
  * bring charges against me 나를 고발하다   * write down 기록하다
  * proudly 자랑스럽게   * shoulder 어깨   * place 놓다   * so that ~하도록
(7) 욥아, 너 같은 사람은 입을 다물 줄 모른단 말이냐? 네가 말을 그만하고 우리말에 귀를 기울인다면 우리가 너에게 말을 좀 하겠는데.(너는 말을 그칠 기미가 없구나). 너는 무엇 때문에 우리가 축생(畜生)처럼 우둔하다고 생각하느냐?
(8) 만일 너의 처지와 나의 처지가 바뀐다면 (= 네가 나의 처지고 내가 너의 처지라면) 나도 네가 지금 하고 있는 그 말을 모두 말할 수 있을 것이다. 나도 머리를 슬기롭게 절레절레 흔들어가면서 너를 언어의 홍수 속에 침몰시킬 수 있을 것이다.
  * a flood of words 홍수 같은 말 = 언어의 홍수 즉, 엄청나게 많은 말 / 이와 유사한 표현방식에는 다음과 같은 것이 있다.   * a angel of a wife 천사 같은 아내   * a mountain of a wave 산 같은 파도   * a cloud of dust 구름 같은 먼지   * a skeleton of a man 해골 같은 사나이   * a boy of a teacher 소년 같은 선생   * a beast of a husband 짐승 같은 남편
(9) 하나님이 인간이라면 나는 하나님에게 답변할 수 있을 것이다. 하나님과 나는 법정에 가서 결판을 낼 것이다. 그러나 현실적으로는 하나님과 나 사이에 개입할 자는 없으며 하나님과 나를 판단할 자도 없다.
  * decide (문제, 논쟁, 사건의 옳고 그름 따위를) 결정하다, 심판하다   * step between us 우리들 사이에 끼어 들다   * judge 판단하다   * both God and me 하나님과 나 둘 다
(10) 내가 너라면 나는 하나님에게 의지하고 나의 사정을 그분에게 제시하겠다. 하나님이 하시는 그 위대한 일들을 우리들은 헤아릴 수 없다. 그리고 하나님의 기적에는 끝이 없다.
  * turn to ~ = ~에게 의지하다   * end 끝
(11) 어머니의 모태 속에서 죽었거나 태어나자마자 죽었더라면 얼마나 좋을까? 무엇 때문에 나의 어머니는 나를 두 무릎에 앉혀 키웠을까? 무엇 때문에 어머니는 젖을 먹여가면서 나를 키우셨을까? 그때 내가 죽었더라면 나는 지금 편안히 쉬고 있지 않겠는가?
(12) 그가 나를 조금만 더 일찍 깨웠더라면 나는 그 급행열차가 떠나는 시간 안에 도착했을 것이고 지금은 서울에 있을 것이다.   * express 급행열차
(13) 네거리의 한 복판에서 차의 흐름을 정리하는 경찰관이 없다면 사고가 빈발할 것이다.
  ※ center 중앙   * in the center of = at the center of 《주의》 center를 중심점으로 볼 때는 at the center of<중심에>라 하고 center를 중심지역으로 볼 때는 in the center of<중앙지역에>라고 말한다.
(14) 이 세상 사람들이 크리스마스의 참뜻을 이해할 수만 있다면 모든 사람들이 싸우지도 않고 전쟁을 일으키지 않을 것이며 평화롭게 살 수 있는 가능성이 높아질 것이다.
  * chance 가망, 가능성, 승산, 우연, 운수 기회   * make wars 전쟁을 일으키다   * each other 서로

(15) 나는 이제는 늙은이다. 그렇지만 만일 내가 젊다면 그리고 돈과 시간이 있다면 나는 요트를 타고 세계 일주 항해를 하고 싶어 할 것이다 .
(16) 이 세상이 대다수인의 의지에 의하여 지배되고 그 대다수 인이 이기적이고 소수 인이 원하는 것에 무관심하면 민주주의는 사실상 민주주의가 아닌 것이다.
　　 * in fact 사실상　 * need 곤궁, 빈궁, 빈곤, 필요, 소용 　* cease 중지하다, 그만두다　※ 이 문장에서는 one = a democracy　 * minority 소수(小數)　 * run 경영하다, 관리하다, 지휘하다
(17) 만일 당신이 달에 착륙한다면 당신은 자신이 매우 이상야릇한 곳에 와있다는 것을 깨닫게 될 것이다. 당신은 아무 소리도 듣지 못할 것이며 아무 냄새도 맡지 못할 것이다.　 * land 착륙하다, 육지　* place 장소
(18) 그는 가난했고 그래서 항상 빚에 파묻혀 있었다. 아름다운 시들을 쓰지 않았더라면 그는 완전히 사람들의 기억에서 사라졌을 것이다.
(19) 바다는 뱃사공의 가정이다. 배가 좌우로 요동하면 그는 마치 요람에 있는 것처럼 침대에서 흔들흔들 흔들거린다. 파도는 뱃사공의 베개다. 그리고 파도가 심할수록 뱃사공은 행복하다.
　　 * the 비교급 ~, the 비교급 ~하면 할수록 더 ~하다 《보기》 The more, the better. 많으면 많을수록 좋다. The sooner, the better. 이르면 이를수록 좋다. The warmer the weather, the better I feel. 날씨가 따뜻할수록 하는 기분이 좋다.　 * The younger you are, the easier it is to learn. <년 젊을 수록 배우기가 쉬운거야>
(20) 우리가 시간을 거슬러 올라가서 수백만 년 전의 생활로 되돌아간다면 어떤 모습일까? 어느 네안데르탈인이 불을 피우고 있고 그 가족은 그것을 구경하고 있을 것이며 우리들은 그 모습을 발 돋음을 하고 서서 지켜보게 될지도 모른다. 우리가 그렇게 할 수 있다면 재미있을 것이지만 그렇게 할 수가 없다.
　　 * fun 재미있는 것, 재미있는 사람
(21) (어떤) 별들은 너무나 멀리 있기 때문에 그 빛이 지구에 도달하기까지 수백만 년 걸리는 것이 수 없이 많이 있다. 먼 곳에 있는 이 별들까지의 거리를 마일로 표현한다면 그 수는 너무나 커서 알기 쉽게 사용할 수 없을 것이다. 별까지의 거리를 측정하는데 있어 마일로 측정하는 것보다 더 좋은 단위를 고안해냈는데 이 단위를 광년(光年)이라 부른다.
(22) 돌고래와 사람들이 서로에게 말할 수 있게 되고 서로의 말을 이해할 수 있게 된다면 돌고래들은 우리가 대양에 대하여 모르는 수많은 것들을 우리들에게 말해줄 수 있을지도 모를 일이다.
(23) "나는 추하고 늙은 벽따위하고는 결혼하지 않겠어요." 딸이 흐느껴 울었다. 지금까지 그들의 딸은 항상 묵묵(黙黙)히 순종했기 때문에 엄마 쥐와 아빠 쥐는 깜짝 놀라고 말았다. 지금까지 고분고분 순종해왔음에도 불구하고 그녀는 이렇게 계속해서 말하는 것이었다. " 그 벽은 저의 할아버지보다도 더 나이가 많아요. 아빠 엄마가 강권(强勸)했더라면 나는 태양이나 구름이나, 바람과 결혼했을 거에요. 그러나 벽하고만은 싫어요. 내가 진정(眞情)으로 원하는 것은 젊은 쥐와 결혼하는 것이어요. 나는 저따위 늙은 벽하고는 결혼하지 않겠어요."
(24) 여러분은 점(点)같은 수천 개의 빛을 볼 수 있는데 그것들은 아득히 먼 곳에 있는 별들이다. 이 별들은 행성(行星)보다도 훨씬 먼 곳에 있다. 그 별들 대부분은 우리들의 태양만큼 크다. 그리고 어떤 것은 훨씬 더 크다. 그것들은 매우 고온(高溫)이기 때문에 우주선이 접근하면 그 우주선은 타서 없어질 것이다.
　　 * burn up 완전히 타버리다　 * farther 더 멀리　 * away 떨어진 곳에　 * planet 행성

연습문제 52

(1) Yale Kim says that reading is interesting.
(2) Tom sometimes says that Time is money.
(3) Tom sometimes complains that his teacher never does justice to him.
　　뜻: 톰은 자기의 선생이 톰 자기에게 공평하지 않다고 이따금 불평한다.
(4) The farmers are always saying that heaven will help them.
(5) He sometimes says that money is everything to him.
(6) He often complains that he cannot make both ends meet.
　　뜻: 그는 빚 안지고 살아가기가 어렵다고 자주 투덜거린다.
(7) Tom sometimes says that he likes soccer.
(8) Jane sometimes tells Tom that he is cold to her.

연습문제 53

(1) Mr Brown said that he taught English.
(2) Mr Brown said that he was teaching English.
(3) Mr Brown said that he didn't teach English.
(4) Mr Brown said that he had taught English.
(5) Mr Brown said that he would teach English.
(6) Mr Brown said that he could teach English.
(7) Mr Brown said that he had to (or must) teach English.
(8) Mr Brown said that he need not teach English.
(9) Mr Brown said that he had taught English.
(10) Mr Brown said that the rumor must be false.
(11) Mr Brown told me that he had been teaching English to my son.
(12) Julia said that the moon revolves around the earth.
(13) I said that Sunday is the first day of the week.
(14) He told me that if he were me (or I), he would emigrate to Canada.
(15) Jane told Tom that she had (or has) four lessons in the morning.
(16) Jane said that she wished she could swim as well as fish.
(17) Tom told Jane that she had to study as hard as he did.
(18) Jane told Tom that her father had gone to Busan with his father.
(19) She said that if her father had enough money, he would buy a new car.
(20) Mother told me that I had to study as hard as possible.
(21) She said that health is above wealth.
(22) I told Jane that her brother often phoned (to) me.

(23) Jane said that Tom had given up his job.
(24) He told Jane that he had been waiting for her (for) two hours.
(25) She boasted that she had been able to swim across the river.

연습문제 54

(1) He said that he had met the doctor two years before.
(2) He told me that his mother was busy.
(3) He told Jane that she had to (or must) study hard.
(4) The doctor told Jane that her father must be sick.
(5) Jane told me that she had run across my brother the previous day.
(6) Tom said that he would call on his teacher the next day.
(7) Julia told Tom that she would visit his mother that day.
(8) Julia said that her family would emigrate to Canada the following year.
(9) Julia said that she had bought the car the previous year.
(10) Jane said that she was doing her homework then.
(11) Tom told Jane that he had been waiting there for her an hour.
(12) Julia told Tom that he could do it better than she.

연습문제 55

(1) Julia asked Henry why he disliked Tom.
(2) Mary asked me how much money I needed.
(3) I asked Tom what he had bought the day before.
(4) Jane asked me when I had visited her brother.
(5) Tom asked me if (or whether) I was aware of the danger.
(6) Tom asked me if it was mine. (※ if 대신에 whether를 사용해도 된다)
(7) My mother asked me if I had met Jane the day before.
(8) My teacher asked me if I could play the piano.
(9) Tom asked Jane if she had ever read the book.
(10) Mother asked me where I had gone the previous Sunday.

연습문제 56

(1-a) "How old are you ?" Henry said to me.
   = "How old are you ?" Henry asked (or told) me.
   = Henry asked me, "How old are you ?"
(1-b) Henry asked me how old I was.
(2-a) I said to Jane, "Can you swim?"
(2-b) I asked Jane whether she could swim.
(3-a) I said to Tom, "When did your father go (or come) back home?"
(3-b) I asked Tom when his father had gone (or come) back home.
(4-a) I said to (or told or asked) Tom, "Did your father go (or come) back home ?"
(4-b) I asked Tom whether his father had gone (or come) back home.
(5-a) Jane said to me, "Do you like sports ?"
(5-b) Jane asked me whether I liked sports or not.
(6-a) I said to Tom, "Your father will arrive tomorrow."
(6-b) I told Tom that his father would arrive the next day.
(7-a) Tom said to me, "I met your father last year."
(7-b) Tom told me that he had met my father last year.

연습문제 57

(1) I told (or advised) my son to study hard.
(2) He told the children to go away.
(3) He told (or asked) us to wait outside.
(4) We asked Henry to help us.
(5) She asked (or told) me not to smoke.
(6) Mother told me not to forget to turn off the light.
   = Mother told me to remember to turn off the light.
   = Mother told me to turn off the light without fail.
(7) Mother told (or asked, ordered) me not to drink too much.
(8) He said that he had bought the book the previous day.
(9) He told Tom to lie down.
(10) Mother asked me why I didn't like to go by bus.
(11) Tom asked Jane whether she would be there the next day (or not).
(12) She asked me what I wanted.
(13) The travel agent asked me whether I wanted to go by air or by sea.
(14) He asked me where Jane was going.
(15) She apologized. = She expressed her regret. = She said that she was sorry.

연습문제 58

(1) Tom agreed to wait half an hour. = Tom said that he would wait half an hour.
(2) Tom refused to lend her (Ann) any more money.
(3) Tom agreed to lend her (Ann) the book.
　　 = Tom said that he would lend her the book.
(4) Tom promised to pay her (Ann) back the following week.
　　 = Tom said that he would pay her back the following week.

연습문제 59

(1-a) He said to me, "What do you want ?"
　　 = "What do you want ? " he asked me.
(1-b) He asked me what I wanted.
(2-a) I said to her, "Why did you get angry?"
　　 = I said to her, "What made you angry?"
(2-b) I asked her why she got angry. or I asked her what made her angry.
(3-a) "Do you like baseball ?" I asked her.
(3-b) I asked her whether she liked baseball (or not).
(4-a) I said to her, "Can you make yourself understood in English ? "
(4-b) I asked her whether she could make herself understood in English.
(5-a) I said to Jane, "Obey your parents."
(5-b) I told Jane to obey her parents.
(6-a) The teacher said, "Don't talk, boys."
(6-b) The teacher told the boys not to talk.
(7-a) "How much money do you have ? " he said to me.
(7-b) He asked me how much money I had.
(8-a) He said to me, "Liar."　(8-b) He called me a liar.
(9-a) He said to me, "Congratulations!"
(9-b) He congratulated me.
(10-a) Jane swept the room clean.
(10-b) Jane said that the room was clean.
(11-a) I heard her playing the piano.
(11-b) I heard that she was playing the piano.

연습문제 60

(1) 옛날 옛적에는 사람들이 괴력(怪力)을 지닌 신들이 있다고 믿었다. 그리고 그 신들에 대한 이야기가 많이 있다. 신들에 대한 그 많은 이야기 중에는 주피터라는 신이 이 세상의 모든 동물을 만들었다는 설화도 있다.

(2) 주피터가 지상의 모든 동물들을 만든 직후 말이 산에 있는 주피터의 궁중에 전속력으로 달려가서 우렁찬 목소리로 이렇게 말했다. "오, 위대하신 주피터 신이여, 주피터 신께서 만드신 모든 동물 중에 제가 가장 걸작 품이라고 다른 동물들이 이구동성으로 저에게 말합니다. 저도 그 말이 틀림없는 사실이라고 생각합니다. 왜냐하면 다른 어떤 동물보다도 제가 더 아름답고 강건하고 빠르다는 것이 확실하니까요."

(3) 주피터 신은 다정하게 웃으면서 이렇게 말했다. "알겠다마는 이 모든 강건함과 미모를 지니고서도 또 무언가 부족한 것이 있다는 말이냐?" 말은 제 몸을 한 번 훑어보고 제 모습에 도취한 기분으로 이렇게 말했다. "저~, 이러이러하게 바꿔 주었으면 하고 제가 말하고 싶은 것이 몇 가지 있는데요."

(4) "그럴 수가 있나!" 주피터 신은 격한 소리로 말했다. "내가 보기에는 잘못된 것이 없는데. 그건 그렇고 어떤 모습으로 바꿔주기를 바라느냐?" 말은 자기의 잘 빠진 다리들을 쳐들어 보았다. "저~, 제 다리가 조금만 더 길고 가늘다면 제가 현재 보다 더욱더 빠른 속도로 달릴 수 있을 텐 데요."라고 말이 말했다. "너의 말이 옳을지도 모르지." 주피터 신은 일단 말(馬)의 말에 동의했다.

(5) 그 말은 목을 쭉 빼면서 이렇게 물어보았다. "주피터 님, 저의 목이 더 길고 백조 같다면 제가 더욱더 아름다울 거라고 생각하지 않으세요?" "글쎄" 주피터가 대답했다. "저는 힘이 장사거든요, 그러나 저의 가슴이 더 넓어지면 제가 더욱더 힘을 발휘할거라고 믿어요" 그 말(馬)은 햇빛이 그의 근육에서 잔물결처럼 아롱거리게 몸을 놀리면서 부연(敷衍)했다.

(6) "너의 말이 그럴듯하구나." 주피터 신이 말했다. "주피터 신께서 저를 만드신 목적이 사람을 운반하는 것에 있는 바에야 저의 널찍한 등의 한 부분을 아예 안장처럼 만드는 것이 좋지 않겠습니까?" "너의 말이 옳을지도 모른다." 주피터는 이렇게 대답하고 다음과 같이 말을 이었다. "잠깐 동안만 참고 있어라. 그러면 내가 할 수 있는 것이 무엇인가를 확인해 볼 것이니라."

(7) 우렁찬 목소리로 그 위대한 신은 괴력(怪力)을 지닌 일성(一聲)을 발(發)했다. 그 소리는 그 산에서 울려 퍼져 구름 속에서 메아리쳤다. 일진광풍(一陣狂風)이 일고 먼지가 하늘을 자욱하게 뒤덮었다. 마침내 먼지가 갰을 때 앞에는 낙타가 한 마리 우뚝 서있었다. 그 말은 새로 나타난 이 동물을 응시했다. 그리고 주피터 신이 왜 이따위 괴물을 만들어놓았는지 의아(疑訝)하다고 생각했다.

(8) 주피터 신은 그 말을 바라보고 미소 지으면서 이렇게 말했다. "네가 원하던 네 모습이 여기에 있다. 다리는 더 길고 가느다랗지 않느냐? 목은 길고 백조 같지 않느냐? 넓은 가슴도 보이지? 이만하면 힘이 장사일 게다. 두 개의 혹 사이에 안장이 멋지게 만들어져있는 것도 보이지 않느냐? 얹혀 놓은 것도 전혀 없지 않느냐? 너의 모습이 이렇게 되기를 원한다는 거지?" 그 말은 기가 차서 몸이 떨렸다. 그는 아무 말도 하지 않았다.

(9) "나는 네가 이렇게 되기를 원하지 않는다는 것을 알고 있다. 나는 지금까지 너의 분수에 넘칠 정도로 너에게 친절을 베풀어 왔다. 내가 이 동물을 만든 것은 네가 원하는 너의 모습이 어떤 것인가를 너에게 보여주기 위해서였다. 그러나 (어차피 일단 만들어 놓았으니) 이 동물을 이 지상에 그냥 두어야겠다. 그리고 그것을 낙타라 부를 것이다. 너는 그것을 볼 때마다 너의 처지에 만족해야한다는 것을 명심해야하느니라" 이렇게 주피터 신이 말했다. 그 말은 물러갔고 그 후로는 아무도 말이 불평하는 것을 듣지 못했다.

연습문제 61

(1) 수백 년 동안 슬기로운 사람들이 종교가 무언인가를 밝히려고 노력해오고 있다. 그러나 한 쪽에서 가장 중요하다고 생각하는 것을 다른 쪽에서는 간과(看過)하는 것 같다. 이것이 의미하는 바는 종교라는 말은 물론 여러 가지 경험과 연관이 있는 말이라는 것이며, 또 종교가 무엇인지 한 두 문장으로 정의를 내릴 수 없다는 것이다. 그러나 대부분의 종교에서 중요한 요소로 지목할 수 있는 것이 몇 가지 있다. 그러한 요소들을 열거하는 것이 종교의 실체를 파악하는 가장 좋은 방법 중의 하나다.

(2) ① (모든 종교에는) 인간의 힘을 능가(凌駕)하는 힘을 가지고 있는 유일신 내지 다신(多神)을 신봉하는 믿음이 거의 예외 없이 존재한다. ② 인간은 이 유일신 내지 다신을 숭상하고 두려워하고 또 이 신에게 굴복하고 제물을 바치고 소망을 빈다. 인간은 이 선하고 창조력이 있는 신들의 비위를 맞추기 위하여 온갖 수단을 동원하고 그 신들을 자기의 일상의 생활에 영접하고 그 신들의 뜻에 자기를 맡기려고 한다. 이에 못지않게 악신(惡神)을 추방하려고 노력한다.

(3) ③ 제물(祭物)을 바치고 기도를 드릴 때 그 의식에 걸맞은 미를 부여하고 흥분을 맛보며 품위가 갖추어지도록 의식절차가 발달해 있다. ④ 어느 종교의 예배와 역사에 관계가 있는 장소와 대상물은 그 종교의 신봉자들에 의하여 신성시(神聖視) 된다. ⑤ 사람보다 고도의 능력을 지닌 존재에게 순종하고 예배를 드림으로써 더 나은 생활을 누릴 수 있다는 희망을 주는 종교가 많은데 어떤 종교에는 현세에서의 더 나은 생활에 대한 희망이요 또 어떤 종교에서는 사후(死後)에 올 더 나은 생활에 대한 희망이다.

(4) ⑥ 일상적인 일에서 특히 동료들과의 관계에서 올바른 행실이 그들의 유일신이나 제신(諸神)들을 기쁘게 하는 최상의 방법 중의 하나로 간주(看做)되고 있으며 또 더 나은 미래 생명의 세계로 들어가는 가장 중요한 관문(關門)으로 간주되고 있는데 이는 거의 제외가 없다. 이상 열거(列擧)한 것 외에도 여러 가지 다른 신앙과 신앙적 관행(慣行)들을 열거할 수 있다. 그러나 이상 열거한 것이 모든 종교에 적용(適用)되는 것은 아니다.

연습문제 62

(1) ⓓ
ⓐⓑⓒ의 about는 around로 고칠 수 있다. 문장의 뜻은 아래와 같다.
ⓐ 나는 이 근처에서 나의 반지를 잃어버렸다.　ⓑ 그 집 둘레에는 온통 꽃들이 자라고 있다.
ⓒ 그 어린이들은 난로 둘레에 모여 있었다.　　ⓓ 그에게는 어딘지 이상한 데가 있다.

(2) ⓒ
ⓐⓑⓓ의 about의 뜻은 <이곳저곳에>이다. 문장의 뜻은 아래와 같다,
ⓐ 서류(신문지)가 그 방에 널려있다.　　　　ⓑ 바람이 그 거리의 이곳저곳에 낙엽을 흩으려 놓았다.
ⓒ 그녀는 몸 어딘가에 돈을 좀 지니고 있다.　ⓓ 그는 그 마을 이곳저곳을 산책했다.

연습문제 63

(1) 그이의 등수는 그 반의 평균보다 위다.
(2) 너는 시험에서 부정행위를 해서는 안 된다.
(3) 그녀는 자기가 비판을 받을 입장이 아니라고 생각하고 있다.
(4) 배우고 싶거든 질문하는 것을 창피하다고 생각해서는 안 된다.
(5) 기차가 지나가는 그 요란한 굉음(轟音)속에서도 그의 목소리가 들렸다.
(6) 나는 그것을 도저히 이해할 수 없다.
(7) 우리들은 구름보다 높은 위치에서 비행했다.
(8) 너는 무엇보다도 명예를 중요시해야 한다.

연습문제 64

(1) ⓑⓔ에는 **behind**를 사용해야한다. 문장의 뜻은 아래와 같다.
    ⓐ 나간 뒤에는 문을 닫으시오.   ⓑ 그녀가 없을 때 그녀를 비난하지 마시오.
    ⓒ 그는 삼촌의 이름을 따서 필립이라고 명명되었다.   ⓓ 그는 밤새도록 노력해보았지만 결국 실패했다.
    ⓔ 그녀는 커튼 뒤에서 나타났다.   ⓕ 그 개들은 그 여우를 뒤쫓아 갔다.
    ⓖ 이것은 고야(Goya) 류(類)의 그림이다.   ⓗ 그는 항상 행복을 추구한다.

(2) ⓒ에는 **across**가 필요하고 ⓕ에는 **across** 나 **on**이 필요하다. 문장의 뜻은 아래와 같다.
    ⓐ 우리들은 적과 싸울 작정이다.   ⓑ 그녀는 강한 물살을 헤쳐가면서 수영했다.
    ⓒ 하늘에서 번개가 번쩍했다.   ⓓ 이것은 자연에 어긋난다.
    ⓔ 나는 화재보험에 가입해있다. ⇨ across를 쓰면 <그는 배를 타고 그 호수를 건넜다>가 되고 on을 쓰면 <그는 그 호수에서 뱃놀이를 했다>가 된다.
    ⓖ 그는 역풍과 싸우면서 항해했다.   ⓗ 너는 그 제안에 찬성하느냐 아니면 반대하느냐?
    ⓘ 여객들은 소매치기를 조심하라는 경고를 받았다.
    ⓙ 우리들은 노년기에 대비하기 위하여 약간의 돈을 저축해 놓았다.

(3) ⓐ **along** 그 철로에는 많은 나무들이 줄서있다.
    ⓑ **(a)round** 지구는 일 년에 한 번 태양주위를 돈다.
    ⓒ **against** 그는 그 문에 기대어 있었다.
        수직적인 것에 기대면 **against**를 사용하고 평면적인 것에 기대면 **on**을 사용한다.
        '~에 의지하는' 경우에는 **on**을 사용한다.
        He leaned a ladder against the wall. <그는 사다리를 벽에 기대어 놓았다.>
        He leaned his back against a tree. <그는 등을 나무에 기대었다.>
        Lean on my arm. <나의 팔에 기대세요.>
        He was leaning on a stick. <그는 지팡이에 기대고 있었다.>
        She leaned on her mother in all things. <그녀는 매사를 어머니에게 의존한다.>
    ⓓ **among** 그는 외국인들 속에서 산다.

ⓔ among 부산은 한국에서 가장 큰 도시 중의 하나다.
ⓕ against 유혹에 넘어가지 않도록 조심해라.
ⓖ across 나의 집은 그 거리의 바로 건너편에 있다.
ⓗ after 그는 나에게 세상 사람들 사는 방식대로 생활하라고 말했다.
ⓘ against 한라산이 푸른 하늘에 우뚝 솟아있다.
ⓙ across 나는 오늘 아침 그 공원에서 나의 옛 친구를 우연히 만났다.
ⓚ among 그 나무들 사이에 숨어라.
ⓛ against / among 대여섯 명의 숙녀가 그 계획에 반대했는데 제인도 그 중에 하나였다.
ⓜ against 그것은 규칙에 어긋난다.
ⓝ after 그는 그 집을 똑같은 모형으로 지었다.
ⓞ against 어머니는 내가 그 유산을 받는 것에 반대했다.
ⓟ around 크리스마스가 코앞에 다가와 있다.

연습문제 65

(1) 그 나무에 사다리를 세워놓아라.
(2) 그 피아노를 벽에 기대어 놓아라.
(3) 그것은 그의 명성에 큰 위협이다.
(4) 위조지폐를 조심해라.
(5) 저녁 하늘을 배경으로 삼고 서있는 그 나무들은 검게 보였다.
(6) 너는 이룰 수 없는 희망을 품고 있다.
(7) 우리들은 흉작에 대비해야한다.
(8) 나는 그녀에게 해가 될 말이라면 아무 것도 할 말이 없다.
(9) 그는 나쁜 행동을 할 사람이 아니다.
(10) 그는 거짓말을 할 사람이 아니다.
(11) 그 어린이의 지능은 평균 이상이다.
(12) 나는 이 책을 도저히 이해할 수 없다.
(13) 너는 일체의 비겁한 행동이나 사기행위를 해서는 안 된다.
(14) 그는 자기의 반에서 수석이다.
(15) 우리들은 매우 조용히 말했다.
(16) 그것은 대가(大家)의 그림을 모사(模寫)한 것이다.
(17) 그 소년은 나비를 쫓아갔다.
(18) 경찰이 그이를 추적하고 있다.
(19) 우리들은 실종(失踪)된 그 어린이를 찾고 있다.
(20) 너는 무엇을 하느냐? = 너는 무엇에 종사하고 있느냐?
(21) 네가 지금 무엇을 하고 있는 건지 알고 있으면 좋겠다.
(22) 그녀는 두 팔로 아들의 목을 껴안았다.
(23) 그에게는 어딘지 모르게 숭고한 데가 있다.
(24) 벌들이 나의 머리 주변에서 붕붕 날아다녔다.
(25) 나는 몇 명의 건달들이 그 술집 근방에서 서성거리고 있는 것을 보았다.
(26) 그녀의 머리카락은 목까지 내려와 있었다.
(27) 그들은 탁자 둘레에 서있었다.
(28) 그이의 키는 대략 나의 키와 같다.

연습문제 66

(1) 그는 나에게 공을 던졌다. (때리려고) (2) 그는 나에게 공을 던졌다. (받으라고)
(3) 그는 그 개에게 뼈를 던졌다. (때리려고) (4) 그는 그 개에게 공을 던졌다. (먹으라고)
(5) 그녀는 일주일 있으면 (일주일 후에) 돌아 올 것이다.
(6) 그녀는 일주일 안에 (일 주일 못 되어) 돌아 올 것이다.
(7) 나는 먼 곳에서 총소리가 나는 것을 들었다. (8) 그 그림은 약간 떨어져서 보면 더 좋게 보인다.
(9) 그는 바다에서 죽었다. (10) 그는 항해 중에 죽었다.
(11) 그는 자기의 생명을 걸고 그 소녀를 물에서 구했다. (12) 그는 그 소녀를 물에서 구하고 자기는 익사했다.
(13) 그는 건강을 해치가면서 그것을 했다. (14) 그는 삼촌이 학비를 대어 공부했다.
(15) 그들은 너의 돈으로 흥청거리고 있다. (16) 그는 그 토끼를 겨냥해 쏘았는데 간발의 차이로 빗나갔다.
(17) 그는 그 토끼를 쏘아 죽였다. (18) 우리들은 온 세계와 평화롭게 지낸다.
(19) 그는 평화롭게 죽었다. 고이 잠드소서!
(20) 한 사나이가 배에서 바다로 굴러 떨어졌다. 그는 던져준 밧줄을 붙잡으려다 놓치고 침몰해버렸다.
(21) 그는 던져준 밧줄을 붙잡고 구조되었다. (22) 그들은 그 사과를 따려고 사다리를 이용했다.
(23) 그들은 사다리를 이용하여 그 사과를 땄다. (24) 그 개는 우편 배달부를 물려고 달려들었다.
(25) 그 개는 우편 배달부를 물었다. (26) 그 사자는 먹이에게로 돌진했다.
(27) 그들은 현장으로 달려갔다. (28) 그 길은 몇 대의 차가 지나갈 뿐 인적이 없었다.
(29) 나는 이름과 얼굴은 잘 외우지 못하지만 기억력은 좋다.
(30) 너는 단 하나의 화살로 그 사과를 명중해야한다. '쏘아야 한다'로 해석하면 안 됨
(31) 그는 산송장 같은 노인이다. ☞ 277쪽 (8)번

연습문제 67

(1) ability (2) great courage (3) no use (4) virtue (5) monster of
(6) angel of (7) brute of

연습문제 68

(1) milk (2) spade (3) grain (4) coat (5) swarm
(6) bees (7) cows (8) hens (9) pear (10) an

연습문제 69

(1) of 아내는 남편과 독립한 독자적인 재산을 가질 수 있다.
(2) on 어린이들은 먹고 잘 곳을 부모에게 의존한다.
(3) as 그것은 칼로 사용될 수 있다. (4) of 그 사고로 그는 건강을 잃었다.
(5) of 너는 마음속의 의혹을 푸는 게 낫다. (6) except for 그 드레스는 단추만 달면 완성이다.
(7) except 그 드레스의 모든 부분은 단추만 빼고 다 완성되었다.
(8) on 그는 벌렁 (엎드려, 옆으로) 누워있었다.
(9) of 그에게는 수치심이라는 것은 추호도 없다. (10) at 그는 나에게 권총을 들이댔다.
(11) of 나는 이따금 숨이 찬다. (12) in
(13) on 그들은 4월 5일 아침에 떠났다. (14) on 런던은 템스강변에 위치해 있다.
(15) of 그들은 그 어린이한테서 스웨터를 벗기어 갔다.
(16) as 그는 친구다. 그러니까 당연히 친구대접을 받아야 한다.
(17) of 그는 허송세월한 것을 후회했다. (18) at 나는 무슨 말을 해야 할지 몰라서 난감했다.
(19) at 나는 그것을 헐값으로 팔았다. (20) except 나의 방을 빼고는 모든 방이 어두웠다.
(21) except for 그 방은 난로불만 있을 뿐 어두웠다. (22) on 그 웨이터는 나의 신경에 거슬렸다.
(23) of 그는 심장마비로 죽었다.
(24) on 조수는 지금 밀물 중이다. * 썰물 중이다 = be on the ebb
(25) on 실업이 증가추세다, 감소추세다. (26) of 그는 자기의 성공을 자랑했다.
(27) except 나 말고는 다 합격했다. (28) except for 그 논문은 결론을 빼고는 다 마무리되었다.
(29) to 그 약은 쓰다. (30) in 그 집은 저당 잡혀있다.
(31) on 그 집은 불타고 있다. (32) of 그 집은 돌로 지어졌다.
(33) at 그 집은 나의 집에서 좀 떨어져 있다. (34) at 그는 테니스코트의 모퉁이에 서있다.
(35) in 그는 방구석에 서있다. (36) in 나는 그녀를 직접 본적이 없다.
(37) as 모든 학생이 일제히 일어섰다. (38) in 한국은 천연자원이 부족하다.
(39) of 그녀는 양같은 소녀다. (40) of 그는 소년같은 선장이다.
(41) on 우리들은 호수에서 보트경주를 가졌다. (42) in 우리들은 호수에서 수영했다.
(43) of 그는 콜레라로 죽었다. (44) of 그의 입(입김)에서 담배 냄새가 지독하게 난다.
(45) of 그녀는 가문이 (태생이) 좋다. (46) at 그는 낯선 사람과 동석하면 마음이 편안하지 못하다.
(47) at 전속력으로 달리고 있다.
(48) at 아인슈타인은 상대성 이론의 모든 문제에 대해서 해박했다.
(49) On 그 회사를 대표하여 귀하를 환영하는 바입니다.
(50) in 나는 영어는 술술 말할 수 있지만 프랑스어는 별로다.
(51) at, at 그들은 해질녘에 그 마을에 도착했다.
(52) in 그 마을에는 과거에는 두 개의 풍차방앗간이 있었다.
(53) in 지프를 타고 (54) in 그들은 빙 둘러 서서 춤을 추었다.
(55) in 그 사과를 두 조각으로 자르시오. (56) in 알파벳순으로 이름을 쓰시오.
(57) in 나는 사고 싶은 기분이 나지 않았다. (58) of, as 그 교수는 학장으로서의 보직에서 벗어났다.
(59) to 그이의 성공을 위하여 건배합시다. (60) to 우리들은 그 기업의 성공을 위하여 건배했다.

(61) on 성공을 축하합니다.
(62) on 그는 그녀가 결백하다고 주장했다.
(63) in 그녀는 창피해서 얼굴을 가렸다.

연습문제 70

(1) 생계 수단으로서의 소설 창작은 (어려운 일이지) 쉬운 일은 아니다.
(2) 그들은 인구 팽창을 사회의 위험요소라고 매도(罵倒)했다.
(3) 나는 그녀에게 정다운 미소를 보냈는데 그녀는 나를 보고 인상을 찌푸렸다. 그래서 나는 그녀가 나와 친해지기를 원하지 않는다고 생각했다.
(4) 나는 한가로운 때가 거의 없다.
(5) 그녀는 그이에게 홀딱 반해있다.
(6) 그녀가 그렇게 한 것은 자신의 뜻에 따른 것이다.
(7) 절망적인 심정으로 왔던 수많은 사람들이 희망을 품고 돌아갔다.
(8) 와! 산 같은 파도로군.
(9) 그녀의 아들은 현재 휴가를 내어 집에 와있다.
(10) 우리들은 일 년에 전세금 5천 달러를 지불해야 한다.
(11) 그는 잠시 동안 깊은 생각에 젖어 있었다.
(12) 그 화살은 표적에 미치지 못했다.
(13) (그 다리를 폭파하려던) 그 폭탄은 교량에서 완전히 벗어났다.
(14) 나는 너의 계획에 찬성한다.
(15) 그는 진정 어려운 때 도움이 되어주는 친구다.
(16) 그는 그녀의 귀에 대고 소곤소곤 사랑의 말을 속삭였다.
(17) 50달러짜리 넥타이가 지금 30달러에 세일 중이다.
(18) 그 약은 환부에 잘 듣는다.
(19) 역경은 너를 보석처럼 다듬어 줄 것이다.
(20) 흡연이 그이의 건강을 좀먹기 시작했다.
(21) 그 사고의 과실은 소형차를 운전하고 있는 사람에게 있었다.
(22) 그는 그 병에서 물을 쏟아냈다. 그 다음에 그것을 맥주로 채웠다.

연습문제 71

(1) 답: ㉢㉤㉱
ㄷ에서는 as를 버려야한다. ㉤㉱에서는 as대신에 for를 사용해야한다.
문장의 뜻은 아래와 같다.
㉠ 군인으로서의 그이의 생애는 찬란했다.
㉡ 내가 중재(仲裁)를 맡겠습니다.
㉢ 우리들은 그이가 유능한 교사라고 생각한다.
㉣ 그이는 돈을 떼먹는 사람으로 악명이 높다.
㉤ 그이는 자기의 소설로 이름이 나 있다.
㉥ 그이는 브랜디를 약으로 마셨다.
㉦ 그들이 낯선 사람으로 만난 것은 아니었다.
㉧ 그이는 행방불명인 것으로 알려져 있다.
㉨ 나는 그이를 바보라고 생각했다.
㉩ 그들은 그녀를 가족의 일원으로 대우했다.
㉪ 그녀는 모델로 활동했다.
㉫ 그이는 지사로 (총독으로) 임명되었다.
㉱ 그 인근지역은 강도의 출몰로 악명이 놓다.

(2) 답: ㉣ ㊀
㉣에서는 in대신에 on을 사용해야한다. ㊀에서는 in대신에 at를 사용해야한다.
문장의 뜻은 아래와 같다.
㉠ 그 학생들은 교복을 입고 있었다.　　㉡ 그녀는 검은 옷을 입고 있었다.
㉢ 그 책은 두 가지 색으로 인쇄되어 있다.　㉣ 나는 5월 10일 아침에 그이를 만났다.
㉤ 나는 당신이 현금으로 지불하기를 원합니다.　㉥ 그이는 그녀가 울면서 하는 대답에 마음이 흔들렸다.
㊀ 부상한 그 남자는 지금 휴식 중이다.　㊁ 그는 나에게 잉크로 쓰지 말고 연필로 쓰라고 말했다.

(3) 답: ㉢
㉢에서는 at대신에 in을 사용해야한다. 비교: He arrived at the village.
문장의 뜻은 아래와 같다.
㉠ 그는 그 새를 겨누어 쏘았는데 빗나갔다.　㉡ 그는 항해 중에 죽었다.
㉢ 톰은 그 마을에서 살았다.　　㉣ 그는 나를 때리려고 나를 겨누어 공을 던졌다.

연습문제 72

(1) behind		산문은 시대에 뒤지면 안 된다.
(2) between		그녀는 간식하는 일이 거의 없다.
(3) before		그들은 죽을지 언정 항복하려고 하지는 않는다.
(4) for		그의 영어실력은 초보자치고는 제법 괜찮은 편이다.
(5) for		그 사막은 끝없이 뻗어있다.
(6) for		그 코너에 있는 가게에서는 바나나를 한 파운드에 1실링에 판다.
(7) By		내일 이때쯤에는 그가 이곳에 도착할 것이다.
(8) Till		내일 이때까지 그는 이곳에 도착하지 않을 것이다.
(9) Till		내일 이때까지 그는 이곳에서 기다릴 것이다.
(10) behind		그는 자녀 6명을 남기고 죽었다.
(11) beyond		숨이 넘어가고 있는 그 사람은 살릴 길이 없다.
(12) between		그 돈은 승무원들에게 골고루 분배되었다.
(13) among		의장은 그 회원들 중에서 선출될 것이다.
(14) among		
(15) between		그 행사는 1시와 2시에 사이에 거행되었다.
(16) by		우리는 그 시합에서 10점 차이로 이겼다.
(17) during		태양은 낮에 우리들에게 햇빛을 비춘다.
(18) for		나는 그녀를 하루 동안 기다렸다.
(19) till		나는 그녀를 그 다음 날까지 기다렸다.
(20) While		독서하다가 나는 잠이 들었다.
(21) for		전쟁을 찬성하는 사람이 있는가 하면 반대하는 사람도 있다.
(22) behind		뒷전에서 (나 없을 때) 나를 험담하지 마라.

(23) for   이것은 식용으로는 좋지 않다.
(24) While or When   젊었을 때 그는 열심히 일했다.
(25) Between   비밀 이야긴데 그녀는 세 번 결혼했어.
(26) among   그는 그 학생들간에서는 인기가 있다.
(27) for   그녀는 음악을 매우 좋아한다.
(28) behind   이 사건의 배후에는 틀림없이 누군가가 있다.
(29) behind   그는 항상 지각한다.
(30) beyond   그 경치는 이루 말 할 수 없을 정도로 아름답다.

연습문제 73

(1) 답: ⓓ
   ⓓ 에는 **by**를 사용해야한다. 문장의 뜻은 아래와 같다.
   ⓐ 그는 절도죄로 처벌을 받았다.   ⓑ 1월로서는 매우 따뜻하다.
   ⓒ 그는 음악을 감상할 줄 모른다.   ⓓ 나는 일분 늦게 도착하여 그 기차를 놓쳤다.

(2) 답: ⓒ
   ⓒ 에는 **to** 를 사용해야한다. 문장의 뜻은 아래와 같다.
   ⓐ 소녀용 책 한 권   ⓑ 건축자금   ⓒ 그 자물통의 열쇠   ⓓ 세놓을 집
   ⓔ 손해배상 소송   ⓕ 생존경쟁

(3) 답: ⓐ
   ⓐ 에는 **for**를 사용하고 나머지에는 **at**를 사용해야한다. 문장의 뜻은 아래와 같다.
   ⓐ 그는 풀루트를 받고 소를 주었다.   ⓑ 그는 그것을 할인해서 팔았다.
   ⓒ 그는 그것을 이익을 남기고 팔았다.   ⓓ 그는 그것을 손해보고 팔았다.
   ⓔ 그는 그것을 10달러의 가격에 팔았다.

(4) 답: ⓑ
   ⓑ에는 **for**를 사용해야한다.

(5) 답: ⓖ, ⓗ
   ⓖ에는 **to**를 사용해야한다. ⓗ에는 **on**을 사용해야한다. 문장의 뜻은 아래와 같다.
   ⓐ 나는 그것을 파운드로 팔았다.   ⓑ 나는 달빛을 이용하여 여행했다.
   ⓒ 나는 기습을 당했다.   ⓓ 점점 더워지고 있다.
   ⓔ 외모로 판단하지 마라.   ⓕ 그것은 헤밍웨이의 소설이다.
   ⓖ 조금은 덥다.   ⓗ 나는 걸어서 학교에 간다.

(6) 답: ⓒ
   ⓒ에는 **above**를 사용해야한다.

(7) 답: ⓓ
   ⓓ에 알맞은 말: **more than, not less than, as much as**

연습문제 74

(1-a) 나는 그이를 찾고 있다.
(1-b) 나는 영어에서는 그이에게 뒤진다.
(2-a) 김선생: 진호야, 네가 먼저.   진호: 아닙니다. 선생님이 먼저 하세요.
(2-b) 김선생: 너의 가방 어디에 있냐?   진호: 선생님 뒤에 있어요.
(3-a) 그 개는 주인의 뒤에서 달려갔다.
(3-b) 그 개는 토끼를 뒤쫓아 갔다.
(4-a) 그 돈은 그 다섯 명의 소년들에게 골고루 분배되었다. (안 받은 소년이 없음)
(4-b) 그 돈은 그 다섯 명의 소년들에게 분배되었다. (안 받은 소년이 있을 수 있음)
(5-a) 50명이 그 시험에 합격했는데 그 중에 너도 들어있다.
(5-b) 비밀인데 내가 그것을 부수었다.
(6-a) 그의 회복은 절망적이다.
(6-b) 그 이상한 생각(아이디어)은 도저히 믿을 수 없다.
(6-c) 네가 해놓은 일은 이루 다 칭찬할 수 없다.

연습문제 75

(1) She wept her eyes blind at the news.
(2) It is beyond belief that she wants to marry you.
(3) She told me to come back (또는 return) by five.
(4) She said that I must wait till five.
(5) It is quite impossible for you to finish it by five.
(6) She promised me to come back by five.
(7) It is quite impossible for them to come back by five.
(8) Mother said that I should sell it for ten dollars.
(9) I don't want you to sell it at a discount.
(10) He ran away (or fled) for his life at the sight of me.
   = On seeing me, he ran away for his life.
(11) He has never fallen in love with anybody in his life.
(12) Tom lay on his back and John (lay) on his face on the floor.
(13) An angel of his wife died of cancer in 1999.
(14) He was moved by her answer in tears.
(15) She said that I reminded her of her mother.
   = She said that she could not see me without thinking of her mother.
   = She said that whenever she saw me she thought of her mother.
(16) I don't doubt that you will cure me of my pain. ☞ 196쪽 H 참조

(17) This can be used as a tool to dig the ground with.
   = This can be used as a tool with which to dig the ground.
(18) It is wrong to speak ill of her behind her back.
(19) He caught at the rope thrown to him, but missed and sank into the water.
(20) I want you to shut the door behind you.
(21) You have to shut the door after you without fail.
(22) They came by twos and threes and asked her to dance.
(23) He instructed me not to stand leaning against the door.
(24) He is an actor among actors (= He is the best actor of actors), and his brother is the first among scholars.
(25) I said that he would have to put up with it for the rest of his life.
(26) One day he lay on his side on the beach by the sea.
(27) For a while he looked at her in great pity.
(28) The ten days he spent in the dungeon seemed as many years.
(29) She smiled at me (or on me) with her arms across her breast.
(30) It is beyond question that your intelligence is above average.

연습문제 76

정답: (2), (7)
(2)에는 from을 사용하고 (7)에는 for를 사용해야한다. 문장의 뜻은 아래와 같다.
(1) 우리들은 식사를 하면서 그 문제에 대하여 토의했다.
(2) 그녀는 신경통으로 고생했다.
(3) 나는 담요를 끌어당기어 온 몸을 덮었다.
(4) 그 홍수는 전 지역을 휩쓸어갔다.
(5) 그 의사는 시체를 굽어다 보았다.
(6) 그녀는 식탁에 식탁보를 깔았다.
(7) 나는 음악을 감상할 줄 모른다.
(8) 결국은 덕(德)이 악(惡)을 누른다.
(9) 나는 온 세계를 두루 돌아다녔다.

연습문제 77

(1) to   (2) for   (3) to   (4) to   (5) To   (6) for
(7) to   (8) to   (9) on   (10) to   (11) to   (12) to
(13) to   (14) on   (15) to   (16) to

문장의 뜻은 아래와 같다.
(1) 그녀는 1분도 어기지 않는다. (그는 시감을 엄수한다. 그는 시간관념이 아주 투철하다)
(2) 그녀는 나이에 비하여 젊어 보인다.
(3) 우리는 그의 합격을 축하하기 위하여 건배했다.

(4) 너 이 자물통의 열쇠 가지고 있니? (5) 그가 시험에 합격하여 나는 기뻤다.
(6) 그는 기뻐서 함성을 질렀다. (7) 나는 그이에게 가지 말라고 타일렀으나 아무 효과가 없었다.
(8) 그 대학생들 중에 일부는 좌경화(左傾化)했다. (9) 나의 팔에 기대세요. 내가 붙들어 드리다.
(10) 우리들은 모두 경쾌한 음악에 맞추어 춤을 추었다. (11) 그는 과거에 비하여 꽤 건강하다.
(12) 과거의 전쟁은 세계2차 대전에 비하면 어린이의 장난에 불과했다.
(13) 그는 그 돈을 전부 독차지했다. (14) 그 술값은 내가 냅니다.
(15) 그는 타 죽었다. (16) 그 쌍둥이는 머리카락 하나까지도 꼭 같았다.

연습문제 78

(1) for   (2) during   (3) for   (4) for   (5) for
(6) for   (7) for   (8) of   (9) for   (10) of
(11) of   (12) for   (13) at

문장의 뜻은 아래와 같다.
(1) 우리들은 공원들과 다른 공공 재산을 존중해야한다. (2) 그는 수업 중에 잠들었다.
(3) 어떤 사람들은 그 전쟁에 찬성하고 어떤 사람은 반대했다. (4) 너는 의사를 데려오도록 사람을 보내야한다.
(5) 그들은 독립을 위하여 싸웠다. (6) 그는 그 자리에 꼭 어울리는 사람이다.
(7) 그것은 말로 표현할 수 없을 만큼 아름답다. (8) 그는 지혜로운 사람이다.
(9) 이것을 너에게 공짜로 주마. (10) 그이는 심장마비로 죽었다.
(11) 그 문제를 풀다니 너 영리하구나. (12) 나는 네가 그이를 좋아하는 것은 당연한 거라고 생각한다.
(13) 너는 그이의 말을 곧이듣는 게 낫다.

연습문제 79

(1) through   (2) with   (3) from   (4) under   (5) without   (6) with
(7) Without   (8) from   (9) to   (10) under   (11) from   (12) with

문장의 뜻은 아래와 같다.
(1) 나는 네가 그 시험에 합격하기를 바란다. (2) 그녀는 울면서 말했다.
(3) 너는 톰과 톰의 쌍둥이 형을 구별할 수 있냐? (4) 나의 차는 지금 수리 중이다.
(5) 나는 내일 어김없이 너를 방문할 생각이다. (6) 너의 차를 너의 아버지의 차와 비교하지 마라.
(7) 태양이 없다면 아무 것도 생존할 수 없다. (8) 그 폭우가 불의 번짐을 막아주었다.
(9) 인생은 종종 항해에 비유된다. (10) 그녀는 숨을 죽이고 말했다. = 그녀는 소곤소곤 말했다.
(11) 그 간호사는 나에게 그 방에서는 흡연을 하지 말라고 부탁했다. (12) 그는 사고를 당했다.

연습문제 80

(1) for   (2) for   (3) to   (4) to   (5) to   (6) To
(7) over   (8) from   (9) from (10) under (11) into (12) into
(13) in   (14) with (15) for (16) for (17) for (18) from
(19) into (20) out of (21) from (22) of (23) for (24) after

문장의 뜻은 아래와 같다.

(1) 너의 영어는 초보자 치고는 꽤 좋은 편이다.
(2) 이 문제(사건, 사태, 일)에서 저의 대리역할을 해주세요.
(4) 이것은 나의 취미에 맞는 직종이 아니다.
(5) 이 반에는 남학생 한 명에 여학생 두 명이 있다.
(6) 내가 아는 바로는 그는 위선자다.
(7) 그는 우세한 적을 제압하고 승리를 쟁취했다.
(8) 너는 이제는 선과 악을 구별할만한 나이다.
(9) 너의 대답은 결코 만족스럽지 않다.
(10) 그는 연설하기로 약속이 되어 있었다.
(11) 나는 웃음으로 다시 그를 즐겁게 해 주었다.
(12) 그 지팡이는 둔갑하여 뱀이 되었다.
(13) 그 사과를 반분하시오.
(14) 나는 그 사건과 아무 관계가 없다.
(15) 나는 그 냄새라면 진절머리가 난다. # for 대신에 at나 against를 사용해도 된다.
(16) 그녀는 그이가 성공하기를 갈망하고 있다.
(17) 나는 그녀가 너에게 좋은 아내감이라고 생각하지 않는다.
(18) 나는 그가 그 중고차를 사지 않도록 설득해 보았다. (19) 나는 그가 그 중고차를 사도록 설득했다.
(20) 나는 그가 그 중고차를 사지 않도록 설득했다. (21) 너는 대중 앞에서 침을 뱉는 것을 삼가야 한다.
(22) 너는 그이가 없는 곳에서 그이를 비방해서는 안 된다. (23) 너는 잃어버린 시간을 만회해야 한다.
(24) 그 소년은 할아버지의 이름을 따서 존이라고 명명(命名)되었다.

연습문제 81

(1) They begged with tears in their eyes the king to have mercy on them.
(2) They say that she looks young for her age.
(3) It is true that the rain prevented her from going to school.
 = It is true that she was absent from school for the rain.
(4) Do you think (=hold) that sleep can be compared to death ?
(5) We discussed the matter over dinner.
(6) We travelled all over the country.
(7) Don't go out in the rain, or you will get wet to the skin.
(8) You must keep it in mind that you should be punctual to the minute
(9) Tom proposed that we (should) drink to Jane's success.
(10) It goes without saying that he is second to none in English.
(11) He told me to apply plaster to the wound.
(12) It is pleasant to dance to her piano.

(13) I hear that she is under the knife.
(14) Tell him that your car is under repair.
(15) Please abstain from speaking with your mouth full.
(16) Those who suffers from diabetes must drink tea without sugar.
(17) She never sees me without beaming on me.
   = Whenever she sees me, she beams on me.
(18) Between us (= Between you and me), she came back yesterday.
(19) The scenery is beautiful beyond description.
(20) He promised to come back by five.
(21) He said that he would wait here till five.
(22) He is popular among the students.
(23) It is foolish to take him at his word.

연습문제 82

(1) 과학자는 우주에 관하여 오직 사실(실체, 진상)만을 발견하기를 원한다. 한편 철학자는 사실과 가치 둘 다 추구(追究)하려고 한다. 철학자는 이 실체(實體)가 지닌 값어치와 의미를 알고 싶어 한다. 과학자는 세계의 여러 양상(樣相)을 실험하는 일에 그들의 연구를 제한하는데 그 양상은 정확하게 파악(把握)이 될 수 있는 것이어야 한다. 과학자는 지(知)를 추구하고 철학자는 가치를 추구한다.

(2) 화학의 기원은 연금술(鍊金術)이었다. 연금술이란 미신(迷信)과 실험과 철학의 혼합물이었다. 연금술사들은 비현실적인 두 가지 목표에 관심을 기울이고 있었다. 그들은 값싼 금속을 황금으로 전환하기를 염원했고 또 모든 병을 치유하고 수명(壽命)을 연장해주는 만병통치약을 발견하고 싶어 했다. 현자(賢者)의 그 돌 (값싼 금속에 어떤 돌을 혼합하여 녹이면 그 값싼 금속을 황금으로 전환시킬 수 있는 마술을 지닌 돌)이 발견되기만 하면 그 현자의 돌을 가진 사람에게 두 가지 목표(모든 병을 치유하고 수명을 연장할 수 있는 것)를 성취할 수 있게 해주는 권능이 주어질 거라고 그들(연금술사)은 믿었다. 연금술은 고대 이집트와 중국에서 실제로 행해졌는데 그것이 애당초 언제 시작되었는지에 대해서는 아는 사람이 없다.

- 끝 -

술술 다 되는
반가운 영어 4

지은이 반가운
발행인 반미령, 김동철
출판사 아하

1판 1쇄 발행 2016년 2월 25일

편 집 에버라스팅가스펠출판사
디자인 양건호, 김명경
일러스트 양건호, 김예일
인 쇄 보진재

AHA (우) 10860 경기도 파주시 탄현면 국화항길 60-36

전화문의 (031) 947-0579, 010-5473-4266, (02) 428-4266

팩 스 (02) 415-4491, (031) 947-0579

이메일 eduoson@naver.com

출판등록 2015년 12월 1일 제 406-2015-00146

Copyright 2016. 반가운 All rights reserved.

저자 및 출판사의 허락 없이 이 책의 일부 또는 전부를 무단으로 복제·전재·발췌할
수 없습니다. 구입 후 철회는 회사 내규에 부합하는 경우에 가능하므로 구입문의처에
문의하시기 바랍니다. 분실·파손 등에 따른 소비자 피해에 대해서는 공정거래위원회에서
고시한 소비자 분쟁 해결 기준에 따라 보상 가능합니다.

값 18,000 원

ISBN 979-11-957104-5-4
ISBN 979-11-957104-1-6 (세트)